KB088249

# 에듀윌 토익 단기서
## 첫토익 550+
### LC+RC+VOCA

ENERGY

세상을 움직이려면
먼저 나 자신을 움직여야 한다.

– 소크라테스(Socrates)

# 머리말

단기간에 토익 550점 이상 획득을 목표로 한다면, 모든 파트를 두루 공략하는 것은 좋은 방법이 아닙니다. 예를 들어, LC 파트 1 사진 묘사와 파트 2의 짧은 대화문에서는 문장이 짧은데다가 꼭 나오는 표현이나 유형들이 정해져 있기 때문에 빈출 표현과 유형만 확실히 익혀도 550을 충족할 수 있는 충분한 점수를 획득할 수 있습니다. 하지만 파트 3과 4에서는 긴 대화문과 담화를 듣고 이해하려면 일정 수준 이상의 표현 암기와 장기간의 듣기 훈련이 되어 있어야 합니다. RC도 마찬가지입니다. 파트 5의 문법은 출제 유형이 한정되어 있어 해석하지 않고도 일련의 스킬만으로 정답을 맞힐 수 있는 문제들이 많지만, 파트 6과 7에서는 어휘력과 문법이 뒷받침되지 않는 이상 기대만큼의 점수를 올리기가 쉽지 않습니다.

본책 에듀윌 [첫토익 550+]는, 각 파트별 불필요한 내용들은 과감하게 걷어내어 학습 분량을 최소화하고, 꼭 알아야 할 빈출 유형들만을 확실하게 익혀 초급자가 단 2주에 550점을 획득하는 데 초점을 맞췄습니다.

LC와 RC 중에서는 RC에 좀 더 비중을 두었습니다. LC는 한 번 못 들으면 끝이지만 RC는 텍스트를 두 번 세 번 고쳐 볼 수 있어 초급자가 점수를 올릴 여지가 더 많기 때문입니다. 특히 RC 중에서도 토익 파트5의 문법 영역을 설계하는 데 각별한 신경을 썼으며, 가장 많은 분량을 할애했습니다. 문법은 파트 6과 파트 7의 독해 지문을 이해하기 위한 기반이 될 뿐만 아니라 입문자가 단기간에 가장 큰 폭의 점수 상승을 기대할 수 있는 영역이기 때문입니다. 많은 학습자들이 문법이라는 말만 듣고도 지루한 개념으로 빼곡한 이론서를 떠올릴 수 있습니다. 하지만 걱정하실 필요 없습니다. 이 책에서는 토익에서 꼭 나오는 문법 유형만을 엄선하여 한 페이지에 한 패턴씩, 딱 30개의 간단한 패턴으로 정리했습니다. 각 패턴을 이루는 문장 구조와 문장 성분들 간의 관계는 깔끔한 도표로 표현하여 누구나 한눈에 쉽고 빠르게 이해할 수 있게 했습니다. 30분에 하나의 패턴씩, 맘만 먹으면 이틀만에도 토익 문법을 끝낼 수 있습니다!

토익에 입문하는 학생들 중 상당수가 기초 단계를 벗어나지 못한 채 흐지부지 중단하고 맙니다. 대부분 자신의 의지박약이나 바쁜 일정을 탓하지만, 그러한 구실들 역시 포기의 원인이 아니라 '구체적인 목표'가 결여된 결과일 뿐입니다. 초급자일수록 가야 할 길이 아득히 멀어 보입니다. 단계적이고 구체화된 목표가 없다면, 누구나 등대가 보이지 않는 망망대해에서 크고 작은 파도에 휩쓸리고 말 것입니다. 에듀윌 [첫토익 550+]를 시작으로, 에듀윌 토익 단기완성 시리즈가 토익이라는 여러분의 기나긴 항해에 밝은 등대가 되어 주기를 기대합니다.

에듀윌 어학연구소

# 목차

# 이 책의 **구성과 특징**

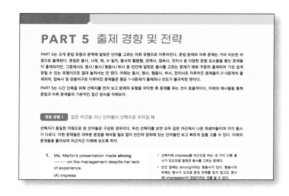

### 파트별 출제 경향 및 전략
최근 3개년 간의 파트별 출제 경향을 분석하여 550점~700점을 목표로 하는 학생들이 꼭 알아야 하는 빈출 문제 유형, 자주 쓰이는 오답 함정, 문제 접근 방식을 일목요연하게 안내하였습니다.

### 빈출 패턴 & 핵심 스킬
LC 파트 1, 2에서는 흔히 사용되는 오답 함정과 빈출 답변 유형, 빈출 표현을 제시하였고, 파트 3, 4에서는 꼭 맞춰야 할 유형에 대한 단서만 선택적으로 들을 수 있는 스킬을 키우는 데 집중하였습니다.
RC에서는 복잡한 문법을 핵심적인 스킬만 익히면 쉽게 풀 수 있는 30개 패턴으로 압축하였고, 간단명료한 도식화를 통해 초급자가 한눈에 이해할 수 있게 설명하였습니다.

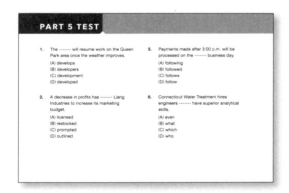

### 단계별 점검 테스트 및 PART TEST
각 파트의 학습이 끝나면 PART TEST를 통해 자신의 실력을 점검을 해 볼 수 있습니다. 특히 파트 5 문법 파트에서는 학습 시작 전 진단 테스트와 기초 문법 마무리 테스트, 빈출 문법 패턴 실전 테스트를 추가하여 학습 내용을 단계별로 철저하게 점검해 볼 수 있습니다. 책의 마지막에는 실전과 동일한 모의고사를 수록하여 토익 시험 직전 자신의 실력을 최종 점검해 볼 수 있습니다.

---

### 550+ 완성 KIT

다운로드
book.eduwill.net

❶ **시험장에 들고 가는 토익 문법 빈출 패턴 SUMMARY** 본 책에 수록된 30개의 빈출 문법 패턴을 요약해서 시험 직전에 빠르게 훑어볼 수 있게 했습니다.

❷ **최빈출 기출 보카** 토익에 매번 등장하는 어휘와 표현 수록

❸ **파트1 사진 묘사 빈출 표현 모음** 자주 출제되는 인물의 동작과 사물 표현

# 학습 일정표

## 2주 완성 코스

| | DAY 1 | DAY 2 | DAY 3 | DAY 4 | DAY 5 | DAY 6 | DAY 7 |
|---|---|---|---|---|---|---|---|
| 1주 | **PART 1**<br>UNIT 01~02<br>&<br>PART TEST | **PART 2**<br>UNIT 01~02 | **PART 2**<br>UNIT 03~04<br>&<br>PART TEST | **PART 3, 4**<br>UNIT 01~04 | **PART 3, 4**<br>UNIT 05~06<br>&<br>PART TEST | **PART 5**<br>CHAPTER<br>01 | **PART 5**<br>CHAPTER<br>02<br>빈출 패턴<br>01~02 |
| | 월 일 | 월 일 | 월 일 | 월 일 | 월 일 | 월 일 | 월 일 |

| | DAY 8 | DAY 9 | DAY 10 | DAY 11 | DAY 12 | DAY 13 | DAY 14 |
|---|---|---|---|---|---|---|---|
| 2주 | **PART 5**<br>CHAPTER<br>02<br>빈출 패턴<br>11~20 | **PART 5**<br>CHAPTER<br>02<br>빈출 패턴<br>21~30 | **PART 5**<br>CHAPTER<br>03<br>&<br>PART TEST | **PART 6**<br>UNIT 01~02<br>&<br>PART TEST | **PART 7**<br>UNIT 01~02 | **PART 7**<br>PART TEST | 실전<br>모의고사 |
| | 월 일 | 월 일 | 월 일 | 월 일 | 월 일 | 월 일 | 월 일 |

# 4주 완성 코스

|      | DAY 1 | DAY 2 | DAY 3 | DAY 4 | DAY 5 |
|------|-------|-------|-------|-------|-------|
| 1주 | **PART 1**<br>UNIT 01-02<br>&<br>PART TEST | **PART 2**<br>UNIT 01-02 | **PART 2**<br>UNIT 03-04<br>&<br>PART TEST | **PART 34**<br>UNIT 01-03 | **PART 34**<br>UNIT 04-06 |
|      | 월  일 | 월  일 | 월  일 | 월  일 | 월  일 |

|      | DAY 6 | DAY 7 | DAY 8 | DAY 9 | DAY 10 |
|------|-------|-------|-------|-------|--------|
| 2주 | **PART TEST** | **PART 5**<br>CHAPTER 01 | **PART 5**<br>CHAPTER 02<br>빈출 패턴<br>01-10 | **PART 5**<br>CHAPTER 02<br>빈출 패턴<br>11-20 | **PART 5**<br>CHAPTER 02<br>빈출 패턴<br>21-30 |
|      | 월  일 | 월  일 | 월  일 | 월  일 | 월  일 |

|      | DAY 11 | DAY 12 | DAY 13 | DAY 14 | DAY 15 |
|------|--------|--------|--------|--------|--------|
| 3주 | 실전 테스트<br>01-03 | **PART 5**<br>CHAPTER 03 | **PART TEST** | **PART 6**<br>UNIT 01 | **PART 6**<br>UNIT 02 |
|      | 월  일 | 월  일 | 월  일 | 월  일 | 월  일 |

|      | DAY 16 | DAY 17 | DAY 18 | DAY 19 | DAY 20 |
|------|--------|--------|--------|--------|--------|
| 4주 | **PART TEST** | **PART 6**<br>UNIT 01 | **PART 6**<br>UNIT 01 | **PART TEST** | 실전<br>모의고사 |
|      | 월  일 | 월  일 | 월  일 | 월  일 | 월  일 |

# TOEIC 소개

## 토익이란?

TOEIC은 Test of English for International Communication(국제적인 의사소통을 위한 영어 시험)의 약자로, 영어가 모국어가 아닌 사람들이 비즈니스 현장 및 일상생활에서 필요한 실용 영어 능력을 갖추었는가를 평가하는 시험이다.

## 시험 구성

| 구성 | 파트 | | 문항 수 | 시간 | 배점 |
|---|---|---|---|---|---|
| Listening Comprehension | Part 1 | 사진 묘사 | 6 | 45분 | 495점 |
| | Part 2 | 질의 응답 | 25 | | |
| | Part 3 | 짧은 대화 | 39 | | |
| | Part 4 | 짧은 담화 | 30 | | |
| Reading Comprehension | Part 5 | 단문 빈칸 채우기 | 30 | 75분 | 495점 |
| | Part 6 | 장문 빈칸 채우기 | 16 | | |
| | Part 7 | 독해 단일 지문 | 29 | | |
| | | 이중 지문 | 10 | | |
| | | 삼중 지문 | 15 | | |
| 합계 | 7 Parts | | 200문항 | 120분 | 990점 |

*(Listening Comprehension 문항 수 합계: 100, Reading Comprehension 문항 수 합계: 100)*

## 출제 범위 및 주제

업무 및 일상생활에서 쓰이는 실용적인 주제들이 출제된다. 특정 문화나 특정 직업 분야에만 해당되는 주제는 출제하지 않으며, 듣기 평가의 경우 미국, 영국, 호주 등 다양한 국가의 발음이 섞여 출제된다.

| 일반 업무 | 계약, 협상, 영업, 홍보, 마케팅, 사업 계획 |
|---|---|
| 금융 / 재무 | 예산, 투자, 세금, 청구, 회계 |
| 개발 | 연구, 제품 개발 |
| 제조 | 공장 경영, 생산 조립 라인, 품질 관리 |
| 인사 | 채용, 승진, 퇴직, 직원 교육, 입사 지원 |
| 사무실 | 회의, 메모 / 전화 / 팩스 / 이메일, 사무 장비 및 가구 |
| 행사 | 학회, 연회, 회식, 시상식, 박람회, 제품 시연회 |
| 부동산 | 건축, 부동산 매매 / 임대, 기업 부지, 전기 / 수도 / 가스 설비 |
| 여행 / 여가 | 교통수단, 공항 / 역, 여행 일정, 호텔 및 자동차 예약 / 연기 / 취소, 영화, 전시, 공연 |

## 접수 방법

- 한국 TOEIC 위원회 사이트(www.toeic.co.kr)에서 인터넷 접수 기간을 확인하고 접수한다.
- 시험 접수 시 최근 6개월 이내에 촬영한 jpg 형식의 사진 파일이 필요하므로 미리 준비한다.
- 시험 10~12일 전부터는 특별 추가 접수 기간에 해당하여 추가 비용이 발생하므로, 접수 일정을 미리 확인하여 정기 접수 기간 내에 접수하도록 한다.

## 시험 당일 준비물

| 신분증 | 주민등록증, 운전면허증, 기간 만료 전 여권, 공무원증 등 규정 신분증만 인정 (중·고등학생에 한하여 학생증, 청소년증도 인정) |
| --- | --- |
| 필기구 | 연필, 지우개 (볼펜, 사인펜은 사용 불가) |

## 시험 진행

| 오전 시험 | 오후 시험 | 진행 내용 |
| --- | --- | --- |
| 09:30 – 09:45 | 02:30 – 02:45 | 답안지 작성 오리엔테이션 |
| 09:45 – 09:50 | 02:45 – 02:50 | 쉬는 시간 |
| 09:50 – 10:05 | 02:50 – 03:05 | 신분증 확인 |
| 10:05 – 10:10 | 03:05 – 03:10 | 문제지 배부 및 파본 확인 |
| 10:10 – 10:55 | 03:10 – 03:55 | 듣기 평가 (LC) |
| 10:55 – 12:10 | 03:55 – 05:10 | 독해 평가 (RC) |

## 성적 확인

| 성적 발표 | 시험일로부터 약 10일 정도 소요되며, 미리 안내된 성적 발표일에 한국 TOEIC 위원회 사이트 (www.toeic.co.kr) 및 공식 애플리케이션을 통해 확인 가능하다. |
| --- | --- |
| 성적표 수령 | 온라인 출력 또는 우편 수령 중에서 선택할 수 있고, 온라인 출력과 우편 수령 모두 1회 발급만 무료이며, 그 이후에는 유료로 발급된다. |

# PART

# 1

# 사진 묘사

# PART 1 출제 경향 및 전략

제시된 사진을 보고 4개의 문장을 들은 뒤 그중 사진을 가장 적절하게 묘사한 선택지를 고르는 파트이다. LC 전체 100문항 중 6문항이 출제된다. 선택지 (A), (B), (C), (D)는 문제지에 표기되지 않는다.

## 사진 유형

◆ **한 사람이 나오는 사진**　　　　　　　　　　　　　　　🎧 P1_01　해석 p.2

📱 문제지

1.

🔊 음성

Number 1. Look at the picture marked number 1 in your test book.

(A) A woman is paying for an item at a store.
(B) A woman is carrying a basket on her arm.
(C) A woman is displaying items for sale.
(D) A woman is cleaning some vegetables.

◆ **여러 사람이 나오는 사진**　　　　　　　　　　　　　　🎧 P1_02　해석 p.2

📱 문제지

2.

🔊 음성

Number 2. Look at the picture marked number 2 in your test book.

(A) Some people are attending a presentation.
(B) Some people are raising their hands.
(C) A man is drawing a graph.
(D) A woman is writing on a whiteboard.

◆ **사물·풍경 사진**　　　　　　　　　　　　　　　　　🎧 P1_03　해석 p.2

📱 문제지

3.

🔊 음성

Number 3. Look at the picture marked number 3 in your test book.

(A) Some umbrellas are being opened.
(B) Some tables are located in front of some buildings.
(C) An open space is crowded with pedestrians.
(D) A section of a plaza is being paved.

토익 시험이 시작되면 각 수험장의 스피커에서는 Listening Test와 PART 1을 영어로 소개하는 디렉션이 나온다. 디렉션은 약 1분 50초 남짓 이어지는데, 이 시간을 이용해서 PART 5의 문제를 최대한 많이 풀어야 한다. 그리고 1분 50초 후에 "Now Part 1 will begin.(이제 파트1을 시작하겠습니다)"이라는 말이 들리면 재빨리 PART 1의 1번 문제로 돌아와서 사진에 시선을 고정하고 음성에 귀를 기울여야 한다.

### 듣기 전략

#### STEP 1 | 사진의 포커스 부분을 보며 음성 듣기

각 문제는 "Look at the picture marked number (번호) in your test book."이라는 음성 지시에 이어 4개의 선택지가 음성으로 제시된다. 이때 항상 해당 문제의 사진을 보고 있어야 하며, 사진에서 가장 중심이 되는 피사체에 포커스를 둬야 한다. 사진의 배경이나 가장자리에 있는 불분명한 인물이나 사물은 무시해도 좋다.

포커스

#### STEP 2 | 오답 소거하기

PART 1에서 선택지 (A), (B), (C), (D)의 음성 간의 간격은 1초밖에 되지 않는다. (A)를 듣고 정답인지 아닌지 고민하다가 (B)를 못 듣게 되면 안 된다. 각 선택지를 듣자마자 음성에 언급된 사물이 사진에 있는지, 그 사물의 상태가 올바로 묘사되어 있는지, 인물의 복장이나 동작이 올바로 묘사되어 있는지 즉각적으로 판단하고 오답을 소거해 가야 한다.

포커스

### 어휘 학습 전략

PART 1은 6문제밖에 되지 않지만, 550점 이상을 목표로 하는 토익 초급자들은 반드시 PART 1 여섯 문제를 모두 맞히겠다는 각오로 임해야 한다. PART 1은 어휘 실력에 좌우되는 파트로서, PART 1에서 고득점을 얻기 위해서는 결국 토익에 등장하는 다양한 사물들의 명칭과 사람의 동작을 나타내는 표현들을 정확히 알고 그 발음들을 정확히 구분해 들을 수 있어야 한다. 다음 자료를 통해 PART 1의 빈출 어휘를 숙지해야 한다.

▶ PART 1 사진 표현 모음: 에듀윌 도서몰(book.eduwill.net) → 도서자료실 → 부가학습자료 → 첫토익 550+ 검색

사람이 중심이 되는 사진에서 한 사람 또는 여러 사람의 동작이나 상태를 가장 잘 묘사한 선택지를 고르는 문제이다. 대부분의 선택지가 '~하고 있다'라는 의미를 나타내는 현재진행시제(is / are – ing)로 출제되며, -ing에 해당하는 동사를 놓치지 않고 들어야 한다.

## ❶ 한 사람이 나오는 사진

P1_04

모든 선택지의 주어는 A / The man, A / The woman, He, She 중 하나로 통일되어 있다. 사진을 보자마자 인물의 주된 행위와 동작을 파악하고 그와 일치하는 내용이 나오는지 집중해서 들어야 한다.

▶ 일반적인 사무기기들을 다루는 모습은 1인 사진에서 가장 흔히 등장하는 소재이며, 그와 관련된 다양한 표현들을 익혀 두어야 한다.

( O ) She's **making** some **photocopies**.
그녀는 복사를 몇 장 하고 있다.

( O ) The woman is **using** some **office equipment**. 여자가 사무기기를 이용하고 있다.

She's **photocopying a document**.
그녀는 문서를 복사하고 있다.

### 빈출 표현

P1_05

The **man** is **bending** over a **desk**.
남자가 책상 위로 몸을 숙이고 있다.

A **woman** is **reaching** for a **box** on a shelf.
여자가 선반에 놓인 상자를 향해 손을 뻗고 있다.

The **woman** is **writing** on a **document**.
여자가 서류에 무언가를 적고 있다.

The **woman** is **typing** on a **keyboard**.
여자가 키보드에 타자를 치고 있다.

A **man** is **climbing** up a **ladder**.
남자가 사다리를 올라가고 있다.

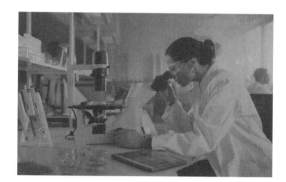

The **woman** is **using** a **microscope**.
여자가 현미경을 사용하고 있다.

**He's mowing** the **lawn**.
그는 잔디를 깎고 있다.

A **man** is **folding** some **laundry**.
남자가 세탁물을 개고 있다.

# ❷ 여러 사람이 나오는 사진

They(그들), The men(남자들)과 같이 사진에 나오는 사람들 전체를 가리키거나, One of the men(남자들 중 한 명), Some of the women(여자들 중 몇 명)과 같이 일부를 가리키는 주어가 쓰일 수 있다. 주어에 따라 묘사 대상이 완전히 달라지므로 주어, 동사, 명사를 모두 집중해서 들어야 한다.

**The men** are **wearing ties**.
남자들이 넥타이를 하고 있다.

▶ 동사 wear는 '입고 있는 상태'를 나타내지만, put on은 '입는 동작'을 나타낸다는 것을 주의해야 한다. 만약 이 사진에서 wearing 대신 putting on을 썼다면 오답이 된다. 이 사진에서는 다음과 같은 표현들도 정답이 될 수 있다.

( O ) One of the men is pointing at a computer monitor.
남자들 중 한 명이 컴퓨터 모니터를 가리키고 있다.

( O ) One of the men is holding a coffee mug.
남자들 중 한 명이 커피 잔을 들고 있다.

( O ) They're facing a computer monitor.
그들은 컴퓨터 모니터를 마주하고 있다.

## 빈출 표현

**One of the women** is drawing **on a whiteboard**.
여자들 중 한 명이 화이트보드에 뭔가를 그리고 있다.

**Some people** are **examining a document**.
몇몇 사람들이 서류를 검토하고 있다.

They're **writing some notes**.
그들은 메모를 하고 있다.

The men are **fixing a bicycle**.
남자들이 자전거를 고치고 있다.

The people are **waiting in a line**.
사람들이 한 줄로 서서 기다리고 있다.

**One of the people** is **holding a cart handle**.
사람들 중 한 명이 카트 손잡이를 잡고 있다.

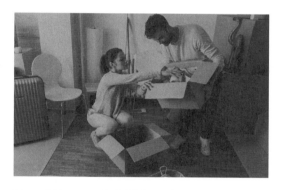

**One of the people** is **lifting a box**.
사람들 중 한 명이 상자를 들어 올리고 있다.

A **server** is **taking an order**.
종업원이 주문을 받고 있다.

Some people are **playing instruments**.
몇몇 사람들이 악기를 연주하고 있다.

**One of the women** is **wearing glasses**.
여자들 중 한 명이 안경을 쓰고 있다.

사진 속 사물의 상태나 위치 또는 전반적인 풍경을 묘사하는 사진으로서, 현재시제, 현재진행시제, 현재완료시제(has / have 과거분사), 수동태 등의 다양한 태와 시제가 사용되는 것이 특징이다. 선택지의 주어가 다양하기 때문에 주어를 정확히 듣는 것이 가장 중요하며, 오답에는 사진에 등장하지 않는 사람이나 사물이 쓰이거나 사물의 위치나 상태가 잘못 묘사되어 있다.

🎧 P1_08

▶ 주어와 주어의 상태를 나타내는 전치사구를 정확히 들어야 한다.

(✗) A **sofa** has been positioned under a window. 소파가 창문 아래에 놓여 있다.

(✗) A **mirror** has been placed on a table. 거울이 탁자 위에 놓여 있다.

(✗) A **table** is being wiped. 테이블을 닦고 있다.
　→ has been과 is being을 헷갈리지 않도록 한다.

Some **pictures** are hanging **on a wall**. 그림 몇 점이 벽에 걸려 있다.

## 빈출 표현

🎧 P1_09

A **pillow** has been **set on an armchair**.
베개가 안락의자 위에 놓여 있다.

**Tools** are **propped against a wall**.
도구들이 벽에 기대어 있다.

All **seats** are **unoccupied**.
모든 좌석들이 비어 있다.

A **screen** has been mounted **on the wall**.
스크린이 벽에 설치되어 있다.

There are some **shoes on a rack**.
선반 위에 신발이 몇 켤레 있다.

Some **boxes** have been **stored inside a vehicle**. 상자들이 차량 안에 보관되어 있다.

**Products** are **displayed on shelves**.
제품들이 선반 위에 진열되어 있다.

Some **plants** have been **arranged in a row**.
몇몇 식물이 나란히 배열되어 있다.

**A bridge** crosses over a **waterway**.
다리가 수로 위를 가로지르고 있다.

There's a **deck overlooking a lake**.
호수가 내려다보이는 데크가 있다.

**1.**

(A)      (B)      (C)      (D)

**2.**

(A)      (B)      (C)      (D)

**3.**

(A)      (B)      (C)      (D)

**4.**

(A)          (B)          (C)          (D)

**5.**

(A)          (B)          (C)          (D)

**6.**

(A)          (B)          (C)          (D)

# PART

# 2

# 질의 응답

---

# PART 2 출제 경향 및 전략

질문과 3개의 응답을 듣고, 질문에 가장 적절한 응답을 고르는 파트로 LC 전체 100문항 중 총 25문항이 출제된다.

## 문제 유형

의문사가 있는 의문문과 의문사가 없는 일반 의문문, 그리고 평서문으로 구분할 수 있으며, 각각 평균 11·11·3문항의 비율로 출제된다.

### 1. 의문사 의문문: Who / What / Which / When / Where / Why / How ...?

**Q** Who's in charge of the conference this year? 누가 올해 콘퍼런스 담당인가요?

**Q** What's the size of this apartment unit? 이 아파트 한 가구의 면적이 어떻게 되나요?

**Q** Where is the career workshop being held? 커리어 워크숍은 어디에서 열리고 있나요?

**Q** Why did William move to Boston? William은 왜 보스턴으로 이사했나요?

▶ 의문사 의문문은 <u>Do you know</u> when the library opens? 와 같이 〈일반 의문문 + 의문사 의문문〉형태의 간접의문문으로 출제되기도 한다.

### 2. 일반 의문문

조동사 **Q** Will you be at the meeting this afternoon? 오늘 오후 회의에 참가하시나요?

be동사 **Q** Is there a café on this level of the hotel? 호텔의 제가 있는 층에 카페가 있나요?

부정 의문문 **Q** Didn't you finish preparing your presentation? 발표 준비를 끝내지 않으셨나요?

부가 의문문 **Q** There's heavy traffic on the highway, isn't it? 고속도로에 정체가 심해요, 그렇지 않나요?

제안 **Q** Why don't we hold a fund-raiser? 모금 행사를 여는 게 어때요?

선택 **Q** Do you prefer to take the bus or the train? 버스 타는 것을 선호하세요, 아니면 기차를 선호하세요?

### 3. 평서문

평서문 **Q** There's heavy traffic on the highway. 고속도로에 정체가 심해요.

## 단계별 듣기 전략

**Example**    🎧 P2_01

Who turned off the alarm?
(A) Press that red button.
(B) Jeff, the security guard. (o)
(C) Yes, turn at the corner.

**STEP 1** | 질문의 첫 부분을 놓치지 말고 들어야 한다. 특히 의문사로 물어보는 경우, 의문사만 듣고도 어느 정도 답을 고를 수 있는 경우가 많으므로 어떤 의문사로 물어보는지 유의해서 들어야 한다.

**STEP 2** | 오답을 소거해 가며 정답을 고른다. (A)는 질문의 alarm(알람)에서 연상되는 red button(붉은색 버튼)을 사용했고, (C)는 질문에 나온 동사 turn을 다시 사용하여 오답을 만들었다.

자주 사용되는 오답 함정

질문을 제대로 듣지 못했다면, 질문에 나온 단어와 같거나 유사한 어휘가 반복되는 선택지, 질문에 나온 단어에서 의미가 연상되는 단어가 사용된 선택지를 오답으로 처리하는 것도 좋은 전략이다.

### 1. 동어 반복 함정

P2_02

**Q** Where can I register for a painting class? 미술 수업은 어디에서 등록할 수 있나요?

**A** (×) Put that painting in my room. 그 그림은 제 방에 두세요.

→ 질문의 painting이 선택지에서 반복되는 함정

### 2. 유사 어휘 함정

P2_03

**Q** When was the original purchase made? 최초 구매는 언제 하셨나요?

**A** (×) We originally planned it. 우리는 원래 그것을 계획했어요.

→ 질문의 original과 발음이 비슷한 originally를 이용한 함정

### 3. 의미 연상 함정

P2_04

**Q** Who's in charge of selecting the photos? 누가 사진 고르는 일을 담당하나요?

**A** (×) With a digital camera. 디지털 카메라를 가지고요.

→ 질문의 photos(사진들)에서 연상되는 digital camera(디지털 카메라)를 이용한 함정

여러 종류의 질문에서 두루 쓰일 수 있는 제3의 답변

몇몇 답변들은 다양한 종류의 의문문에서 두루 정답으로 사용될 수 있다.

| Question | Answer |
|---|---|
| **Q** Who's going to select a candidate for the position?<br>누가 그 자리의 후보자를 뽑을 거죠? | I'm not sure.<br>잘 모르겠어요. |
| **Q** When are you going to interview the candidates?<br>그 후보자들을 언제 면접 볼 건가요? | Brian will know.<br>Brian이 알 거예요. |
| **Q** Did you select a candidate for the position?<br>그 자리의 후보자를 뽑았나요? | You'll have to ask Sam.<br>Sam에게 물어보셔야 할 거예요. |
| **Q** Was it James or Chris who interviewed the candidates?<br>그 지원자들을 면접 본 게 James인가요, Chris인가요? | You'd better ask Sam.<br>Sam에게 물어보는 게 좋을 거예요. |

# 의문사로 시작하는 의문문 (1)

## ❶ Who 의문문

Who(누가)로 시작하는 의문문은 사람 이름, 직책, 회사 이름 등으로 답하는 것이 일반적이다. 질문의 맨 앞에서 Who를 들었다면, 뒤에 이어지는 어휘들을 조합하여 무엇을 묻는 문제인지 재빨리 파악해야 한다.

## 빈출 답변 유형

### 사람 이름으로 답하는 유형

🎧 P2_05

**Who**'s transferring to the marketing team?
누가 마케팅팀으로 옮기나요?

어휘 transfer 전근하다, 옮기다

**Q** → WH 의문문에 Yes/No로 답한 선택지는 무조건 오답이다.

(O) I heard it will be **Ms. Stanley**.
저는 그게 Stanley 씨가 될 거라고 들었어요.

(✕) Yes, I am. Thank you.
네, 접니다. 감사합니다.

**A**

### 직책, 부서 회사명으로 답하는 유형

🎧 P2_06

**Who** should I speak to about a vacation request? 휴가 신청에 대해 누구에게 이야기해야 하나요?

어휘 request 요청; 요청하다

**Q** → 오답 선택지는 때와 시기를 묻는 When 의문문에 대한 답변이다.

(O) The **head of the HR team**.
인사팀의 팀장이요.

(✕) On the last day of the month.
이번 달 마지막 날에요.

**A**

### I(나) 등의 대명사로 답하는 유형

🎧 P2_07

**Who** ordered these printer cartridges?
누가 이 프린터 카트리지들을 주문했나요?

어휘 order 주문하다

**Q** → 오답 선택지는 질문에 나온 printer를 이용한 동어 반복 함정이 사용되었다.

(O) **I did.** There wasn't any left.
제가 했어요. 남은 게 하나도 없었거든요.

(✕) Because of the printer.
프린터 때문에요.

**A**

---

### 연습문제 ❶

🎧 P2_08  정답 및 해설 p.3

**1.** Mark your answer. (A) (B)

**2.** Mark your answer. (A) (B)

**3.** Mark your answer. (A) (B)

**4.** Mark your answer. (A) (B)

# ❷ When 의문문

When(언제)으로 시작하는 의문문은 시간/요일/날짜 또는 대략적인 시점으로 답하는 것이 일반적이다. 하지만 최근에는 이처럼 뻔한 답변이 아니라 제3의 답변이 정답이 되는 난이도가 높은 문제가 늘고 있다. 따라서 When 의문문에 대해 무턱대고 시간/요일/날짜 표현이 들어간 선택지를 고르지 않도록 주의해야 한다.

## 빈출 답변 유형

### 시간으로 답하는 유형

🎧 P2_09

**When** does the grocery store open?
식료품점은 언제 문을 여나요?

⸺⸺⸺⸺⸺⸺⸺⸺⸺

**어휘** grocery 식료품

(O) Daily at seven o'clock. 매일 7시에요.
(X) I left the door open. 저는 문을 열어 두었어요.

 → 질문에서 들렸던 단어와 유사한 단어가 선택지에서 들린다면 그 선택지는 오답일 확률이 높다. 이 문제는 질문과 오답 선택지에 open이라는 단어가 나왔는데, 문제를 제대로 듣지 못했다면 중복된 단어가 나오는 선택지를 소거하는 것이 효과적이다.

### 요일/날짜로 답하는 유형

🎧 P2_10

**When** did Ms. Morgan return from her trip?
Morgan 씨는 언제 여행에서 돌아왔나요?

⸺⸺⸺⸺⸺⸺⸺⸺⸺

**어휘** return 돌아오다

(O) Tuesday afternoon. 화요일 오후요.
(X) At a travel agency. 여행사에서요.

 → 질문에서 나왔던 trip과 의미가 비슷한 travel이 함정으로 쓰였다.

### 제3의 답변

🎧 P2_11

**When** will the copier be fixed?
언제 복사기가 수리될까요?

⸺⸺⸺⸺⸺⸺⸺⸺⸺

**어휘** copier 복사기

(O) Didn't you read the notice?
공지를 안 읽으셨어요?
(X) I don't have a fixed schedule this week.
저는 이번 주에는 정해진 일정이 없어요.

→ 공지에 복사기 수리 일정이 나온다고 시사하는 제3의 답변이 정답이 된다.

## 연습문제 ❷

 🎧 P2_12 정답 및 해설 p.4

1. Mark your answer.　(A)　(B)　　　3. Mark your answer.　(A)　(B)

2. Mark your answer.　(A)　(B)　　　4. Mark your answer.　(A)　(B)

# ❸ Where 의문문

Where(어디)로 시작하는 의문문에 대한 정답 선택지는 '전치사(at, in, on 등)＋장소'로 답하는 유형이 가장 많지만, 전치사 뒤에 시간 관련 표현이 오는 오답 함정을 주의해야 한다. 질문에 나오는 사람이나 사물을 They(그들), It(그것)과 같은 대명사로 바꾼 유형도 자주 나오며, When 의문문과 마찬가지로 제3의 답변이 정답이 되기도 한다.

## 빈출 답변 유형

### 〈전치사＋장소〉로 답하는 유형

🎧 P2_13

**Where** did you meet Ms. Taylor?

Taylor 씨를 어디서 만났어요?

(O) **In** the cafeteria. 카페테리아에서요.

(X) **At** 4 o'clock. 4시 정각에요.

**Q** → 둘 다 전치사 in과 at으로 시작하지만, in 뒤에는 장소 표현이 나오고 at 뒤에는 시간 표현이 나왔다. 따라서 Where 의문문이 나왔다고 해서 전치사로 답하는 선택지를 무턱대고 고르지 않도록 주의해야 한다. **A**

### 대명사로 답하는 유형

🎧 P2_14

**Where** is the sales report from last year?

작년 매출 보고서는 어디에 있나요?

**어휘** sales 판매, 매출

(O) **It**'s in the top drawer. 맨 위 서랍에 있어요.

(X) We sold them this year. 우리는 올해 그것들을 팔았어요.

**Q** → 오답 선택지는 질문의 sales와 의미상 연관되는 sold를 이용하여 혼동을 유도하고 있다. **A**

### 제3의 답변

🎧 P2_15

**Where** can I get a new monitor for my desktop?

제 데스크톱 컴퓨터에 쓸 새 모니터를 어디서 받을 수 있나요?

**어휘** submit 제출하다

(O) You have to submit an official request.
공식 요청서를 제출해야 합니다.

(X) Your new desk will arrive soon.
당신의 새 책상이 곧 도착할 거예요.

**Q** → 요청서를 제출해야 새 모니터를 받을 수 있다고 우회적으로 정보를 제공하는 유형이다. 오답 선택지는 desktop과 desk의 유사 어휘 함정이 사용되었다. **A**

## 연습문제 ❸

🎧 P2_16  정답 및 해설 p.4

1. Mark your answer.　　(A)　　(B)

2. Mark your answer.　　(A)　　(B)

3. Mark your answer.　　(A)　　(B)

4. Mark your answer.　　(A)　　(B)

# UNIT 02 의문사로 시작하는 의문문 (2)

## ❶ What / Which 의문문

What / Which 뒤에 구체적인 명사가 나오는 경우, 그 명사가 가장 강력한 단서가 되므로 절대 놓치지 말고 들어야 한다.

### 빈출 답변 유형

**뒤에 명사가 나오는 What 의문문**　　　🎧 P2_17

> **What** kind of **restaurants** do you usually go to? 보통 어떤 종류의 식당에 가시나요?
>
> ⋯⋯⋯⋯⋯⋯⋯⋯⋯⋯⋯⋯⋯⋯⋯⋯⋯⋯⋯⋯⋯⋯⋯⋯⋯
>
> 어휘 cuisine 요리, 음식　mainly 주로

→ 오답 선택지는 When 의문문에 알맞은 답변이다.

> (○) I'm a big fan of Italian cuisine.
>  　　저는 이태리 요리를 매우 좋아해요.
> (✕) Mainly on weekends or holidays.
>  　　주로 주말이나 휴일에요.

**뒤에 동사가 나오는 What 의문문**　　　🎧 P2_18

> **What** did you **think** of the president's speech? 사장님의 연설에 대해 어떻게 생각했어요?
>
> ⋯⋯⋯⋯⋯⋯⋯⋯⋯⋯⋯⋯⋯⋯⋯⋯⋯⋯⋯⋯⋯⋯⋯⋯⋯
>
> 어휘 inspire 영감을 주다　ceremony 의식, 식

→ It was really inspirational.(그것은 정말로 영감을 주는 것이었어요.)이라고 말해도 같은 뜻의 정답 선택지가 된다. 오답 선택지는 Where 의문문에 대한 답변이며, president's speech에서 연상되는 ceremony를 오답 함정으로 이용했다.

> (○) She really inspired me.
>  　　그녀는 제게 정말 큰 영감을 주었어요.
> (✕) At the ceremony.
>  　　기념식에서요.

**'어느 것'을 물어보는 Which 의문문**　　　🎧 P2_19

> **Which factory** produces these umbrellas?
> 어떤 공장이 이 우산들을 생산하나요?

→ 정답 선택지의 대명사 one은 질문의 factory를 의미한다. 오답 선택지는 질문의 umbrellas(우산들)에서 연상되는 rain(비가 오다)이라는 함정을 이용했으며, 의문사 의문문은 Yes/No로 답할 수 없으므로 오답이다.

> (○) The one in Louisville. 루이빌에 있는 거요.
> (✕) Yes, it's going to rain. 네, 비가 올 거예요.

---

### 연습문제 ❶　　　🎧 P2_20　정답 및 해설 p.5

1. Mark your answer.　(A)　(B)
2. Mark your answer.　(A)　(B)
3. Mark your answer.　(A)　(B)
4. Mark your answer.　(A)　(B)

# ❷ How 의문문

How(어떻게)로 시작하는 의문문은 방법으로 답하는 것이 일반적이다. 하지만 How 뒤에 long, many, often 등의 부사가 오는 경우 방법을 묻는 질문이 아니며, 따라서 우리말 해석도 크게 달라진다는 점에 주의해야 한다.

## 빈출 답변 유형

### 방법을 묻는 질문과 그에 대한 답변

🎧 P2_21

**How can** I add ink to the printer?
프린터에 잉크를 어떻게 추가할 수 있나요?

> **어휘** add 더하다, 추가하다   instructions 사용 설명서
> copier 복사기   be out of ~이 다 떨어지다

(○) Let's check the instructions.
설명서를 확인해 봅시다.

(✕) Because the copier is out of toner.
복사기에 토너가 다 떨어졌거든요.

**Q** → How가 '어떻게'의 의미로 쓰일 때는 뒤에 can, do, should, will 등의 조동사가 나오는 것이 일반적이다. 오답 선택지는 Why 의문문에 대한 답변이며, printer(프린터)-copier(복사기), ink(잉크)-toner(토너)의 의미 연상 함정을 이용했다.

### 해석에 주의해야 하는 How 의문문(1)

🎧 P2_22

**How long** have you worked at headquarters?
본사에서 얼마나 오래 일했나요?

> **어휘** headquarters 본사, 본부
> working hours 근무 시간, 영업시간

(○) Since July 2014. 2014년 7월 이후로요.

(✕) During working hours. 근무 시간 동안이요.

**Q** → How long(얼마나 오래), How many/much(얼마나 많은), How often(얼마나 자주) 등은 '얼마나 ~'로 해석하며, How 바로 뒤에 나오는 부사가 질문의 키워드가 된다.

### 해석에 주의해야 하는 How 의문문(2)

🎧 P2_23

**How do you like** working from home?
재택근무는 어때요?

> **어휘** work from home 재택근무를 하다
> commute 통근; 통근하다

(○) Well, I had a long commute before.
음, 전에는 통근 거리가 길었어요.

(✕) A modern apartment building.
현대적인 아파트 건물이요.

**Q** → How do you like ~?는 '~은 어때요?', '~을 어떻게 생각하세요?'의 의미이며, 여기에서는 현재 재택근무를 하고 있는 상대방에게 그에 대한 만족 여부를 묻고 있다.

## 연습문제 ❷

🎧 P2_24   정답 및 해설 p.6

1. Mark your answer.   (A)   (B)

2. Mark your answer.   (A)   (B)

3. Mark your answer.   (A)   (B)

4. Mark your answer.   (A)   (B)

# ❸ Why 의문문

Why(왜)로 시작하는 의문문에 대한 답변은 Because(왜냐하면)로 시작하는 것이 일반적인 형태이지만, Because를 생략하고
이유를 답하거나, 제3의 답변으로 답하는 경우도 많다.

## 빈출 답변 유형

### 방법을 묻는 질문과 그에 대한 답변

🎧 P2_25

**Why** was the location of the workshop
changed? 워크숍 장소가 왜 바뀌었나요?

어휘 location 장소, 위치   sign up 신청하다

(O) Because a lot of people signed up.
많은 사람이 신청했기 때문이에요.

(×) It was held last weekend.
그건 지난 주말에 열렸어요.

→ 오답 선택지는 When 의문문에 대한 답변이며, workshop과 was held(열렸다)의 의미 연상 함정을 사용했다.

### Because 없이 이유를 말하는 답변

🎧 P2_26

**Why** isn't Mr. Watson in his office?
Watson 씨가 왜 그의 사무실에 없나요?

어휘 be out sick 아파서 결석하다

(O) He is out sick. 그는 아파서 결근했어요.

(×) His door is closed. 그의 방문이 닫혀 있어요.

→ 정답은 "Because he is out sick."에서 Because가 생략된 형태다.

### 제3의 답변

🎧 P2_27

**Why** was the staff picnic canceled?
왜 직원 야유회가 취소되었나요?

어휘 cancel 취소하다   postpone 연기하다
cancellation 취소   fee 요금, 수수료

(O) It's only been postponed.
연기된 것뿐이에요.

(×) Did you pay the cancellation fee?
당신은 취소 수수료를 지불했나요?

→ 오답 선택지는 canceled와 cancellation의 유사 어휘 함정을 사용했다.

---

## 연습문제 ❸

🎧 P2_28 정답 및 해설 p.6

**1.** Mark your answer.   (A)   (B)

**2.** Mark your answer.   (A)   (B)

**3.** Mark your answer.   (A)   (B)

**4.** Mark your answer.   (A)   (B)

## UNIT 03　의문사가 없는 의문문

### ❶ 일반 의문문, 부정 의문문

일반 의문문은 be동사 또는 Do, Can, Have, Should 등의 조동사로 시작하는 의문문을 말한다. 부정 의문문은 이같은 be동사와 조동사가 부정(not)의 형태로 시작하는 의문문을 가리키는데, 일반 의문문이나 부정 의문문 모두 긍정이면 Yes, 부정이면 No로 답변하기 때문에 본질적으로는 같은 유형의 의문문이다.

### 질문 유형

| | | |
|---|---|---|
| be동사 | **Are** we taking the same train? 우리는 같은 기차를 타나요? (일반)<br>**Aren't** we taking the same train? 우리는 같은 기차를 타지 않나요? (부정) | → 같은 기차를 타면 Yes<br>→ 같은 기차를 타지 않으면 No |
| 조동사 | **Do** you think the article is too short? 기사가 너무 짧다고 생각하세요? (일반)<br>**Don't** you think the article is too short? 기사가 너무 짧다고 생각하지 않으세요? (부정) | → 짧으면 Yes<br>→ 짧지 않으면 No |

### 빈출 답변 유형

**Yes / No로 답하는 유형**　　　　　　　　　　　　　　　　　　　🎧 P2_29

**Q**
Will Thomas join us for Friday's staff meeting?
Thomas가 금요일 직원 회의에 우리와 함께할 건가요?

〔어휘〕 join 함께하다　staff 직원　attend 참석하다

**A**
(○) Yes, he'll be attending.
네, 그는 참석할 거예요.
(✕) Sure, I can help you.
그럼요, 제가 도와드릴 수 있어요.

→ 오답 선택지도 Yes와 의미가 비슷한 Sure로 답했지만, 올바른 답변이 아니다.

**Yes / No 없이 답하는 유형**　　　　　　　　　　　　　　　　　🎧 P2_30

**Q**
Did you park in the stadium's parking lot?
경기장의 주차장에 주차했나요?

**A**
(○) I took the bus here.
저는 버스를 타고 이곳에 왔어요.
(✕) The championship game.
챔피언 결정전이에요.

→ 일반 의문문은 Yes/No로 답하는 선택지를 고르는 것이 문제 풀이의 지름길이다. 여기서 정답 선택지 앞에는 No가 생략되어 있다고 볼 수 있다. 오답 선택지는 stadium과 championship의 의미 연상 함정을 이용했다.

### 연습문제 ❶　　　　　　　　　　　　🎧 P2_31　정답 및 해설 p.7

1. Mark your answer.　　(A)　　(B)　　　　3. Mark your answer.　　(A)　　(B)

2. Mark your answer.　　(A)　　(B)　　　　4. Mark your answer.　　(A)　　(B)

# ❷ 선택 의문문

선택 의문문은 일반 의문문과 형태가 비슷하지만, 문장에 A or B 형태의 선택 사항이 포함되어 둘 중 하나를 고르도록 하는 의문문이다. 이때 A와 B는 단어의 형태일 수도 있고 구나 절의 형태일 수도 있다. 선택 의문문은 A나 B 중 하나를 골라야 하기 때문에, 다른 의문문과는 달리 질문에 나왔던 단어가 선택지에서 다시 나오더라도 오답 함정으로 생각하지 말고 오히려 그 선택지를 정답으로 고르는 것이 좋다.

## 빈출 답변 유형

### 질문에 나오는 A나 B로 답하는 유형

🎧 P2_32

**Q**

Would you like the **black pants or the blue pants**? 검정색 바지로 하시겠어요, 파란색 바지로 하시겠어요?

**A**

(○) I'll take the **blue**.
파란색으로 하겠습니다.

(✕) I drink my **coffee black**.
저는 블랙으로 커피로 마십니다.

→ 질문의 black과 blue가 정답 선택지와 오답 선택지에 모두 나오지만, 오답 선택지는 커피의 종류를 의미하므로 오답이다.

### 질문에 나오는 A나 B를 응용해서 답하는 유형

🎧 P2_33

**Q**

Can I **pay by credit card**, or do I have to **pay in cash**? 신용카드로 지불할 수 있나요, 아니면 현금으로 지불해야 하나요?

**어휘** cash 현금  on sale 판매되는

**A**

(○) We only **take cash**.
저희는 현금만 받습니다.

(✕) No, it's not on sale.
아니오, 그건 판매되지 않는 거예요.

→ pay in cash(현금으로 지불하다)가 구매자의 입장에서 쓸 수 있는 표현이라면, take cash는 판매자의 입장에서 쓸 수 있는 표현이다. 선택 의문문은 Yes/No로 답할 수 없다.

### 제3의 답변

🎧 P2_34

**Q**

Would you rather lead **the younger ones or the older ones**? 나이가 젊은 사람들을 안내하시겠어요, 아니면 나이가 더 많은 사람들을 안내하시겠어요?

**어휘** matter 중요하다

**A**

(○) It doesn't matter to me.
상관없어요.

(✕) He's quite old.
그는 꽤 나이가 들었어요.

→ '모르겠다'고 답하는 것은 파트2에서 가장 자주 나오는 제3의 답변이다. 오답 선택지는 older와 old의 유사 어휘 함정을 이용했다.

## 연습문제 ❷

🎧 P2_35  정답 및 해설 p.8

**1.** Mark your answer.　(A)　(B)

**2.** Mark your answer.　(A)　(B)

**3.** Mark your answer.　(A)　(B)

**4.** Mark your answer.　(A)　(B)

# ❸ 제안/요청 의문문

Would / Could와 같은 조동사로 문장을 시작하거나 문장에 please를 넣으면 '~해 주시겠어요?'라는 공손한 부탁의 표현이 된다. 그리고 Why don't we / you ~?는 '우리가 / 당신이 ~하는 게 어때요?'라는 제안의 표현이 된다. 이런 형태의 문장들을 제안 / 요청의 의문문이라고 하는데, 제안 / 요청의 의문문은 의견을 묻는 질문이므로 의견으로 답하는 것이 일반적이다. 일반 의문문과 구분해서 질문 유형을 익혀 두자.

## 질문 유형

| | |
|---|---|
| 제안 | • **Would you like** a cup of coffee with your meal? 식사와 함께 커피 한 잔 하시겠어요?<br>• **How about** canceling this week's staff meeting? 이번 주 직원 회의를 취소하는 게 어떨까요?<br>• **Why don't** we buy floor tickets for the concert? 우리는 콘서트 티켓을 스탠딩석으로 사는 게 어때요? |
| 요청 | • **Could** I borrow your laptop? 제가 당신의 노트북 컴퓨터를 빌려도 될까요?<br>• **Can you** send me the information, **please**? 저에게 그 정보를 보내 주시겠어요? |

## 빈출 답변 유형

### 제안 / 요청에 응하는 답변  🎧 P2_36

> Would you like to sit in the front row?
> 앞줄에 앉으시겠어요?
>
> ────────────────────
>
> **어휘** front 앞  row 줄, 열  over there 저쪽에

**Q** → 제안/요청을 수락할 때는 Yes(네), Okay(알았어요), Of course(물론이에요), Sure(물론이죠) 등으로 답변을 시작할 수 있다. 오답 선택지는 sit과 standing의 의미 연상 함정을 이용했다.

> (O) **Of course**, that would be great.
> 물론이죠, 그러면 좋겠어요.
> (X) No, he's standing over there.
> 아니오, 그는 저쪽에 서 있어요.

**A**

### 제안 / 요청을 거절하는 답변  🎧 P2_37

> Why don't you take next week off?
> 다음 주에 쉬는 게 어때요?
>
> ────────────────────
>
> **어휘** rather 차라리, 오히려  package 패키지 상품

**Q** → 제안/요청을 거절할 때는 No, Sorry 등의 표현 없이 거절할 수밖에 없는 이유를 말하거나 대안을 제시하는 편이다. 오답 선택지는 take next week off와 spa packages의 의미 연상 함정을 이용했다.

> (O) I'd rather finish my work.
> 그냥 제 일을 끝내는 게 좋겠어요.
> (X) They are selling spa packages.
> 그들은 스파 패키지 상품을 팔고 있어요.

**A**

## 연습문제 ❸  🎧 P2_38 정답 및 해설 p.9

1. Mark your answer.     (A)     (B)      3. Mark your answer.     (A)     (B)

2. Mark your answer.     (A)     (B)      4. Mark your answer.     (A)     (B)

# UNIT 04 평서문, 부가 의문문

## ❶ 평서문

평서문은 물음표가 아니라 마침표로 끝나는 문장으로서, 정해진 질문 패턴이 없기 때문에 PART 2에서 가장 까다로운 문제 유형이라고 할 수 있다.

### 빈출 답변 유형

**질문으로 답변**　　　　　　　　　　　　　　　　🎧 P2_39

**Q**

My computer is running slowly.
제 컴퓨터가 느려졌어요.

어휘 run 작동하다

**A**

(O) When did you last upgrade the software?
소프트웨어를 언제 마지막으로 업그레이드 했나요?

(×) A 15-inch laptop. 15인치 노트북 컴퓨터요.

→ 오답 선택지는 computer와 laptop(노트북 컴퓨터)의 의미 연상 함정을 이용했다.

**문제에 대한 해결책 제시**　　　　　　　　　　　🎧 P2_40

**Q**

The copier in the meeting room is broken.
회의실의 복사기가 고장 났어요.

어휘 copier 복사기　broken 고장 난, 망가진

**A**

(O) Please contact the maintenance team.
관리팀에 연락하세요.

(×) Let's meet up at 3. 3시에 만나죠.

→ 오답 선택지는 meeting과 meet의 유사 어휘 함정을 이용했다.

**관습적 · 관용적 표현을 이용한 답변**　　　　　　🎧 P2_41

**Q**

Thank you for coming all this way to see me.
저를 만나러 이렇게 먼 길을 와 주셔서 감사합니다.

**A**

(O) No problem at all. 천만에요.

(×) I saw him coming this way.
그가 이쪽으로 오는 걸 봤어요.

→ 오답 선택지는 coming, this way의 동어 반복 함정을 이용했다.

### 연습문제 ❶　　　　　　　　　🎧 P2_42  정답 및 해설 p.9

1. Mark your answer.　　(A)　(B)

2. Mark your answer.　　(A)　(B)

3. Mark your answer.　　(A)　(B)

4. Mark your answer.　　(A)　(B)

## ❷ 부가 의문문

부가 의문문은 평서문의 끝에 '그렇죠?', '맞죠?'와 같은 꼬리말이 붙은 형태로서, Yes / No로 답변하는 정답 유형이 많다는 것을 제외하면 평서문과 대동소이하다. 부가 의문문은 부정 의문문과 마찬가지로 묻는 내용에 대해 긍정이면 Yes, 부정이면 No로 답변하는데, 부가 의문문이라는 것을 파악했다면 Yes / No로 시작하는 선택지를 우선적으로 고르는 것도 좋은 전략이다.

## 빈출 답변 유형

**Yes / No로 답변하는 유형**　🎧 P2_43

**Q** You're here for the hotel manager interview, right? 호텔 지배인 면접을 보러 여기 오신 거죠, 그렇죠?

어휘 fully booked 예약이 꽉 찬

**A** (O) Yes, I hope I'm in the right place.
네, 제가 제대로 온 것이면 좋겠네요.

(X) Sorry, we are fully booked.
죄송합니다만 우리는 예약이 꽉 찼습니다.

→ 오답 선택지는 hotel(호텔)–fully booked(예약이 꽉 찬)의 의미 연상 함정을 이용했다.

**Yes / No 없이 추가 정보를 제공하는 유형**　🎧 P2_44

**Q** It would be best to call a taxi, don't you think?
택시를 부르는 게 제일 좋겠어요, 그렇게 생각하지 않아요?

어휘 tax 세금　form 양식

**A** (O) The subway would be faster.
지하철이 더 빠를 거예요.

(X) I updated the tax form.
저는 납세 신고서를 업데이트했어요.

→ 정답 선택지는 No를 생략한 채 택시 대신 지하철이 더 빠를 것이라는 추가적인 정보를 제공하고 있다. 오답 선택지는 taxi와 tax의 유사 어휘 함정을 이용했다.

## 연습문제 ❷　🎧 P2_45　정답 및 해설 p.10

**1.** Mark your answer.　(A)　(B)

**2.** Mark your answer.　(A)　(B)

**3.** Mark your answer.　(A)　(B)

**4.** Mark your answer.　(A)　(B)

**PART 2**

1.  Mark your answer.          (A)          (B)          (C)

2.  Mark your answer.          (A)          (B)          (C)

3.  Mark your answer.          (A)          (B)          (C)

4.  Mark your answer.          (A)          (B)          (C)

5.  Mark your answer.          (A)          (B)          (C)

6.  Mark your answer.          (A)          (B)          (C)

7.  Mark your answer.          (A)          (B)          (C)

8.  Mark your answer.          (A)          (B)          (C)

9.  Mark your answer.          (A)          (B)          (C)

10. Mark your answer.          (A)          (B)          (C)

11. Mark your answer.          (A)          (B)          (C)

12. Mark your answer.          (A)          (B)          (C)

13. Mark your answer.          (A)          (B)          (C)

14. Mark your answer.          (A)          (B)          (C)

15. Mark your answer.          (A)          (B)          (C)

# PART

# 3·4

# 짧은 대화 · 담화

# PART 3·4 출제 경향 및 전략

PART 3는 두 명 또는 세 명의 대화를 듣고, 이와 관련된 3개의 문제에 알맞은 답을 고르는 파트이다. LC 전체 100문항 중에서 총 39문항(13개 대화문×3문항)이 출제된다. PART 4는 한 명의 담화를 듣고 이와 관련된 3개의 문제에 알맞은 답을 고르는 파트로서 총 30문항(10개 담화문×3문항)이 출제된다. PART 3, 4 모두 지문은 문제지에 표기되지 않고 선택지만 나온다.

### 시간 배분 전략

짧은 단문이나 대화를 듣고 1문제를 맞혀야 하는 PART 1, 2와 달리, PART 3, 4는 평균 30초 가량 이어지는 긴 대화/담화를 듣고 3문제를 맞혀야 한다. 550점 이상을 목표로 하는 토익 초급자들이 PART 3, 4를 완벽히 대비하는 것은 불가능에 가깝기 때문에 다음과 같이 시간 배분 전략을 세우는 것이 좋다.

1. 앞선 PART가 끝나고 새로운 PART가 시작할 때 약 30초 정도 디렉션이 나온다. 이 시간 동안 첫 번째 지문의 3문항을 확인한다. 예를 들어 PART 3는 32~34번 문항의 질문과 선택지들을 읽고 키워드를 확인한다. 그리고 32~34번 문항은 세 문제를 모두 맞히겠다는 각오로 임한다.

2. 그 다음부터는 질문을 읽을 시간이 부족해진다. PART 3, 4는 문항과 문항 사이의 간격이 약 8초이고, "Questions 35~37 refer to ~"와 같은 문제 디렉션을 포함하더라도 13초 정도에 불과하다. 고사장의 긴장된 환경에서 이 짧은 시간 동안 다음에 나올 3개의 질문과 선택지를 모두 읽고 의미를 파악하는 것은 토익 고수들에게도 몹시 어려운 일이다. 따라서 초급자들은 13초 동안 첫 번째 문제의 질문과 선택지를 파악해서 지문당 1문제만이라도 반드시 맞힌다는 선택과 집중의 전략을 세우는 것이 좋다.

3. 첫 번째 문제에 대한 정답 단서는 대부분 지문이 시작된 후 10초 이내에 나온다. 단서를 들었다면 그 다음 10초 동안에 첫 번째 문제에 대한 정답을 판단해서 OMR카드에 마킹하고, 두 번째 문제의 정답도 마킹한다. 두 번째 문제는 선택과 집중을 위해 포기하는 문제가 된다. 첫 번째 문제를 비교적 빨리 풀었더라도 두 번째 문제에 연연하기보다는 세 번째 문제의 질문과 선택지를 파악하는 편이 낫다. 마킹을 하고 나면 얼추 20초가 경과하고 세 번째 문제의 단서가 나올 차례가 된다. 세 번째 문제는 문제를 읽을 시간이 없다면 선택지에 집중하자. 선택지에 있는 단어가 녹음에서 들린다면 그 선택지를 정답으로 마킹한다. 이렇게 한 세트가 끝나면 또다시 13초 동안 다음 세트의 첫 번째 문제와 선택지를 확인한다.

### 패러프레이즈

대화 속 단어는 선택지에 제시될 때 유사 의미의 다른 단어로, 또는 상위 카테고리의 단어로 바뀌는 경우가 많다.

| 동사 변환 | **fill out** the application form | → | **complete** a form |
| 명사 변환 | get some more **envelops and tape** | → | get some more **supplies** |

🎧 P34_01

**PART 2**
**Directions:** You will hear a question or statement and three responses spoken in English. They will not be printed in your test book and will be spoken only one time. Select the best response to the question or statement and mark the letter (A), (B), or (C) on your answer sheet.

**PART 3**
**Directions:** You will hear some conversations between two or more people. You will be asked to answer three questions about what the speakers say in each conversation. Select the best response to each question and mark the letter (A), (B), (C), or (D) on your answer sheet. The conversations will not be printed in your test book and will be spoken only one time.

7. Mark your answer on your answer sheet.
8. Mark your answer on your answer sheet.
9. Mark your answer on your answer sheet.
10. Mark your answer on your answer sheet.
11. Mark your answer on your answer sheet.
12. Mark your answer on your answer sheet.
13. Mark your answer on your answer sheet.
14. Mark your answer on your answer sheet.
15. Mark your answer on your answer sheet.

20. Mark your answer on your answer sheet.
21. Mark your answer on your answer sheet.
22. Mark your answer on your answer sheet.
23. Mark your answer on your answer sheet.
24. Mark your answer on your answer sheet.
25. Mark your answer on your answer sheet.
26. Mark your answer on your answer sheet.
27. Mark your answer on your answer sheet.
28. Mark your answer on your answer sheet.

32. Where does the woman work?
(A) At a television station
(B) A travel agency
(C) At a hotel
(D) At an electronics store

33. Why is the man calling?
(A) To update payment information
(B) To ask about a policy
(C) To get an item replaced
(D) To make a reservation

34. What is the woman unsure about?
(A) When a colleague will return
(B) How much will be charged
(C) Where a file is located
(D) Who is responsible for a task

38. Who is Andreas McGrath?
(A) An investor
(B) A corporate recruiter
(C) An intern
(D) A general manager

39. Where most likely are the speakers?
(A) At a pharmacy
(B) At a financial institution
(C) At an electronics store
(D) At an advertising firm

40. What does the man want Ms. McGrath to do next?
(A) Complete some paperwork
(B) Take a building tour
(C) Share a meal with her colleagues
(D) Review some safety procedures

▶ PART 3 디렉션 30초 동안 32~34번 질문과 선택지 파악하고 키워드 확인

📄 문제지

**32. Where** does the **woman work**?
(A) At a television station
(B) At a travel agency
(C) At a hotel ✓
(D) At an electronics store

문제와 문제 사이 간격 8초

**33. Why** is the man **calling**?
(A) To update payment information
(B) To ask about a policy
(C) To get an item replaced ✓
(D) To make a reservation

문제와 문제 사이 간격 8초

**34. What** is the **woman unsure** about?
(A) When a colleague will return ✓
(B) How much will be charged
(C) Where a file is located
(D) Who is responsible for a task

🔊 음성

W Marion ³²Hotel front desk. How may I help you?

M Hello. I'm staying in room 407. ³³My remote control isn't working. I'd like a new one.

W I can bring one up to you, but I'll have to wait until my ³⁴colleague gets back. He's making some copies, so I'm not sure how long it will take. Or, you can come down to the front desk if you prefer.

M I'll come down right now.

W Okay. See you shortly

여 메리온 호텔 프런트입니다. 무엇을 도와드릴까요?

남 안녕하세요. 407호에 투숙하고 있습니다. 리모컨이 작동하지를 않아요. 새로운 게 필요해요.

여 하나 가져다 드릴 수 있는데 제가 동료가 돌아올 때까지 기다려야 해서요. 복사를 하는 중인데 얼마나 걸릴지 모르겠어요. 아니면 프런트로 내려오시겠어요?

남 지금 내려갈게요.

여 네. 곧 뵙겠습니다.

34번과 다음 세트 사이 간격 13초 → 다음 세트의 첫 번째 질문과 선택지 파악

**35. Where** most likely are the **speakers**? → 앞부분에서는 대화 장소를 파악해야겠군!
(A) At an art museum
(B) At a shopping mall
(C) At an aquarium
(D) At a theater

## UNIT 01 　주제 · 목적을 묻는 문제

지문의 주제 또는 화자의 전화/방문 목적을 묻는 문제는 3문제 중 주로 첫 번째 문제로 출제된다. 거의 예외 없이 지문의 앞부분에 정답 단서가 나오므로, 지문의 시작 부분만 잘 들으면 정답을 맞힐 수 있다. 따라서 PART 3, 4에서 놓치지 말아야 하는 문제 유형에 속한다.

## 빈출 질문 유형

· **What** is the **topic** of the conversation/broadcast? 대화/방송의 주제는 무엇인가?
· **What** is the conversation/message **mainly about**? 대화/메시지는 주로 무엇에 관한 것인가?
· **What** are the speakers **mainly discussing**? 화자들은 주로 무엇에 관해 이야기하고 있는가?
· **What** project is being **discussed**? 어떤 프로젝트가 논의되고 있는가?
· **What topic** is the speakers **discussing**? 화자는 어떤 주제에 관해 논의하고 있는가?

## 주제를 묻는 문제

🎧 P34_02

### Example 1

| | |
|---|---|
| Are you looking for a way to make household chores easier? Do you want to help Rigby Incorporated improve our vacuum cleaner? Then why not sign up to become a product tester? | 집안일을 더 쉽게 하는 방법을 찾고 계시나요? Rigby Incorporated가 진공청소기를 개선하는 것을 돕고 싶으신가요? 그렇다면 제품 테스터가 되기 위해 신청하시는 게 어떠세요? |
| **What** is the advertisement **about**? | 광고는 무엇에 관한 것인가? |
| (A) A vacuum cleaner | **(A) 진공청소기** |
| (B) A dishwasher | (B) 식기세척기 |

　어휘　household chores 집안일　vacuum cleaner 진공청소기　sign up 신청하다, 등록하다　tester 검사자

→ 광고의 주제 또는 대상을 묻는 질문이라는 것을 확인했다면 지문에서 단서 어휘가 나오기를 기다려야 한다. 지문에 나온 vacuum cleaner가 그대로 쓰인 (A)가 정답이다.

🎧 P34_03

### Example 2

| | |
|---|---|
| Seo-yeon, I'm wondering about our new system for vehicle navigation. How is the development going so far? | 서연, 우리의 새 차량 내비게이션 시스템에 관해 궁금한 것이 있어요. 지금까지 개발이 어떻게 되어 가고 있어요? |
| **What** are the speakers **discussing**? | 화자들은 무엇을 논의하고 있는가? |
| (A) A new navigation system | **(A) 새로운 내비게이션 시스템** |
| (B) A smartphone application | (B) 스마트폰 앱 |

　어휘　wonder 궁금하다　vehicle 차량　development 개발　so far 지금까지　application 애플리케이션, 앱

→ 문제 풀이의 단서가 되는 system, navigation의 순서가 바뀌어 제시된 (A)가 정답이다.

# 목적을 묻는 문제

Example 3      🎧 P34_04

Travel is becoming more and more expensive. That's why you should try Keyser, the videoconferencing software that keeps you connected with your clients without visiting them face to face.

이동하는 데는 점점 더 많은 비용이 듭니다. 그래서 대면 방문 없이도 여러분을 고객들과 연결해 주는 화상 회의 소프트웨어인 Keyser를 이용해 보셔야 하는 것입니다.

**What** is being **advertised**?

(A) An office security system
(B) A videoconference software program

무엇이 광고되고 있는가?

(A) 사무실 보안 시스템
**(B) 화상 회의 소프트웨어 프로그램**

> 어휘   try 시도하다, 사용해 보다   videoconference 화상 회의   connect 연결하다   client 고객
> face to face 대면으로, 얼굴을 맞대고   security 보안

→ 광고의 주제를 묻는 질문이다. 지문의 단서인 videoconferencing software가 거의 동일하게 제시된 (B)가 정답이다.

Example 4      🎧 P34_05

M   Good afternoon, and thank you for visiting the Natural History Museum.

W   Actually, I'm a journalist from *Science Express Magazine*. I'm supposed to interview one of your staff members about your new exhibit.

남   안녕하세요, 자연사 박물관을 방문해 주셔서 감사합니다.

여   사실, 저는 〈사이언스 익스프레스 매거진〉의 기자입니다. 귀사의 새로운 전시에 관해 서 귀사 직원 중 한 분과 인터뷰하기로 되어 있어요.

**Why** did the **woman visit** the museum?

(A) For an equipment repair
(B) For a magazine interview

여자는 왜 박물관을 방문했는가?

(A) 장비 수리를 위해
**(B) 잡지 인터뷰를 위해**

> 어휘   actually 사실은, 실제로는   journalist 기자, 저널리스트   be supposed to do ~하기로 되어 있다
> staff member 직원   exhibit 전시회, 전시품

→ 여자의 방문 목적을 묻는 질문이므로 여자의 말에 정답의 단서가 나올 가능성이 높다. magazine, interview 등의 단서가 그대로 쓰인 (B)가 정답이다.

**두 개의 짧은 지문을 듣고 각각의 문제에 대한 정답을 고르시오.**

**1.** What are the speakers mainly discussing?

    (A) An e-mail
    (B) An interior design

**2.** What is the purpose of the talk?

    (A) To introduce a new employee
    (B) To announce an upcoming inspection

## UNIT 02 화자 · 청자의 직업을 묻는 문제

화자 또는 청자의 직업이나 근무지를 묻는 문제 역시 3문제 중 주로 첫 번째 문제로 출제된다. 빈출 질문으로는 Who 의문문과 What 의문문, Where 의문문 등이 쓰인다. 주제·목적을 묻는 문제와 마찬가지로 지문의 시작 부분만 잘 들으면 정답을 맞힐 수 있으므로 놓치지 말아야 하는 문제 유형이다.

## 빈출 질문 유형

· **Who** are the **speakers**? 화자들은 누구인가?
· **Who most likely** are the **listeners**? 청자들은 누구이겠는가?
· **Where** does the **speaker** most likely **work**? 화자는 어디에서 일하겠는가?
· **What** most likely is the woman's **job**? 여자의 직업은 무엇이겠는가?
· **What** kind of **business** does the man **work for**? 남자는 어떤 종류의 업체에서 일하는가?

---

**Example 1**    🎧 P34_07

| | |
|---|---|
| Good afternoon. I'm Roy Sandberg, the consultant in charge of assisting you with the expansion of your chain of ice cream shops. | 안녕하세요. 저는 당신의 아이스크림 매장 체인의 확장을 돕는 일을 맡은 컨설턴트 Roy Sandberg입니다. |
| **Who** is the **speaker**?<br>(A) A business consultant<br>(B) A city official | 화자는 누구인가?<br>**(A) 사업 컨설턴트**<br>(B) 시 공무원 |

어휘  in charge of ~을 담당하는  assist 돕다  expansion 확장  chain 체인점

→ consultant라는 단어를 들었다면 (A)를 정답으로 선택할 수 있다.

---

**Example 2**    🎧 P34_08

| | |
|---|---|
| **W** It's a pleasure to meet you both. So, what seems to be the problem with your computers?<br>**M** Every time we open the reservation software, the computer freezes. | 여 두 분을 모두 뵙게 되어 기쁩니다. 그러니까, 컴퓨터에 무엇이 문제인 것 같나요?<br>남 저희가 예약 소프트웨어를 열 때마다 컴퓨터가 멈춰요. |
| **What** most likely is the woman's **job**?<br>(A) Tour guide<br>(B) Computer technician | 여자의 직업은 무엇이겠는가?<br>(A) 투어 가이드<br>**(B) 컴퓨터 기사** |

어휘  pleasure 기쁨, 즐거움  reservation 예약  freeze (컴퓨터 화면이) 멈추다

→ 여자의 직업을 묻는 문제이기 때문에 여자의 말에 정답의 단서가 나올 확률이 높다. 여자의 말을 제대로 듣지 못했다면 상대방인 남자의 말에서도 힌트를 얻을 수 있다. computer와 관련된 문제점을 언급하고 있으므로 (B)가 정답이다.

Example 3 🎧 P34_09

Hi, Ben and Leo. I heard an advertisement on the radio promoting Summit Theater's new screen. It's the largest one in town now. That's going to make it even more difficult for our movie theater to stay competitive.

Ben, Leo, 안녕하세요. 제가 Summit 극장의 새 스크린을 홍보하는 라디오 광고를 들었는데요. 그게 지금 이 동네에서 가장 크네요. 그건 우리 영화관이 경쟁력을 유지하는 걸 훨씬 더 어렵게 할 거예요.

---

**What** type of **business** do the **speakers work for**?

(A) A movie theater
(B) A furniture manufacturer

화자들은 어떤 종류의 업체에서 일하는가?

**(A) 영화관**
(B) 가구 제조사

---

**어휘** advertisement 광고  promote 홍보하다, 판촉하다  stay competitive 경쟁력을 유지하다

→ 한 명의 화자가 아닌 화자들의 직업을 묻는 문제는 we(우리), our(우리의) 등의 대명사 뒤에 정답의 단서가 나올 확률이 높다.

Example 4 🎧 P34_10

I'd like to introduce myself. **I'm** Linda Webster, the museum's head archivist. As I'm sure you're aware, we need to regularly clean the artifacts in our collection to keep them in good condition.

제 소개를 하겠습니다. 저는 박물관의 자료 보관 책임자인 Linda Webster입니다. 다들 아시다시피, 우리는 소장 중인 공예품들을 좋은 상태로 유지하기 위해서 정기적으로 청소해 줘야 합니다.

---

**Where** most likely do the listeners **work**?

(A) At a museum
(B) At a post office

청자들은 어디에서 근무하겠는가?

**(A) 박물관에서**
(B) 우체국에서

---

**어휘** museum 박물관  archivist 기록 보관 담당자  post office 우체국

→ 화자가 자신의 소속 혹은 직업을 소개할 때 자주 쓰이는 표현으로는 "I'm 이름, 직책", "I'm calling from ~"등이 있다. 화자는 자신을 박물관의 관계자로 소개하고 있으므로, 청자들의 직업도 박물관과 관련되어 있다고 추론할 수 있다.

---

**연습문제** 🎧 P34_11  정답 및 해설 p.15

**두 개의 짧은 지문을 듣고 각각의 문제에 대한 정답을 고르시오.**

1. What industry do the speakers work in?
   (A) Law
   (B) Construction

2. Which department does the speaker work in?
   (A) Sales
   (B) Purchasing

대화/담화가 일어나는 장소를 묻는 문제 또한 3문제 중 주로 첫 번째 문제로 출제되며, 지문의 앞부분을 잘 들으면 정답을 맞힐 수 있다. 장소를 묻는 문제는 크게 화자나 청자가 있는 장소를 묻는 문제, 그리고 화자가 전화를 걸고 있는 업체를 묻는 문제로 나뉜다. 지문에 나오는 특정 단어들을 포착한다면 충분히 정답을 맞힐 수 있다.

## 빈출 질문 유형

· **Where** most likely are the **speakers/listeners**? 화자/청자들은 어디에 있겠는가?
· **Where** is the conversation **taking place**? 대화는 어디에서 일어나고 있는가?
· **Where** is the announcement most likely **taking place**? 공지는 어디에서 이루어지고 있는 것 같은가?
· **What** kind of **business** is the man **calling**? 남자는 어떤 종류의 업체에 전화하고 있는가?

### Example 1    🎧 P34_12

| | |
|---|---|
| M We're excited to have you on our team, Christine. | 남 당신이 우리 팀에 합류하게 되어서 기뻐요, Christine. |
| W Thanks! I enjoyed the tour of the orchard, and I'm excited to learn about how the apples are processed into cider. | 여 고마워요! 과수원 견학은 즐거웠고, 사과가 어떻게 사과 주스로 가공되는지 알게 되어 신나요. |

**Where** most likely are the **speakers**?

(A) At a restaurant
(B) At an orchard

화자들은 어디에 있겠는가?

(A) 식당에
**(B) 과수원에**

어휘  tour 투어, 견학   orchard 과수원   process 가공하다   cider 사과 주스

→ 지문의 orchard가 정답 선택지에서 그대로 쓰였으며, apples를 통해서도 정답을 유추할 수 있다.

### Example 2    🎧 P34_13

| | |
|---|---|
| W Excuse me, is this department store having a cooking demonstration today? | 여 실례합니다, 이 백화점에서 오늘 요리 시연을 하나요? |
| M Yes, I think the demonstration is in our restaurant area. | 남 네, 시연은 저희 식당가에서 있는 것 같아요. |

**Where** are the **speakers**?

(A) At a cooking school
(B) At a department store

화자들은 어디에 있는가?

(A) 요리 학원에
**(B) 백화점에**

어휘  department store 백화점   cooking 요리   demonstration 시연

→ 지문의 department store가 정답 선택지에서 그대로 쓰였다. demonstration(시연)은 주로 백화점이나 쇼핑몰, 학회 등에서 실시된다는 것을 알아두면 문제 풀이에 도움이 된다.

Example 3 🎧 P34_14

Welcome to Yorkshire National Park. I'm Michael, and I'll be leading you on today's hike. We'll stop at some of the most popular parts of the park.

Yorkshire 국립공원에 오신 것을 환영합니다. 저는 Michael이고, 오늘 하이킹에서 여러분을 인솔할 것입니다. 우리는 공원의 가장 인기 있는 구역들 중 몇 곳에서 멈출 것입니다.

**Where** is the talk most likely **taking place**?

(A) On a group hike
(B) At a sports tournament

담화는 어디에서 이루어지는 것 같은가?

**(A) 단체 하이킹에서**
(B) 스포츠 토너먼트에서

어휘 lead 이끌다, 인솔하다   hike 하이킹, 도보 여행

→ hike라는 직접적인 단서와 park라는 간접적인 단서를 통해 (A)를 정답으로 고를 수 있다.

Example 4 🎧 P34_15

Attention, all passengers. Starting from tomorrow, we will shut down the western section of the bus station.

모든 승객께서는 주목해 주십시오. 내일부터, 버스 터미널의 서쪽 구역을 폐쇄할 것입니다.

**Where** is the announcement most likely **being heard**?

(A) At an airport
(B) At a bus station

공지는 어디에서 나오겠는가?

(A) 공항에서
**(B) 버스 터미널에서**

어휘 passenger 승객   shut down 폐쇄하다   section 부분, 구역

→ 처음에 passengers라는 단어를 들었다면 공항, 항구, 버스 정류장 등 교통수단과 관련된 곳이라는 것을 짐작할 수 있고, bus station이라는 직접적인 단서를 통해 (B)를 정답으로 고를 수 있다.

연습문제 🎧 P34_16 정답 및 해설 p.15

두 개의 짧은 지문을 듣고 각각의 문제에 대한 정답을 고르시오.

1. Where is the announcement taking place?

(A) At a hotel
(B) At a museum

2. What kind of business is the man calling?

(A) A travel agency
(B) A pharmacy

세부사항을 묻는 문제

누가, 언제, 무엇을, 어디서, 어떻게, 왜 등 대화에서 언급된 세부적인 정보를 묻는 문제다. 이러한 유형의 문제들은 지문에 나온 어휘가 정답 선택지에서 반복되는 경우가 많기 때문에, 선택지의 핵심 어휘에 시선을 고정한 채 대화를 듣다가 해당 어휘가 들리면 그 선택지를 정답으로 골라야 한다.

## 세부사항을 묻는 첫 번째 문제

**Example 1**　　　　　　　　　　　　　　🎧 P34_17

The post office is closed tomorrow, so I'd better print and send the invitations today for our company's anniversary party **next month**.

우체국이 내일 문을 닫아서, 다음 달에 있을 우리 회사 기념일 파티 초대장을 오늘 인쇄해서 보내야겠어요.

**Why** will the business **hold an event next month**?

(A) To celebrate an anniversary
(B) To welcome new customers

업체는 왜 다음 달에 행사를 열 것인가?

**(A) 기념일을 축하하기 위해**
(B) 신규 고객들을 환영하기 위해

**어휘** post office 우체국　print 인쇄하다　invitation 초대(장)　anniversary 기념일　business 업체, 사업
hold 주최하다, 개최하다

→ 질문의 event와 next month가 키워드이며, 키워드의 앞뒤로 단서가 나온다. event라는 단어가 그대로 나오지는 않았지만, event에 해당하는 anniversary party라는 단어가 나왔는데, anniversary가 선택지에서 그대로 쓰인 (A)가 정답이다.

**Example 2**　　　　　　　　　　　　　　🎧 P34_18

Marlena, we still need to figure out what kind of gift to give away to customers during our store's grand opening event **next month**.

Marlena, 다음 달 우리 매장 개업 행사 때 손님들에게 어떤 선물을 나눠 드릴지 생각해 내야 해요.

**What** will **take place next month**?

(A) An annual festival
(B) A grand opening

다음 달에 일어날 일은 무엇인가?

(A) 연례 축제
**(B) 개업**

**어휘** figure out 알아내다, 파악하다　give away 주다, 나눠 주다　customer 고객　grand opening 개업
take place 일어나다, 발생하다　annual 연례의, 매년의

→ 질문의 next month가 키워드가 되며, next month의 앞뒤에 나오는 단어가 정답의 단서가 되는데, grand opening이 그대로 쓰인 (B)가 정답이다.

# 세부사항을 묻는 세 번째 문제

Example 3      P34_19

I'll print a notice and hang it on the door to let people know that classes in that room are canceled today.

사람들에게 오늘 그 방의 수업들이 취소되었다는 것을 알리기 위해 제가 공지를 인쇄해서 문에 걸겠습니다.

---

**What** does the speaker say she **will do**?

(A) Call a repairperson
(B) Put up a notice

화자는 무엇을 할 것이라고 말하는가?

(A) 수리공에게 전화하기
**(B) 공지 게시하기**

---

**어휘**   print 인쇄하다   notice 공지, 안내문   hang 내걸다   cancel 취소하다   put up 걸다, 세우다

→ 화자가 다음에 할 일을 묻는 문제는 세 번째 문제로 자주 출제되는 유형이다. 화자가 한 말의 키워드는 notice, hang 등이며, notice는 그대로 쓰였지만 hang을 put up으로 다르게 표현한 (B)가 정답이다.

Example 4      P34_20

M   Well, I'm dropping off the catered food my company made for an event here in the Kent Building.

W   If you speak to the manager, he can probably unlock the rear entrance for you.

남   음, 저희 회사에서 만든 출장 음식을 여기 Kent 건물에서 진행하는 행사를 위해 배달하려고요.

여   관리자에게 말하면 아마 뒷문을 열어줄 수 있을 거예요.

---

**What** does the **woman suggest doing**?

(A) Speaking to a manager
(B) Coming back later

여자는 무엇을 할 것을 제안하는가?

**(A) 관리자에게 말하는 것**
(B) 나중에 돌아오는 것

---

**어휘**   drop off 배달하다   cater 연회 음식을 제공하다   unlock 자물쇠를 열다   rear entrance 후문

→ 질문을 보면 여자가 제안하는 것을 묻고 있으므로 여자의 말에 집중해야 한다. speak to the manager가 거의 동일하게 제시된 (A)가 정답이다.

## 연습문제

P34_21   정답 및 해설 p.16

**두 개의 짧은 지문을 듣고 각각의 문제에 대한 정답을 고르시오.**

**1.**   What does the man need a suit for?

    (A) A wedding
    (B) A new job

**2.**   What kind of facility is next to Gate 10?

    (A) A cafeteria
    (B) A phone booth

## UNIT 05　패러프레이징 (1)

PART 3, 4에서는 대화/담화에 나오는 상당수의 단서 표현이 선택지에서 유사한 의미의 다른 표현으로 바뀌어 제시되는데, 이를 패러프레이징(다른 말로 바꾸어 표현하기)이라고 한다. 패러프레이징은 PART 3, 4의 점수를 결정짓는 가장 중요한 요소 중 하나인데, 가장 빈번히 출제되는 패러프레이징 유형은 동사와 명사 등을 다른 유사 표현으로 바꾸어 제시하는 것이다.

---

### Example 1　🎧 P34_22

| | |
|---|---|
| I heard that you give a free consultation to potential customers, so I'd like to make an appointment for one of those. | 당신이 잠재 고객들에게 무료 상담을 해 주신다고 들었어요, 그래서 그런 상담들 중 하나를 예약하고 싶습니다. |
| What is the **purpose** of the woman's **visit**? | 여자의 방문 목적은 무엇인가? |
| (A) To book a consultation | **(A) 상담을 예약하기 위해** |
| (B) To apply for a job | (B) 일자리에 지원하기 위해 |

> **어휘**　free 무료의　consultation 상담　potential 잠재적인　customer 고객　make an appointment 예약하다
> book 예약하다　apply for ~에 지원하다

→ 여자의 방문 목적을 물어보고 있으므로 여자의 말에 정답의 단서가 나올 가능성이 높다. 지문의 make an appointment라는 동사구가 선택지에서 book이라는 동사로 패러프레이징되었고, 명사 consultation은 그대로 제시된 (A)가 정답이다.

---

### Example 2　🎧 P34_23

| | |
|---|---|
| If you would like to **volunteer** to distribute promotional flyers on **Friday**, please call the theater at 555-4116. | 금요일에 자원해서 홍보 전단을 배포하고 싶으시면, 555-4116으로 극장에 전화하시기 바랍니다. |
| What will **volunteers** do on **Friday**? | 지원자들은 금요일에 무엇을 할 것인가? |
| (A) Pass out flyers | **(A) 전단 나눠 주기** |
| (B) Arrange some seats | (B) 좌석 배열하기 |

> **어휘**　volunteer 자원하다; 지원자　distribute 배포하다, 나눠 주다　promotional 홍보의　flyer 전단　theater 극장
> pass out 나눠 주다

→ 질문의 키워드는 volunteers와 Friday이고, 키워드의 앞뒤에 정답의 단서가 나온다. 지문의 flyers는 그대로 제시되고, distribute가 pass out으로 패러프레이징된 (A)가 정답이다.

**Example 3**　　　　🎧 P34_24

Starting from next week, customers will be able to place **food orders** using our new smartphone application.

다음 주부터, 고객들이 우리의 새로운 스마트폰 앱을 이용해 음식을 주문할 수 있게 됩니다.

According to the speaker, what can **customers** do from **next week**?

(A) Order through a mobile app
(B) Get discounts on bulk orders

화자에 따르면, 고객들은 다음 주부터 무엇을 할 수 있는가?

**(A) 모바일 앱을 통해 주문하기**
(B) 대량 주문에 대해 할인받기

**어휘**　place an order 주문하다　application 애플리케이션, 앱　through ~을 통해　bulk order 대량 주문

→ 질문의 키워드는 customers와 next week이다. 지문의 place orders, smartphone application 등이 order, mobile app 등으로 각각 패러프레이징된 (A)가 정답이다.

**Example 4**　　　　🎧 P34_25

**M** What should we do next?

**W** Uh... We need to film a commercial. I'd love to get a famous musician to star in it.

남　우리는 다음에 무엇을 해야 할까요?

여　음... 우리는 광고를 촬영해야 해요. 저는 유명 음악인을 광고에 출연시키고 싶어요.

What does the **woman** hope to do?

(A) Hire a celebrity for an advertisement
(B) Promote the product at a music festival

여자는 무엇을 하기를 바라는가?

**(A) 광고를 위해 유명인을 고용하기**
(B) 음악 축제에서 제품 홍보하기

**어휘**　film 촬영하다　commercial 광고　star 주연을 맡다　celebrity 유명인　advertisement 광고
promote 홍보하다

→ 여자의 말에 단서가 나온다. 지문의 commercial, famous musician 등이 advertisement, celebrity 등으로 각각 패러프레이징된 (A)가 정답이다.

**연습문제**　　　　🎧 P34_26　정답 및 해설 p.16

두 개의 짧은 지문을 듣고 각각의 문제에 대한 정답을 고르시오.

1. What does the man suggest the woman do?

   (A) Call another branch
   (B) Pay in installments

2. What does the speaker invite the listener to do on Thursday?

   (A) Attend a conference
   (B) Look at some properties

지문의 동사를 선택지에서 명사로 패러프레이징거나, 반대로 명사를 동사로 바꾸는 유형, e-mail address(이메일 주소), phone number(전화번호)와 같은 하위 개념의 어휘를 contact information(연락처 정보)과 같은 상위 개념의 어휘로 제시하는 유형, 긴 문장을 단어나 구 또는 짧은 문장으로 함축하여 제시하는 유형도 알아두어야 한다.

---

**Example 1**  🎧 P34_27

| | |
|---|---|
| So, I want you to come up with some ideas for unique sales promotions and ways we can get customers to notice our business. | 따라서 독특한 판매 홍보 아이디어와 고객들이 우리 업체를 주목하게 할 수 있는 방법들을 생각해 내 주셨으면 합니다. |
| What does the **speaker ask the listeners** to do?<br>(A) Attend a staff training session<br>(B) Think of ways to promote the business | 화자는 청자들에게 무엇을 해 달라고 요청하는가?<br>(A) 직원 교육에 참석하기<br>**(B) 업체를 홍보할 방법을 생각해 내기** |

**어휘** come up with ~을 생각해 내다  unique 독창적인  sales 판매  promotion 홍보, 촉진  notice 알아차리다
business 업체, 사업  staff 직원  training session 교육  promote 홍보하다, 판촉하다

→ 지문의 명사 promotions가 선택지에서 동사 promote로, come up with는 think of로 패러프레이징되었다.

---

**Example 2**  🎧 P34_28

| | |
|---|---|
| We are **no longer** running our shuttle service from Renwick Subway Station. So, make sure to take that into consideration. | 저희는 더 이상 Renwick 지하철역에서 셔틀 서비스를 운행하지 않습니다. 그러니, 반드시 그 점을 고려해 주세요. |
| What does the man say is **no longer available**?<br>(A) A group discount<br>(B) A transportation service | 남자는 무엇을 더 이상 이용할 수 없다고 말하는가?<br>(A) 단체 할인<br>**(B) 교통 서비스** |

**어휘** no longer 더 이상 ~하지 않다  run 운행하다  make sure 확인하다, 확실히 하다
take ~ into consideration ~을 고려하다  available 이용 가능한  transportation 교통, 운송

→ 남자의 말에 단서가 나오며 no longer와 available이 키워드가 된다. no longer가 들어 있는 문장에 두 지점을 오가는 왕복 교통편을 의미하는 shuttle service가 있고, 그 어휘가 선택지에서 transportation service로 표현되었다. 버스, 지하철, 택시 등도 transportation service로 패러프레이징될 수 있다는 것을 알아 두자.

## Example 3

🎧 P34_29

Today in our Web design **workshop**, I'll be **teaching** you how to resize photos and other graphics on a Web site.

오늘 우리 웹디자인 워크숍에서는, 제가 여러분에게 웹사이트에서 사진 및 기타 그래픽들의 크기를 조절하는 법을 가르쳐 드릴 것입니다.

What will the **listeners learn** to do in today's **workshop**?

(A) Resize images
(B) Change a text color

청자들은 오늘 워크숍에서 무엇을 하는 것을 배울 것인가?
**(A) 이미지 크기 조절하기**
(B) 글자 색깔 바꾸기

> **어휘** resize 크기를 조절하다  graphic (그림, 사진 등의) 그래픽  image 이미지, 그림

→ 질문의 키워드는 learn과 workshop인데, 청자들이 배우는 것과 화자가 가르치는 것은 같은 개념이므로 learn이 teach로 바뀌어 제시되었다. 지문의 photos and other graphics가 선택지에서 상위 개념의 단어인 images로 패러프레이징되었다.

## Example 4

🎧 P34_30

We're pleased to promote **Arthur Allen** to this position, and we are confident that he will do an excellent job. He has been working in this industry for a long time.

우리는 이 자리에 Arthur Allen을 승진시키게 되어 기쁘며, 그가 훌륭히 직무를 수행할 것이라고 확신합니다. 그는 오랜 시간 이 업계에서 일해 왔습니다.

What does the speaker say about Mr. **Allen**?

(A) He will transfer from another branch.
(B) He has a lot of experience.

화자는 Allen 씨에 대해 무엇이라고 말하는가?
(A) 그는 다른 지점에서 전근해서 올 것이다.
**(B) 그는 경험이 많다.**

> **어휘** promote 승진시키다  confident 자신하는  excellent 뛰어난  for a long time 오랫동안  transfer 전근하다, 전근시키다  branch 지점

→ 질문의 키워드는 Allen이라는 사람 이름이며, 지문에서 키워드의 앞뒤로 단서가 나온다. "He has been working in this industry for a long time."이라는 문장을 함축적으로 패러프레이징한 (B)가 정답이다.

## 연습문제

🎧 P34_31  정답 및 해설 p.17

두 개의 짧은 지문을 듣고 각각의 문제에 대한 정답을 고르시오.

**1.** What does the woman suggest the man do?

(A) Cancel his business trip
(B) Ask for an extension

**2.** According to the speaker, what will take place next week?

(A) A music festival
(B) A sports competition

문제 풀이 전략을 적용하여 다음 실전 문제들을 풀어 보시오.

**1.** Where does the man work?

(A) At a dental clinic
(B) At a business institute
(C) At a hair salon
(D) At a law firm

**2.** What does the woman ask about?

(A) Registration costs
(B) Transportation options
(C) An invoice date
(D) A parking fee

**3.** According to the man, what has the business recently done?

(A) It raised the price of its services.
(B) It updated its software.
(C) It relocated to another building.
(D) It changed a company policy.

**4.** Where most likely are the speakers?

(A) At a hair salon
(B) At a medical clinic
(C) At a library
(D) At a supermarket

**5.** What does the man imply when he says, "We haven't changed it for years"?

(A) He thinks his business is not modern enough.
(B) He does not plan to buy the products.
(C) He would like to adjust some contract terms.
(D) He has been the woman's loyal customer.

**6.** What does the woman ask the man to do?

(A) Watch a demonstration
(B) Sign a form
(C) Review a price list
(D) Try some samples

**7.** Where are the speakers?

(A) At an art supply store
(B) At a computer repair shop
(C) At an antique shop
(D) At a clothing store

**8.** Why did the woman visit the business?

(A) To apply for a job
(B) To deliver some samples
(C) To check an item's value
(D) To return a faulty item

**9.** What will Douglas show to the woman?

(A) A pamphlet
(B) A business card
(C) A furniture polish
(D) A storage container

---

**Bank Transfer Request:**
Sender Information

1. **Name** Geroge Norton

2. **Address** 181 Walker Street, Detroit, MI 48219

3. **Bank Name** Osseo Bank

4. **Branch Number** 054

5. **Account Number** 420532947

**10.** According to the woman, what is Mr. Norton excited about doing?

(A) Starting a new job
(B) Taking golf lessons
(C) Joining a tournament
(D) Meeting new people

**11.** Look at the graphic. Which line contained an error?

(A) Line 2
(B) Line 3
(C) Line 4
(D) Line 5

**12.** Why does the woman plan to call the reception desk?

(A) To request a pass for Mr. Norton
(B) To get Mr. Norton's contact details
(C) To report a computer error
(D) To schedule a tour

문제 풀이 전략을 적용하여 다음 실전 문제들을 풀어 보시오.

**1.** What is being advertised?

(A) A digital camera
(B) A laptop computer
(C) A security system
(D) A power tool

**2.** What benefit of the product does the speaker mention?

(A) It does not need to be recharged often.
(B) It can be used with a smartphone application.
(C) It has a lightweight design.
(D) It comes with a money-back guarantee.

**3.** What can customers receive this week?

(A) Some coupons
(B) Free shipping
(C) A membership discount
(D) An extra battery

**4.** What kind of business does the speaker work for?

(A) An art gallery
(B) A painting company
(C) A cleaning service
(D) A power company

**5.** What does the speaker say has changed?

(A) A design
(B) A delivery date
(C) A price
(D) A brand name

**6.** Why does the speaker want confirmation soon?

(A) A crew is busier than usual.
(B) A promotion is nearly over.
(C) A storm is approaching.
(D) A product is in high demand.

**7.** According to the broadcast, what happened in March?

(A) A road was repaired.
(B) A sports stadium opened.
(C) A city election was held.
(D) A new law was passed.

**8.** What have residents made complaints about?

(A) A lack of public parking
(B) An increase in traffic congestion
(C) Safety issues on roadways
(D) Noise disturbances from construction

**9.** Who will meet with city council members tomorrow?

(A) Transportation authorities
(B) Structural engineers
(C) Health experts
(D) Financial advisors

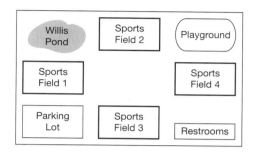

**10.** Who is the speaker?

(A) The city's mayor
(B) A reporter
(C) A tour guide
(D) A department head

**11.** Look at the graphic. Which sports field will be used for a picnic?

(A) Sports Field 1
(B) Sports Field 2
(C) Sports Field 3
(D) Sports Field 4

**12.** Why are volunteers needed for the site?

(A) To plan ongoing activities
(B) To clean up an area
(C) To hang up signs
(D) To take care of plants

# PART

# 5

# 단문 빈칸 채우기

# PART 5 출제 경향 및 전략

PART 5는 크게 문법 유형과 문맥에 알맞은 단어를 고르는 어휘 유형으로 이루어진다. 문법 문제와 어휘 문제는 거의 비슷한 비중으로 출제된다. 문법은 품사, 시제, 태, 수 일치, 동사의 활용형, 관계사, 접속사, 전치사 등 다양한 문법 요소들을 묻는 문제들이 출제되지만, 그중에서도 명사/동사/형용사/부사 중 빈칸에 알맞은 품사를 고르는 문제가 매회 꾸준히 출제되며 가장 쉽게 맞힐 수 있는 유형이므로 절대 놓쳐서는 안 된다. 어휘는 동사, 명사, 형용사, 부사, 전치사로 이루어진 문제들이 2~3문제씩 출제되며, 접속사 및 관용어구로 이루어진 문제들은 평균 1~3문제가 출제되나 빈도가 불규칙한 편이다.

PART 5는 시간 단축을 위해 선택지를 먼저 보고 문제의 유형을 파악한 후 문제를 푸는 것이 효율적이다. 아래의 예시들을 통해 문법과 어휘 문제들의 기본적인 접근 방식을 익혀보자.

## 문법 유형 1    같은 어근을 지닌 단어들이 선택지로 주어질 때

선택지가 동일한 어원으로 된 단어들로 구성된 경우이다. 우선 선택지를 보면 모두 같은 어근에서 나온 파생어들이며 각각 품사가 다르다. 이런 문제들은 대부분 문장을 해석할 필요 없이 빈칸의 앞뒤에 있는 단어들만 보고 빠르게 답을 고를 수 있다. 아래의 문제들을 풀어보며 차근차근 이해해 보도록 하자.

**1.** Ms. Martin's presentation made **strong** ------- on the management despite her lack of experience.

(A) impress
(B) impression
(C) impressive
(D) impressively

▶ 선택지에 impress를 어근으로 하는 네 가지 다른 품사가 있으므로 알맞은 품사를 고르는 문제다.
▶ 빈칸 앞에는 strong이라는 형용사가 있다. 형용사의 뒤에는 명사가 오므로 문장 전체를 읽지 않고도 명사 (B) impression이 정답이라는 것을 알 수 있다. impress는 동사, impressive는 형용사, impressively는 부사다.

**2.** Mr. Robinson requested ------- **images** of the warehouse he is interested in leasing.

(A) addition
(B) additional
(C) additionally
(D) adds

▶ 빈칸 앞에는 타동사(requested)가 있고 뒤에는 명사(images)가 있다. 빈칸은 명사를 수식하는 자리이므로 올 수 있는 것은 형용사밖에 없다.
▶ 선택지 중 형용사는 (B) additional(추가적인)이다. addition은 명사, additionally는 부사, add는 동사다.

위의 두 문제 모두 '형용사 + 명사'의 패턴만 제대로 숙지하고 있다면 해석을 하지 않고도 금방 풀 수 있다. 토익에서는 해석을 하지 않고도 풀 수 있는 다양한 문법 패턴들이 반복해서 출제된다. 물론 이어서 다룰 〈문법 유형 3〉이나 〈어휘 유형〉과 같이 문장 구조에 대한 충분한 이해와 일정 수준의 어휘력이 뒷받침되어야 해결되는 경우들도 있다. 하지만 단기간에 550점 획득을 목표로 한다면, 무엇보다 중요한 것은, 쉬운 문제, 패턴화된 문제들을 틀리지 않는 것이다. 굳이 어려운 문제를 해결하는 데 시간을 낭비할 필요가 없다. 이 책에서는 간단한 규칙만 알면 쉽게 풀 수 있는, 토익에서 가장 빈번하게 출제되는 30개 문법 패턴을 정리해 놓았으며, 이 패턴만 정확하게 숙지한다면 어렵지 않게 550점 이상을 획득하는 동시에 탄탄한 문법의 초석을 마련하게 될 것이다.

## 문법 유형 2  동사의 시제, 태, 수 일치

선택지가 동일한 동사로 이루어지되 시제나 태, 수(단수 / 복수)가 다른 경우가 있다.

Customers ------- Mantique Furniture for decades because of its commitment to quality.

(A) trusts
(B) is trusting
(C) have trusted
(D) trust

▶ 빈칸 앞에는 주어(Customers)가 있고 뒤에는 목적어 (Mantique Furniture)가 있다. 따라서 빈칸은 동사 자리. 주어가 복수이므로 동사는 복수가 되어야 한다. 단수인 (A)와 (B)는 아웃!

▶ 남아 있는 (C)는 현재완료시제이고 (D)는 현재시제이다. 시제가 다른 두 선택지가 남았을 경우에는 문장에서 시제를 결정짓는 표현을 찾아야 한다. 기간을 나타내는 for decades가 있으므로 정답은 현재완료 (C) have trusted가 된다.

## 문법 유형 3  접속사, 전치사, 관계사

선택지에 접속사, 전치사, 관계사 등의 품사들이 섞여 있는 경우에는 빈칸 뒤에 절이 오는지 단어나 구가 오는지를 먼저 판단하는 것이 시간을 절약할 수 있다.

Please specify ------- you would prefer a physical copy or an electronic version of your receipt.

(A) even
(B) whether
(C) although
(D) including

▶ 선택지가 (A) 부사, (B) 접속사, (C) 접속사, (D) 전치사로 구성되어 있다. 빈칸 뒤를 보면, 'you ~ receipt'까지가 '주어 +동사+목적어'의 구조를 갖춘 하나의 절이다.

▶ 빈칸 앞을 보자. specify는 '~을 구체적으로 명시하다'라는 타동사다. 타동사 뒤에는 목적어가 있어야 하므로 빈칸 뒤의 절은 목적어 역할을 할 수 있는 명사절이어야 한다. 따라서 정답은 명사절을 이끄는 접속사 (B) whether다.

## 어휘 유형

선택지는 동일한 품사의 서로 다른 어휘들로 구성된다. 먼저 선택지들이 빈칸 바로 앞뒤에 놓인 단어들과 자연스럽게 어울리는지 하나씩 대입해 정답의 범위를 좁힌 다음, 점차 해석의 범위를 확대해 가며 최종 정답을 고르도록 한다.

The finished product must meet all quality ------- before being launched.

(A) issues
(B) deadlines
(C) clauses
(D) standards

▶ 선택지가 모두 명사로 이루어져 있다. 빈칸 뒤에는 의미상 따로 묶을 수 있는 전치사 구가 있으므로 먼저 빈칸을 앞에 있는 단어들과 묶어 해석해 보자. all quality와 어울리는 것은 (A) issues와 (D) standards이다. 각각 '품질 문제', '품질 기준'으로 해석될 수 있다.

▶ 계속해서 meet all quality까지 해석을 확대해 보면 '모든 품질 기준을 충족하다'라는 뜻의 (D) standards가 가장 자연스럽게 이어진다는 것을 알 수 있다.

16문제 중 12개 이상을 맞힌 경우 〈CHAPTER 02 문법 빈출 패턴 30〉으로 직행해도 좋습니다.

1.  The ------- is progressing smoothly.

    (A) construction        (B) construct

2.  Employees must obtain ------- from their supervisor first.

    (A) permission        (B) permit

3.  Workers should submit ------- weekly report every Friday.

    (A) them        (B) their

4.  Mr. Wilson finished designing the new logo by -------.

    (A) him        (B) himself

5.  The store next to the post office ------- last week.

    (A) opened        (B) opens

6.  The company provides a 24-hour ------- service.

    (A) repair        (B) repaired

7.  All of the components you need for installation ------- in the package.

    (A) are included        (B) includes

8.  Orvis Bros is known for its wide range of ------- goods.

    (A) regional        (B) regionally

9.  She ------- as a designer since 2017.

    (A) works        (B) has worked

10. The museum was ------- renovated last spring.

    (A) complete        (B) completely

11. Please only use the back door ------- the lobby is being painted.

    (A) while        (B) during

12. Ms. Jenkins was not sure ------- the CFO position would be right for her.

    (A) what        (B) whether

13. He is a temporary replacement for an employee ------- is away on leave.

    (A) who        (B) which

14. He carefully examined the estimate ------- Cary Furniture provided.

    (A) which        (B) whose

15. All flights to New York were delayed ------- bad weather.

    (A) because of        (B) besides

16. Helmets must be worn by all personnel ------- the construction zone.

    (A) entered        (B) entering

# CHAPTER 01

# 토익 문법 기초 다지기

주어, 동사, 보어, 목적어, 부사어는 문장을 이루는 주요 구성 성분이다. 이 구성 성분들은 영어 문장 구조 안에서 제각각의 자리를 가지고 있다. 토익 문법에서는 각 문장 성분 자리를 파악해 그곳에 들어갈 알맞은 품사를 고르는 문제가 기본적으로 출제된다.

**1 주어+동사**

She moved (to London) (last year). 그녀는 (작년에) (런던으로) 이사했다.
주어   동사   부사어(장소)   부사어(시간)

→ 주어 자리에는 명사, 대명사, 동명사 등 명사 역할을 하는 어구가 온다. 부사어는 동작이나 상황에 대한 추가적인 정보(시간, 장소, 방법, 정도, 빈도, 태도)를 제공한다.

**2 주어+동사+주격 보어**

The merger was successful. 합병은 성공적이었다.
주어   동사   보어(형용사)

The book became a bestseller. 그 책은 베스트셀러가 되었다.
주어   동사   보어(명사)

Our immediate goal is to cut costs. 당장의 목표는 비용을 줄이는 것입니다.
주어   동사   보어(to부정사)

→ 보어는 주어와 동사만으로는 뜻이 완전하지 못할 때, 그 불완전한 의미를 보충해 준다. 보어 자리에는 형용사, 전치사구, 명사, 대명사 및 명사 역할을 하는 어구와 절 등이 올 수 있다.

**3 주어+동사+목적어**

Ms. Lewis received a damaged package.
주어   동사   목적어
루이스 씨는 파손된 소포를 받았다.

Bluestar Airlines began operating/to operate last month.
주어   동사   목적어   부사어
블루스타 항공사는 지난달에 운영을 시작했다.

Some customers complained that they received the wrong items.
주어   동사   목적어 (명사절)
몇몇 고객들은 그들이 엉뚱한 물건을 받았다고 항의했다.

→ 타동사는 목적어를 취하며, 목적어 자리에는 명사, 대명사, to부정사, 동명사, 명사절이 올 수 있다.

**④ 주어＋동사＋간접목적어(~에게)＋직접목적어(~을／를)**

Mr. Miller sent me the proposal yesterday. 밀러 씨가 어제 제게 제안서를 보냈습니다.
주어 　동사　간목　　직목　　　　부사어

Your assistant gave me your e-mail address. 당신의 비서가 저에게 당신의 이메일 주소를 주었습니다.
　　주어　　동사　간목　　　직목

He told me that he won't be able to attend the meeting. 그는 내게 회의에 참석할 수 없을 거라고 말했다.
주어 동사 간목　　　　　　직목(명사절)

→ 토익에서는 give, send, tell, offer, award, assign, charge 등의 동사가 자주 쓰인다.

**⑤ 주어＋동사＋목적어＋목적격 보어**

She found the program convenient to use.
주어 　동사　　목적어　　　목적격 보어 (형용사)
그녀는 그 프로그램이 사용하기 편리하다고 느꼈다.

She asked all sales staff to attend the meeting.
주어 　동사　　목적어　　　목적격 보어 (to부정사)
그녀는 모든 영업 사원에게 회의에 참석하도록 요청했다.

The equipment will help our workers complete regular duties faster.
　　주어　　　동사　　목적어　　　　목적격 보어 (동사 원형)
그 장비는 우리 직원들이 일상적 업무를 더 빨리 끝낼 수 있게 도울 것이다.

→ 목적격 보어는 목적어를 보완해 주며, 형용사, 명사, 분사, to부정사, 원형동사 등이 쓰인다.

---

## 기초 실력 점검

정답 및 해설 p.26

**[1–6] 밑줄 친 두 단어 중 알맞은 것을 고르세요.**

1. The **estimate / estimated** is good for 30 days.

2. Ms. Ellis was very **help / helpful** in completing company projects.

3. Visitors should not take **photographic / photographs** in the restricted areas.

4. Mr. Martin sent me the **proposal / propose** this morning.

5. She found teaching very **reward / rewarding**.

6. **Hire / Hiring** temporary employees can save time and money.

명사는 사람이나 사물의 이름을 나타내는 말이며, 대명사는 동일한 명사를 대신하는 말이다.

**①** 셀 수 있는 명사가 하나임을 나타낼 땐 명사 앞에 부정관사 a나 an을 쓰고, 두 개 이상이라는 것을 표현할 때는 복수형으로 써야 한다. 셀 수 없는 명사는 a나 an을 쓸 수 없고 복수형도 없다.

two **chairs** 의자 두 개

some **furniture** 가구 몇 개
furnitures (×)

| 셀 수 있는 명사 | |
|---|---|
| a company 회사 | companies 회사들 |
| a person 사람 | people 사람들 |
| a tool 도구 | tools 도구들 |

| 셀 수 없는 명사 | |
|---|---|
| equipment 장비 | clothing 의류 |
| money 돈 | funding 자금 |
| traffic 교통(량) | information 정보 |

**②** 동사 또는 형용사에 접미사가 붙어 다양한 명사가 만들어질 수 있다.

$$\underline{\textbf{pay}} \; + \; \underline{\textbf{-ment}} \; \rightarrow \; \textbf{payment}$$
지불하다　　　명사형 접미사　　　지불

| -ment | replacement 교체, 대체<br>supplement 보충, 부록 | employment 고용<br>assessment 평가 | investment 투자<br>arrangement 준비, 마련, 배치 |
|---|---|---|---|
| -ion | participation 참석<br>application 적용, 지원서 | construction 건설, 공사<br>inspection 검사 | submission 제출<br>expansion 확장 |
| -ance | attendance 참석<br>maintenance 유지 | assistance 도움<br>performance 공연, 성과 | allowance 허용<br>acceptance 수락, 승인 |
| -al | approval 승인 | renewal 갱신, 재개 | arrival 도착 |
| -ty / -ity | safety 안전 | security 보안 | productivity 생산성 |
| -ee / -er / -or /<br>-ant | employee 직원<br>employer 고용주 | attendee 참가자<br>attendant 안내원 | participant 참석자<br>applicant 지원자 |

→ 특정 셀 수 없는 명사들은 셀 수 있는 명사로도 쓰일 수 있으므로 주의하자.
　例 submission 제출 → submissions 제출물
　**Submissions** will not be accepted after May. 제출물은 5월 이후로는 접수받지 않습니다.

**3** 한 단어가 명사와 동사로 쓰일 수 있다.

| | | |
|---|---|---|
| supply 공급; 공급하다 | offer 제안, 할인; 제공하다 | order 주문(품); 주문하다 |
| pay 급여; 지불하다 | access 접속; 접속하다 | request 요구; 요구하다 |
| transfer 이동; 이동하다 | produce 농작물; 생산하다 | launch 출시; 출시하다 |

Ben **ordered** it yesterday.  벤이 어제 그것을 주문했다.
　　　동사

We delivered the **order** this morning  우리는 그 주문품을 오늘 아침 배송했다.
　　　　　　　명사

**4** 대명사에는 인칭대명사, 지시대명사, 부정대명사가 있다.

| 인칭대명사 | 자신이나 상대방, 제 3자를 구별함 (I, you, he, she, we, they 등) |
|---|---|
| 지시대명사 | 사람이나 사물 등 특정한 대상을 가리킴 (this/these, that/those) |
| 부정대명사 | 정해지지 않은 불특정한 대상이나 수량을 대신함 (another, some, any 등) |

인칭대명사는 사람이나 사물을 가리키는 대명사로, 수와 성별, 격에 따라 형태가 달라진다.

| 인칭/수 | 격 | 주격 (~은/~는/~이/~가) | 목적격 (~을/~를/~에게) | 소유 한정사 (~의) | 소유 대명사 (~의 것) | 재귀 대명사 (~자신/~스스로) |
|---|---|---|---|---|---|---|
| 1인칭 | 단수 | I | me | my | mine | myself |
| | 복수 | we | us | our | ours | ourselves |
| 2인칭 | 단수 | you | you | your | yours | yourself |
| | 복수 | you | you | your | yours | yourselves |
| 3인칭 | 단수 | he | him | his | his | himself |
| | | she | her | her | hers | herself |
| | | it | it | its | – | itself |
| | 복수 | they | them | their | theirs | themselves |

정답 및 해설 p.26

**기초 실력 점검**

**[1–4] 밑줄 친 두 단어 중 알맞은 것을 고르세요.**

1. Because of transportation delays, some **participants / participation** may arrive late.

2. Employees must obtain **approve / approval** to work from home.

3. All **request / requests** will be handled within 72 hours.

4. Mr. Brent attended the conference with **him / his** manager.

PART 5

**형용사, 부사**

형용사는 명사를 수식하고, 부사는 형용사, 동사, 부사, 문장을 수식하는 역할을 한다.

**1** 형용사는 명사의 앞뒤에서 사람이나 사물의 상태나 성질을 설명한다.

| 명사 앞 | 명사 뒤 |
|---|---|
| It was a **successful** campaign.<br>　　　　　형용사　　　명사<br>그것은 성공적인 캠페인이었다. | The campaign was **successful**.<br>　　　명사　　　　　　형용사<br>그 캠페인은 성공적이었다. |

→ 형용사가 '형용사＋명사'를 수식할 수도 있다.

**extensive** financial support 대규모의 재정적 지원
　형용사　　　　형용사 ＋ 명사

**2** 주로 형용사는 명사나 동사에 다양한 형용사형 접미사가 붙어 만들어지며, 부사는 형용사에 –ly가 붙어 만들어진다.

| 동사 또는 명사 | | 형용사 | | 부사 |
|---|---|---|---|---|
| use 사용하다, 사용 | → | use**ful** 유용한 | → | usefull**y** 유용하게 |
| act 행동하다, 행동 | → | act**ive** 활동적인 | → | actively 활발하게 |
| comfort 위로하다, 안락 | → | comfort**able** 편안한 | → | comfortabl**y** 편안하게 |
| success 성공 | → | success**ful** 성공적인 | → | successfull**y** 성공적으로 |

→ 헷갈리기 쉬운 품사: representative 대표자　 additive 첨가물　 objective 목적; 객관적인　 resident 거주자

**3** –ed, –ing로 끝나는 분사 형태의 형용사들

**promise** → **promising**
약속하다; 약속　　　　　유망한

| 과거분사(–ed) 형태의 형용사들 | 현재분사(–ing) 형태의 형용사들 |
|---|---|
| **qualified** employees 자격을 갖춘 직원들 | **remaining** candidates 남아 있는 후보들 |
| **detailed** information 구체적인 정보 | **aspiring** writers 작가 지망생들 |
| **assorted** beverages 여러 가지 음료 | **promising** candidates 유망한 후보들 |
| an **accomplished** author 뛰어난 작가 | a **surrounding** area 주변지역 |
| a **balanced** diet 균형 잡힌 식사 | a **convincing** argument 설득력 있는 주장 |
| a **licensed** institution 인가 받은 기관 | a **rewarding** job 보람 있는 일 |
| an **experienced** cook 노련한 요리사 | a **leading** supplier 선도적인 공급업체 |

**4** 부사는 형용사, 동사, 다른 부사(구)를 꾸민다.

| | | |
|---|---|---|
| 형용사 수식 | It was a <u>highly</u> **successful** campaign.<br>　　　　　부사　　　　형용사 | 그것은 매우 성공적인 캠페인이었다. |
| 동사 수식 | Costs for building materials **rose** <u>sharply</u> last quarter.<br>　　　　　　　동사　　　부사 | 건축자재 가격이 지난 분기 큰 폭으로 올랐다. |
| | Please **review** the repair estimate <u>carefully</u>.<br>　　　동사　　　　　　　　　　부사 | 수리 견적서를 꼼꼼히 검토해 주세요. |
| | The hall was <u>completely</u> **renovated** last spring.<br>　　　　　　부사　　　　동사(과거분사) | 그 홀은 지난봄에 완전히 개축되었다. |
| 부사 수식 | The program runs <u>completely</u> **automatically**.<br>　　　　　　　　부사　　　　　부사 | 그 프로그램은 완전히 자동으로 실행된다. |

→ 동명사도 동사의 속성을 지니고 있기 때문에 부사의 수식을 받을 수 있다.

Mr. Green earned a bonus for <u>successfully</u> **addressing** the client's concerns.
　　　　　　　　　　　　　　　부사　　　　　동명사

그린 씨는 고객의 우려 사항을 성공적으로 해결한 것에 대해 보너스를 받았다.

**4** −ly가 붙었지만 형용사인 단어들

| | | |
|---|---|---|
| timely 시기적절한, 때맞춘 | likely ~할 것 같은 | costly 비싼 |
| friendly 친절한, 상냥한 | orderly 정돈된, 질서 있는 | elderly 나이 든 |

We respond to all e-mails in a **timely** manner. 우리는 모든 이메일에 늦지 않게 답한다.

The building repairs will be **costly**. 건물 수리 비용이 많이 들 것이다.

정답 및 해설 p.27

**기초 실력 점검**

**[1-5] 밑줄 친 두 단어 중 알맞은 것을 고르세요.**

1.　After **careful** / **carefully** consideration, we have decided to switch to a new supplier.

2.　We are looking for an **experienced** / **experiencing** technician.

3.　At Quisco Ltd., trainees work **close** / **closely** with assigned mentors.

4.　The concert is **complete** / **completely** sold out.

5.　Mr. Garcia has been tasked with **careful** / **carefully** reviewing all budgets.

PART 5

**동사의 수 일치, 시제, 태**

주어가 단수이냐 복수이냐에 따라, 그리고 시제와 태에 따라 동사의 형태가 변화한다.

**①** be동사는 단수 주어 뒤에서 am / is, was(과거)를, 복수 주어 뒤에서 are, were(과거)를 쓴다.

| 현재(am / is, are) | 과거(was, were) |
|---|---|
| He is the CEO of CN&T.<br>단수<br>그는 CN&T의 대표다. | The company was founded last year.<br>단수<br>그 회사는 작년에 설립되었다. |
| Some items are currently not in stock.<br>복수<br>일부 품목들은 현재 재고가 없습니다. | Some orders were delivered late.<br>복수<br>일부 주문품들이 늦게 배송되었다. |

→ 기업의 이름은 -s로 끝나는 경우가 많으며, 항상 단수 동사를 쓴다.

NY Technologies is planning to merge with Frey Electronics in May.

NY Technologies는 5월에 Frey Electronics와 합병할 계획이다.

기타 예: XXX Motors / Vehicles / Logistics / Pharmaceuticals / Industries / Services / Enterprises / Airlines

**②** 일반동사(자동사, 타동사)의 단수는 끝에 -(e)s를 붙인다. have의 단수동사는 has를 쓴다.

| -s | This manual **provides** guidelines for inventory control.<br>본 설명서는 재고 관리에 대한 지침을 제공한다. |
|---|---|
| -es | Mr. Martin **wishes** to modify some terms of his contract.<br>Mr. Martin은 계약서의 몇 가지 조건들을 수정하기를 원한다. |
| has | **He** has a lot of experience laying tiles.<br>그는 타일을 깔아 본 경험이 많다. |

**③** 주어 뒤에 수식 구나 절이 있을 때, 주어를 정확히 찾아 동사의 수를 일치시켜야 한다.

┌─ be동사 바로 앞에 있는 단어를 주어로 착각해서는 안 된다.

The plan to replace underground pipelines is **being reviewed**.
　주어(단수)　　　　　　to부정사　　　　동사(단수)
　　　　　└──── 수일치 ────┘

지하 파이프라인을 교체하려는 계획이 검토되고 있는 중이다.

┌─ 주어 아님!

The training on communication tools has **been canceled**.
　주어(단수)　　　　전치사구　　　동사(단수)
　　　　　└──── 수일치 ────┘

커뮤니케이션 도구들에 대한 교육이 취소되었다.

**④ 동사의 시제는 자주 특정 부사(구)와 어울려 쓰인다.**

| | |
|---|---|
| 현재 | The shop is **always** crowed. (always → 현재시제 is)<br>그 가게는 항상 붐빈다. |
| 미래 | Ms. Flinn will **soon** publish her first book. (soon → 미래시제 will)<br>플린 씨는 곧 자신의 첫 번째 책을 출간할 것이다. |
| 과거 | She moved to Brisbane **ten years ago**. (ago → 과거시제 moved)<br>그녀는 10년 전에 브리즈번으로 이사했다. |

**⑤ 현재완료시제는 경험, 완료, 계속의 의미로 쓰인다.**

| | |
|---|---|
| 경험 | 과거 특정 시점부터 현재까지의 경험을 나타낸다.<br>He has visited London **many times**. 그는 여러 번 런던을 방문했었다. |
| 완료 | 계속되던 일이 방금 완료되었을 때, 혹은 새로운 소식이나 정보를 전할 때 쓰인다.<br>Harrolds Department Store has **just** opened its first overseas branch in Sydney.<br>Harrolds Department Store가 막 시드니에 첫 해외 지점을 열었다. |
| 계속 | 사건이나 행위가 특정 기간 동안 계속됨을 나타내며, 주로 for, since가 함께 쓰인다.<br>He has lived in Los Angeles **for the past ten years**.<br>그는 로스앤젤레스에 10년 동안 살아왔다. |

**⑥ 주어가 행위를 하는 주체이면 능동태를, 주어가 동사의 행위를 받는 대상이면 [be+과거분사] 형태의 수동태를 쓴다.**

| | |
|---|---|
| 능동태 | ESC Ltd. will build **the shopping mall**. ESC Ltd.가 그 쇼핑몰을 지을 것이다. |
| 수동태 | **The shopping mall** was built by ESC Ltd. 그 쇼핑몰은 ESC Ltd.에 의해 지어졌다. |

→ [타동사 + 목적어 + to부정사]는 [be p.p. + to부정사]로 전환된다.

Mr. Hall asked all sales staff to attend the meeting. 홀 씨는 모든 직원에게 회의에 참석할 것을 요청했다.

→ All sales staff were asked to attend the meeting. 모든 영업 사원은 회의에 참석하도록 요청되었다.

**기초 실력 점검** 정답 및 해설 p.27

**[1-4] 밑줄 친 두 단어 중 알맞은 것을 고르세요.**

1. Several properties on this street **is / are** for sale.

2. The restaurants on Main Street usually **open / will open** early on Fridays.

3. The market for minivans **is growing / has grown** exponentially for the past three years.

4. Fresh Fridays **found / was founded** six years ago.

접속사, 관계대명사

접속사는 단어와 단어, 구와 구, 절과 절을 잇는 역할을 하며, 관계대명사는 두 문장을 하나로 연결하는 동시에 대명사 역할을 한다.

**1** 등위접속사 and, but, or는 단어와 단어, 구와 구, 절과 절을 대등하게 이어 주며, 등위접속사 so는 문장과 문장 간의 인과 관계를 나타낸다.

| | |
|---|---|
| 단어 연결 | **Programs** and **schedules** are subject to change.<br>　　명사　　　　　　명사<br>프로그램과 스케줄은 변경될 수 있습니다.<br><br>Investing in property is **risky** but **lucrative**.<br>　　　　　　　　　　형용사　　　형용사<br>부동산에 투자하는 것은 위험하지만 수익성이 있다. |
| 구 연결 | Visit our Web site **to read reviews** or **to schedule a tour**.<br>　　　　　　└── to부정사가 or로 대등하게 연결 ──┘<br>저희 웹사이트에 방문하셔서 후기를 확인하거나 투어를 예약하세요. |
| 절 연결 | **The venue is small**, so **not every member will be able to attend**.<br>행사장이 협소해서 모든 회원들이 참석할 수 있는 것은 아니다. |

**2** 부사절 접속사는 시간, 이유, 조건, 양보 등의 의미를 지닌 종속절을 이끈다.

| | |
|---|---|
| 시간 | The RedRock Hotel collects payment **when the guests check in**.<br>　　　　　　　주절　　　　　　　　　　　　　　　종속절<br>RedRock Hotel은 투숙객이 체크인할 때 요금을 받습니다. |
| 이유 | The copier is unavailable **because it has broken down**.<br>　　　　　주절　　　　　　　　　　종속절<br>복사기가 고장 나서 사용할 수 없다. |
| 조건 | Orders may be delayed **if the item is temporarily out of stock**.<br>　　　　주절　　　　　　　　　　　　종속절<br>일시적으로 물품의 재고가 없으면 주문이 지연될 수 있습니다. |
| 양보 | **Although the parts are made in South Africa**,<br>　　　　　　　　종속절<br>the assembly of Bolero motorbikes is done in India.<br>　　　　　　　주절<br>비록 부품은 남아프리카에서 만들어지지만, 볼레로 오토바이의 조립은 인도에서 이루어진다. |

**3** 명사절 접속사(that, if, whether)는 문장에서 주어, 보어, 목적어 역할을 한다.

주격 보어
The expectation is **that more than 50 companies will attend this year's fair**.
올해 박람회에는 50여개 업체가 참석할 것으로 예상된다.

determine의 목적어
Experts are going to determine **if the diet products pose a health hazard**.
전문가들은 그 다이어트 제품들이 건강에 해를 끼치는지 결정할 것이다.

discuss의 목적어
Ms. Chomley will discuss **whether the project deadline needs to be changed**.
Ms. Chomley는 그 프로젝트의 마감일이 변경될 필요가 있는지 논의할 것이다.

**4** 관계대명사는 두 문장을 하나로 연결하는 접속사 역할을 하는 동시에 앞에 언급된 명사를 대신하는 대명사 역할을 한다. 관계대명사가 이끄는 절은 앞에 오는 명사(선행사)를 수식한다.

Mr. Brown hired a lawyer, <u>and he</u> **specializes in corporate law**.

↓

Mr. Brown hired **a lawyer [ <u>who specializes in corporate law</u> ]**. Mr. Brown은 기업법을 전문으로
선행사　　　　　　　관계대명사절　　　　　　하는 변호사를 고용했다.

**5** 관계대명사는 관계대명사절 안에서 주격, 목적격, 소유격의 역할을 할 수 있으며, 관계대명사의 수식을 받는 선행사가 사람이냐 사물/동물이냐에 따라 다르게 쓰인다.

| 선행사 | 주격 | 목적격 | 소유격 |
|---|---|---|---|
| 사람 | who | who(m) | whose |
| 사물, 동물 | which | which | whose |
| 사람, 사물, 동물 | that | that | – |

**기초 실력 점검**

정답 및 해설 p.27

**[1–4] 밑줄 친 두 단어 중 알맞은 것을 고르세요.**

**1.** Please call 555-1230 to receive further information or **scheduling / to schedule** an appointment.

**2.** A lot of luggage looks similar, **so / or** please check the ID tag.

**3.** Their request for more funding was rejected **because / while** the project was too risky.

**4.** All customers **who / which** complete a survey will be offered a discount voucher.

# UNIT 06　to부정사, 동명사, 분사

동사는 to부정사, 동명사, 분사로 변형되어 다양한 품사 역할을 한다. to부정사는 명사/형용사/부사로 쓰일 수 있으며, 분사는
형용사로, 동명사는 명사로 쓰인다.

**1** to부정사는 명사, 형용사, 부사 역할을 한다.

| 명사<br>~하는 것 | A large part of her job is to negotiate contracts with manufacturers.<br>그녀가 하는 일의 상당 부분은 제조업자들과 계약을 협상하는 것이다. |
|---|---|
| 형용사<br>~하려는,<br>~할 | **Plans** to turn the factory into a park are under consideration.<br>그 공장을 공원으로 바꾸려는 계획이 검토되고 있다.<br><br>She couldn't find **any place** to park.<br>그녀는 주차할 곳을 찾을 수 없었다. |
| 부사<br>~하기 위해,<br>~하기에,<br>~하는 데 | Many staffers are working overtime to complete projects on time.<br>많은 직원들이 프로젝트를 제시간에 끝내기 위해 초과 근무를 하고 있다.<br><br>Such a database will be extremely costly to set up.<br>그런 데이터베이스는 구축하는 데 매우 많은 비용이 들 것이다. |

**2** 주로 계획이나 희망을 의미하는 특정 동사들은 to부정사를 목적어로 취한다.

| | | | |
|---|---|---|---|
| plan 계획하다 | hope 희망하다 | agree 동의하다 | promise 약속하다 |
| aim 목표하다 | expect 기대하다 | refuse 거절하다 | fail ~하지 못하다 |
| would like 원하다 | wish 바라다 | offer 제안하다 | need ~할 필요가 있다 |
| want 원하다 | decide 결정하다 | afford 여유가 있다 | tend 경향이 있다 |

The initiative aims to **minimize** the impact on the environment.
그 계획은 환경에 미치는 영향을 최소화하는 것을 목표로 한다.

Mr. Carter plans to **make** a donation to the Maughan Library.
카터 씨는 Maughan Library에 기부할 계획이다.

**3** 동명사는 명사의 역할을 하지만 동사의 성질을 가지고 있기에 뒤에 목적어를 이끌 수 있고, 부사의 수식을 받을 수 있다.

Thank you for **promptly** submitting **your quarterly report**.
　　　　　　　　부사　　　　동명사　　　　　　목적어
분기별 보고서를 신속히 제출해 주셔서 감사합니다.

**4** 특정 동사는 동명사를 목적어로 취한다.

| consider 고려하다 | suggest 제안하다 | finish 마치다 |
| enjoy 즐기다 | recommend 추천하다 | avoid 피하다 |

Mr. Wilson **suggested** postponing the meeting.  윌슨 씨는 그 회의를 연기할 것을 제안했다.
　　　　　　　타동사　　　　동명사

The mechanic **recommended** replacing some worn parts.  정비사는 일부 마모된 부품을 교체하라고 권했다.
　　　　　　　타동사　　　　동명사

**5** 분사는 동사에 –ed, –ing가 붙은 형태로서, 형용사처럼 명사의 앞뒤에서 명사를 수식할 수 있다. 이때, 과거분사는 수동의 의미, 현재분사는 능동의 의미를 나타낸다.

**분사+명사**

Please see the attached **document**.  첨부된 문서를 봐 주시기 바랍니다.
　　　　　　　과거분사　　명사

The number of participating **companies** has increased.  참가하는 업체 수가 늘었다.
　　　　　　　현재분사　　　명사

**명사+분사**

Some **information** contained in the documents is confidential.  그 문서에 포함된 일부 정보는 기밀이다.
　　　명사　　　과거분사

Mr. Smith is a **designer** working at Toptech.  스미스 씨는 Toptech에서 일하는 디자이너다.
　　　　　　　명사　　　현재분사

---

**기 초 실 력 점 검**　　　　　　　　　　　　　　　　　　　　　정답 및 해설 p.28

**[1-4] 밑줄 친 두 단어 중 알맞은 것을 고르세요.**

1.　Cavendish Conference Centre is the perfect place **to hold / holding** corporate events.

2.　The project is expected **to create / creating** more than 200 new jobs.

3.　Ms. Lopez had to work late to finish **to draw / drawing** up the budget.

4.　All employees **wished / wishing** to take time off must submit their requests one week in advance.

1. The ------- of a new chief financial officer at SN Securities was announced today.

   (A) appoint          (B) appointment

2. The company became increasingly ------- over the years.

   (A) success          (B) successful

3. A complimentary buffet dinner will be provided for -------.

   (A) attendees        (B) attendance

4. Brymark Promotions helps local companies advertise ------- brand.

   (A) they             (B) their

5. Seattle is ------- accessible by car or train.

   (A) easy             (B) easily

6. The gift bag option is worth the ------- cost.

   (A) addition         (B) additional

7. Last year, Avery Automobiles ------- six new compact cars.

   (A) introduced       (B) have introduced

8. The ------- amusement park will increase commerce of the downtown area.

   (A) proposed         (B) proposing

9. The marketing conference will ------- in Hamilton.

   (A) hold             (B) be held

10. Employees ------- wish to attend the fund-raiser should contact Ms. Dell.

    (A) who             (B) which

# CHAPTER 02

# 토익 문법
# 빈출 패턴 30

## 대표 기출 유형

정답 및 해설 p.29

**핵심 스킬** 빈칸이 관사와 전치사구 사이에 있을 경우 빈칸에는 명사가 들어간다. 빈칸 뒤에는 다양한 수식어구나 절이 올 수 있지만 토익 시험에서는 전치사구가 자주 나온다.

With **the ------- of its airport**, Punta Island's tourism economy has improved dramatically.

(A) complete          (B) completion

---

**1** **the + [ 명사 ] + 전치사구**

**The** [ **process** / proceed ✕ / proceeding ✕ / proceeded ✕ ] **for reimbursement** is very simple.  환급 절차가 매우 간단하다.
관사                                                           전치사구

**어휘** process 절차; 처리하다 (proceed 계속하다, 진행되다)   reimbursement 환급

→ process는 가산명사이기 때문에 관사가 붙어야 하지만 불가산명사의 경우 정관사가 붙을 수도 있고 안 붙을 수도 있다.
  ex. **(the) construction** of the library  도서관 건설

→ 의미에 따라서, 또는 별도의 명사형이 없는 경우, V-ing 형태의 단어가 명사 역할을 한다. (예: opening, hiring, filming 등)
  ex. the [ **opening** / openness ✕ ] of a new branch 새로운 지점의 개설

---

**2** **a / an + [명사] + 전치사구**

The Houston Library houses **a** [ **collection** / collect ✕ / collected ✕ / collecting ✕ ] **of rare books**.
관사                                                                                전치사구

휴스턴 도서관에는 희귀한 책들이 소장되어 있다.

**어휘** house ~을 소장하다   collection 물건 더미 (collect 모으다)   rare 드문

---

**연습문제**

**1.** City council members voted on the ------- to the safety regulations.

(A) amend
(B) amendment

**2.** This is a ------- to all employees to submit expense reports by June 28.

(A) reminder
(B) remind

## 대표 기출 유형

정답 및 해설 p.29

> **핵심 스킬** 빈칸 앞에 '~의'를 뜻하는 소유격(Mr. Kim's, his, her, our, their, its 등)이 있을 경우, 빈칸에는 명사가 들어간다.

They had to postpone **Ms. Flynn's** ------- until the end of October.

(A) transfer　　　　　(B) to transfer

---

**1** 소유격 + [명사]

**His** suggestion was adopted.　그의 제안이 채택되었다.
소유격　명사

Volton Corp. has released **its** analysis of the global financial market.　볼튼사는 세계 금융 시장에 대한 분석을 발표했다.
　　　　　　　　　　　　소유격　명사

**어휘** suggestion 제안 (suggest 제안하다)　analysis 분석 (analyze 분석하다)

---

**2** 한정사 + [명사]

any, some, no처럼 수량을 한정해 주는 품사를 한정사라고 한다.

He doesn't make **any** appointments on weekends.　그는 주말에는 아무런 약속도 잡지 않는다.
　　　　　　　한정사　　명사

**어휘** appointment 약속 (appoint 시간/장소 등을 정하다)　make an appointment 약속하다

---

**3** 형용사 + [명사]

형용사 앞에는 관사(a, an, the) 또는 소유한정사(his, her 등)가 함께 올 경우가 많다.

He made a **good** impression on his boss.　그는 그의 상사에게 좋은 인상을 주었다.
　　　　　　형용사　　명사

**어휘** impression 인상 (impress 깊은 인상을 주다, impressive 인상적인)

---

> **연습문제**

**1.** Electronix Ltd. is now a leading ------- of smart watches.

　(A) manufacturer
　(B) manufacture

**2.** Investing in automation helped to increase the company's -------.

　(A) productive
　(B) productivity

## 대표 기출 유형

정답 및 해설 p.29

> **핵심 스킬** 명사는 주어와 목적어 자리에 들어갈 수 있다. 빈칸 바로 앞에 타동사가 오면 목적어 자리이다.

Mr. Meyers was happy to **receive** ------- that his logo design was well liked among company executives.

(A) notify             (B) notification

**1** [주어] + (수식어) + 동사

<u>Representatives</u> (of Zentron, Inc.,) <u>will meet</u> to plan next year's conference.

          주어               수식어           동사

젠트론 사의 대표들이 내년 컨퍼런스를 계획하기 위해 만날 것입니다.

**어휘** representative 대표; 대표하는 (represent 대표하다)

**2** 타동사 + [목적어]

<u>This shea butter cream</u> <u>provides</u> <u>relief</u> from extreme dryness.

              주어              타동사   목적어

이 시어 버터 크림은 악건성 피부를 진정시켜 준다.

**어휘** relief 안도, 경감 (relieve 완화하다)

**3** 타동사 + 간접목적어 + [직접목적어]

<u>Babson Vehicles Ltd.</u> <u>offers</u> <u>its employees</u> <u>flexibility</u> in their working hours.

         주어           동사       간접목적어     직접목적어

Babson Vehicles 사는 직원들에게 근무 시간의 유연성을 제공합니다.

**어휘** offers + 간목 + 직목 ~에게 ~을 제공하다   flexibility 유연성 (flexible 신축성 있는, 유연한)

### 연습문제

1. ------- to the law firm's internship depends on university transcripts, interview skills, and recommendations.

   (A) Accept
   (B) Acceptance

2. The new intern needs ------- with the copier on the third floor.

   (A) help
   (B) helpful

## 대표 기출 유형

정답 및 해설 p.29

**핵심 스킬** 전치사 뒤에는 명사가 오며, 이때의 명사를 전치사의 목적어라 한다.
토익에서는 〈전치사 + 명사 + 전치사구〉의 구조가 자주 등장한다.

Restaurant owners should make sure their kitchens are ready **for ------- at all times.**

(A) inspect

(B) inspection

### ❶ 전치사 + [명사] + 전치사구

<u>**In**</u> <u>**appreciation**</u> **for their help**, book fair volunteers were given coffee mugs.
전치사       명사            전치사구

도움에 대한 감사의 표시로, 도서 박람회 자원봉사자들은 커피 머그컵을 받았다.

Three sites are presently <u>**under**</u> <u>**consideration**</u> **for the new hotel.**
                          전치사        명사              전치사구

새 호텔을 위해 현재 세 곳의 부지가 검토 중이다.

**어휘** appreciate 감사하다   site 부지   presently 현재   under consideration 고려중인

→ 〈전치사 + 명사〉 구조의 관용표현: in consideration of (~을 고려하여), in response to (~에 응하여, ~에 대응하여), in celebration of (~을 축하하여), under construction (공사중인), under repair (수리중인)

→ 전치사 뒤에 관사가 붙는 경우도 있다: with the help/assistance of volunteers 자원봉사자들의 도움으로

→ 〈동사 + 전치사〉로 이루어진 구동사의 목적어로 명사가 올 수 있다: care about consistency in the quality 품질상의 일관성에 신경쓰다

### ❷ 전치사 + [명사]

Employees must submit requests for time off to Ms. Hamilton **for** <u>approval</u>.
                                                             전치사    명사

직원들은 승인을 받기 위해 휴가 요청서를 해밀턴 씨에게 제출해야 한다.

**어휘** submit 제출하다   request 요청서; 요청하다   time off 휴가   approval 승인 (approve 승인하다)

### 연습문제

**1.** With just one year in -------, Cuff Motors is already turning record profits.

(A) operate
(B) operation

**2.** Based on ------- from a consultant, Durley & Co. Ltd. decided to stop commercials on TV.

(A) suggest
(B) suggestions

## 대표 기출 유형

정답 및 해설 p.30

**핵심 스킬** 명사 자리에 두 개의 명사 선택지가 있다면 사람 명사 자리인지 추상명사 자리인지를 판단해야 한다. 사람이라면 -er, -or, -ant로 끝나는 명사가 정답이다.

Fleming Institute's time management seminar teaches ------- how to use their time productively.

(A) participants    (B) participation

### 1 -er / -or / -ee로 끝나는 사람 명사 VS. 추상 명사

| 사람 명사 | 추상 명사 |
|---|---|
| publisher 출판인, 출판사 | publication 출판(물), 발행 |
| subscriber 구독자 | subscription 구독(료) |
| producer 생산자, 제작자 | production 생산 |
| manager 관리자 | management 관리 |
| supplier 공급자 | supply 공급; 공급하다 |
| contractor 계약자, 도급업자 | contract 계약; 계약하다 |
| committee 위원회 | commitment 약속, 전념, 헌신, 책무 |
| employee 종업원, employer 고용주 | employment 고용 |

### 2 -ant로 끝나는 사람 명사 VS. 추상 명사

| 사람 명사 | 추상 명사 |
|---|---|
| applicant 지원자 | application 지원(서), 신청(서) |
| participant 참가자 | participation 참가 |
| accountant 회계사 | account 계좌; 거래처; 거래 |

→ 기타 헷갈리기 쉬운 사람 명사: representative (대표, 대표자, 대리인), executive (간부, 중역, 이사), substitute (대리자, 대체 선수), delegate (대표), agent (대리인), proxy (대리인), associate (동료)

### 연습 문제

1. They offer 24-hour technical ------- by telephone.

   (A) assistant
   (B) assistance

2. Ms. Neely will interview ------- for the manager position starting on May 14.

   (A) applicants
   (B) application

## 대표 기출 유형

정답 및 해설 p.30

**핵심 스킬** 두 개의 명사가 결합하여 하나의 명사처럼 쓰이는 것을 복합명사라고 한다. 선택지에 제시된 명사를 빈칸에 넣었을 때 자연스럽게 연결된다면 정답일 확률이 높다.

Employers should follow all ------- **regulations** to prevent workplace accidents.

(A) safe          (B) safety

**1** 기출 및 예상 복합명사

| | |
|---|---|
| account number 계좌 번호 | job openings / vacancies 공석, 일자리 |
| admission fee 입장료, 입회비 | job creation 일자리 창출 |
| assembly line 조립 라인 | performance review / evaluation 업무 평가 |
| baggage allowance 수하물 중량 제한 | price reduction 가격 인하 |
| budget surplus / deficit 예산 흑자/적자 | protection device 보호 장비 |
| building management 건물 관리 | quality assurance 품질 보증 |
| cancellation fee 취소 수수료 | replacement product 대체품 |
| complaint form 불만 신고서 | safety regulations / procedures 안전 규정/절차 |
| customer complaints 고객 불만 | safety inspection / precautions 안전 검사/예방책 |
| earnings growth 수익 성장 | sales event 할인 행사 |
| e-mail reminder 알림 이메일 | savings account 예금 계좌 |
| employee productivity 직원 생산성 | security / vacation policy 보안/휴가 정책 |
| expiration date 유효 기간 (영국식 expiry date) | service charge / fee 서비스 요금 |
| flight arrangements 항공편 일정 | time constraints 시간 제약 |
| growth rate 성장률 | tourist attraction 관광지, 관광 명소 |
| interest rate 금리 | warranty certificate 품질 보증서 |

**연습문제**

1. Restaurant managers should always check ------- dates when restocking their kitchens.

   (A) expiring
   (B) expiration

2. There is a significant service ------- if your checked luggage is over 25 kilograms.

   (A) charge
   (B) charging

## 대표 기출 유형

정답 및 해설 p.30

> **핵심 스킬** 인칭대명사가 주어 자리이면 주격을, 목적어 자리이면 목적격을 쓴다.
>
> The committee elected ------- as their representative.
> (A) he　　　　　　(B) him

**①** 주어 자리에는 주격 대명사 (you, she, he, they, we)

Some customers complained that <u>they</u> received the wrong items.
　　　　　　　　　　　　　that절의 주어 (= some customers)
몇몇 고객들은 그들이 엉뚱한 물품을 받았다고 항의했다.

**②** 목적어 자리에는 목적격 대명사 (you, her, him, them, us)

**동사 + 목적어**

　　　　　　　　　　　　　　　　　　　　┌ help의 목적어
Ms. Pham asked for volunteers to **help** <u>her</u> with the employee training program.
　　　　　　　　　　　　　　　　= Ms. Pham을
Pham 씨는 직원 교육 프로그램 운영에 그녀를 도울 지원자들을 요청했다.

**동사 (send, give, show, offer, tell) + 간접목적어 + 직접목적어**

Motion Pictures will **send** <u>you</u> **an e-mail** confirming receipt of the application.
　　　　　　　　　　　　보내다　~에게　　이메일을
Motion Pictures에서는 귀하에게 지원서 수령을 확인하는 이메일을 보낼 것입니다.

**동사 + 목적어 + 목적보어**

CK Corporation works with small businesses and **helps** <u>them</u> **achieve** their hiring goals.
　　　　　　　　　　　　　　　　　　　　　돕다　그들이　~는 것을
CK Corporation은 중소기업과 협력하여 그들이 고용 목표를 달성할 수 있도록 돕는다.

### 연습문제

1. When Mr. Perkins goes to London, -------
   will fly first class.
   (A) he
   (B) him

2. The department manager will give -------
   the new schedule for the summer season.
   (A) our
   (B) us

## 대표 기출 유형

정답 및 해설 p.30

**핵심 스킬** 명사 앞에 빈칸이 있으면 소유한정사 (your, his, her, their)가 정답이다. 빈칸이 주어, 보어, 목적어 자리이고, 사물을 뜻한다면 소유대명사가 정답이다.

Faraway Travel can book various accommodations for ------- **stay**, either at a hotel or at a hostel.

(A) you               (B) your

**1** 소유한정사 + 명사 = 소유대명사

my office = **mine** 나의 사무실          his office = **his** 그의 사무실

your office = **yours** 너의 사무실       her office = **hers** 그녀의 사무실

their office = **theirs** 그들의 사무실

**Her office** is bigger than his. 그녀의 사무실은 그의 사무실보다 더 크다.
소유한정사+명사               = his office

**2** 소유대명사는 주어, 보어, 목적어 자리에 위치할 수 있다.

| | |
|---|---|
| 주어 | Margaret borrowed a laptop from Brian because **hers** was under repair.<br>마가렛은 자신의 노트북이 수리 중이어서 브라이언에게서 노트북을 빌렸다. (hers = her laptop) |
| 보어 | If you create an account with TJ Bank, this planner is **yours**.<br>TJ Bank에 계좌를 개설하시면 이 다이어리를 고객님께 드립니다. (yours = your planner) |
| 목적어 | After completing her report, Ms. Boyd helped Mr. Ward finish **his**.<br>자신의 보고서 작성을 완료한 후에 Ms. Boyd는 Mr. Ward가 보고서를 마무리하는 걸 도왔다. (his = his report) |
| 전치사의<br>목적어 | Our interest rates are lower than **theirs**.<br>우리의 이율은 그들의 이율보다 낮습니다. (theirs = their interest rates) |

**연 습 문 제**

1. All files were mixed up, so we had to check whether those were -------.

   (A) our
   (B) ours

2. The presenters were surprised because ------- slides were in black and white instead of color.

   (A) their
   (B) theirs

## 대표 기출 유형

정답 및 해설 p.31

**핵심 스킬** 문장에서 빈칸을 빼도 완벽한 문장 구조가 성립한다면 재귀대명사(-self, -selves)가 정답이다.

Ms. Kay completed all the assigned work ------- in a week.

(A) her                    (B) herself

---

**①** 의미를 강조하기 위해 재귀대명사를 쓸 경우, 필수 문장 성분이 아니므로 재귀대명사는 생략될 수 있다.

**Ms. Lacey will do the presentation** herself while Mr. Shaw attends the conference.
　　주어　　　　동사　　　　　목적어　　　Ms. Lacey를 강조
Shaw 씨가 회의에 참석하는 동안 Lacey 씨가 직접 발표를 할 것이다.

**The trouble was with the computer** itself and not with the new software.
　　주어　　　　동사　　　　　보어　　　the computer를 강조
그 문제는 컴퓨터 자체의 문제였지 그 새로운 소프트웨어의 문제가 아니었다.

**②** 동사를 기준으로 주어와 목적어가 동일한 대상일 때 목적어 자리에 재귀대명사를 쓴다.

**LJ Corporation prides** itself on exceeding clients' expectations.
　　주어　　　　타동사　목적어
LJ Corporation은 고객의 기대를 뛰어넘는 것을 자랑스럽게 생각합니다.

**어휘** pride + 재귀대명사(목적어) + on ~ ~에 대해서 자신을 자랑스럽게 여기다 (= be proud of ~)

> **주의** 문장의 목적어와 to부정사구와 같은 수식어구에 쓰인 목적어를 구분해야 한다.
>
> ex) Ms. Simmons needs **additional staff members** to assist her at the trade fair.
> 　　　　주어　　　　동사　　　　목적어
> Simmons 씨는 무역박람회에서 자신을 도울 추가 직원을 필요로 한다.
> → Ms. Simmons와 her는 같은 사람이지만 재귀대명사를 쓰지 않고 her를 쓴다. her는 assist의 목적어이며, assist의 의미
> 　 상의 주어는 Ms. Simmons가 아니라 staff members이기 때문이다.

---

### 연습문제

1.  Staying past work hours, Ms. Shaw finished the assignment -------.

    (A) she
    (B) herself

2.  For the team building exercises, workers were asked to organize ------- into groups of four.

    (A) them
    (B) themselves

## 빈출 패턴 10 　 [those] + 주격관계대명사

## 대표 기출 유형

정답 및 해설 p.31

> **핵심 스킬** 빈칸이 주격관계대명사(who)의 수식을 받으면 those가 정답이다.

------- **who take a vacation for over a week** should make sure their work is covered by their colleagues.

(A) These  　　　　(B) Those

---

**1** **those(~하는 사람들) + 주격관계대명사 + 동사**

Ms. Tesh asked <u>those</u> **who volunteered for the fund-raising event** to meet at noon.

테쉬 씨는 모금 행사에 자원한 사람들에게 정오에 만나자고 요청했다.

<u>Those</u> **who wish to sign up for the workshop** should let Ms. Jones know.

워크숍 신청을 원하는 사람들은 존스 씨에게 알려야 한다.

> **어휘** ask someone to do ~에게 ~할 것을 요청하다　sign up for ~에 등록하다　let someone know ~에게 알리다

**2** **anyone/everyone who + 단수 동사**

<u>Anyone</u> **who was unable to attend yesterday's meeting** may contact Mr. Luca for his notes.

어제 회의에 참석할 수 없었던 사람은 누구나 루카 씨에게 연락해서 메모를 받아볼 수 있습니다.

→ who 뒤에 단수인 is의 과거형 was가 쓰였다.

Not <u>everyone</u> **who requests a ticket to the conference** will be able to attend.

컨퍼런스 티켓을 요청하는 모든 사람이 참석할 수 있는 것은 아닙니다.

→ who 뒤에 동사 단수형인 requests가 쓰였다.

---

> **연습문제**

1. Mr. Kroll asked ------- who want to attend the product demonstration to contact Mr. Cook directly.

   (A) them
   (B) those

2. Tierra Bistro may cancel the reservation of ------- who is more than ten minutes late.

   (A) those
   (B) anyone

.CHAPTER 02 토익 문법 빈출 패턴 30　**87**

## 대표 기출 유형

정답 및 해설 p.31

> **핵심 스킬**  빈칸 다음 과거분사 수식구가 나오면 those가 정답이다.
>
> Most batteries available today will last much longer than ------- **produced a decade ago**.
> (A) that                    (B) those

**1**  **those + 과거분사**

Our payment processors are more efficient than <u>those</u> **used by our competitors**.

= processors

우리의 결제 프로세서는 경쟁사들이 사용하는 것보다 더 효율적입니다.

**어휘**  payment 결제   processor 처리기, 프로세서   competitor 경쟁자

The board will discuss certain policies, particularly <u>those</u> **made by the previous management**.

= policies

이사회는 특정 정책들을 논의할 것이며, 특히 이전 경영진에 의해 만들어진 것들을 논의할 것이다.

**어휘**  board 이사회, 위원회   policy 정책   previous 이전의   management 경영진, 경영, 관리

**2**  **those interested~ ~에 관심 있는 사람들**

This program is intended for <u>those</u> **interested in social media management**.

= people

이 프로그램은 소셜 미디어 관리에 관심 있는 사람들을 위한 것이다.

**어휘**  be intended for ~를 대상으로 계획되다[의도되다]   interested in ~에 관심이 있는

---

**연 습 문 제**

**1.**  Please inform Ms. Medina of any complaints beyond ------- already discussed in today's meeting.
   (A) them
   (B) those

**2.**  ------- interested in taking the finance seminar may enroll in the course online.
   (A) They
   (B) Those

## 대표 기출 유형

정답 및 해설 p.32

**핵심 스킬** 수량 한정사 each와 every 다음에는 단수가 온다.

------- **bouquet** priced over $20 comes with a packet of flower food.

(A) Every                 (B) All

---

**1**   each/every + 단수 명사

Each **product** comes with a three-year warranty.   각 제품에는 3년 품질 보증서가 딸려 온다.
     단수

Please fill out a security card at the end of every **work shift**.   근무시간이 끝날 때마다 보안카드를 작성해주세요.
              단수

**어휘**   warranty 품질 보증서   fill out 작성하다

---

**2**   all/most + 복수 명사 → 동사 복수

All/Most **items are** 30% off this week.   이번 주에 모든/대부분의 제품이 30% 할인됩니다.
      복수   복수

---

**3**   all/most +셀 수 없는 명사(불가산명사) → 동사 단수

All/Most **equipment** in the laboratory **is** 10 years old or more.
         불가산             단수
그 실험실에 있는 모든/대부분의 기구는 10년도 더 되었다.

---

**연습문제**

1.   ------- cardholder receives bonus points whenever making a purchase.

    (A) Each
    (B) Some

2.   ------- used vehicle sold by Underwood Auto Sales includes a one-year warranty.

    (A) Every
    (B) All

PART 5

**관사 + [형용사] + 명사**

## 대표 기출 유형

정답 및 해설 p.32

**핵심 스킬** 빈칸 앞에 관사가 있고 뒤에 명사가 있으면 형용사가 정답이다.

Hiring an outside firm to perform the inspection will help to guarantee **an ------- assessment**.

(A) objection          (B) objective

---

**1** 관사 + [형용사] + 명사

**The**    energetic     **intern** finished the work in only two hours.   그 열정적인 인턴은 단 두 시간 만에 일을 끝냈다.
정관사    energy ×     명사
         energetically ×
         energize ×

**어휘** energetic 열정적인, 활동적인, 정력적인 (energize 활기를 북돋우다, 동력을 공급하다)

→ 관사 대신 소유한정사가 나오는 경우도 많다. (AW Group's energetic interns)

---

**2** 관사 + 부사 + [형용사] + 명사

Dr. Moore's study includes **a very** extensive **analysis** of the issue.
                        관사 부사     형용사     명사

무어 박사의 연구는 그 문제에 대한 매우 광범위한 분석을 포함한다.

**어휘** extensive 광범위한 (extend 연장하다)

---

**3** [형용사] + 명사

Anelli Hardware has hired additional **contractors**.   Anelli Hardware는 추가로 도급업자를 고용했다.
                                  형용사     명사

→ '[형용사] + 명사' 앞에는 타동사, 전치사가 나오는 경우가 많다.

---

**연습문제**

**1.** Employees appreciate the ------- career guidance provided by Mr. Ruskin.

(A) exception
(B) exceptional

**2.** New employees will watch an ------- video about how to assemble the device.

(A) instruct
(B) instructional

## 빈출 패턴 14　주어 + [부사] + 동사

### 대표 기출 유형

정답 및 해설 p.32

**핵심 스킬** 주어와 동사 사이에 빈칸이 있으면 부사가 정답이다.

Ms. Wheeler ------- encouraged her team members to attend the technology seminar.
(A) strong (B) strongly

**1** 주어 + [부사] + 동사

**All the interns** [ **successfully** ] **completed** the course.  모든 인턴들은 그 과정을 성공적으로 끝냈다.
　　주어　　 successful ×　　 타동사
　　　　　 success ×
　　　　　 succeed ×

**The receptionist** politely **offered** him a seat in the waiting room.
　　　　주어　　　　 부사　　 타동사
안내원은 정중하게 그에게 대기실에 자리를 권했다.

**Mr. Brennel** frequently **travels** to our satellite offices in China and Japan.
　　　주어　　　 부사　　 자동사
브레넬 씨는 중국과 일본에 있는 우리 지국들로 자주 출장을 간다.

**2** 조동사 + [부사] + 동사

The hall **can** comfortably **accommodate** up to 300 people.
　　　 조동사　　 부사　　　　 동사
그 홀은 300명까지 무리 없이 수용할 수 있다.

**어휘** comfortably 편안하게, 수월하게, 아무 무리 없이(= easily)　accommodate 공간을 제공하다, 수용하다　up to 최대

### 연습문제

**1.** Ms. Salazar ------- agreed to hire an assistant sales manager in the Chicago office.
(A) final
(B) finally

**2.** After the reading, the author will ------- sign copies of his new novel for fans.
(A) personal
(B) personally

## 대표 기출 유형

정답 및 해설 p.32

> **핵심 스킬** be동사/have와 과거분사(pp) 사이에 빈칸이 있으면 부사가 정답이다.
>
> The heater temperature **is ------- adjusted** by a remote control.
> (A) easy            (B) easily

### ① be + [부사] + pp

The meeting notes **were** [ **accidently** / accident × / accidental × / accidents × ] **deleted**. 회의록이 실수로 삭제되었다.
        be                    pp

> **어휘** meeting notes 회의록   accidently 실수로, 잘못하여, 우연히, 뜻밖에 (accident 사고, accidental 우연한) delete 삭제하다

### ② have/has + [부사] + pp

The sales manager **has successfully negotiated** contracts with many corporate clients.
                has     부사       pp
그 판매 담당자는 많은 기업 고객들과 성공적으로 계약을 협상해 왔다.

> **어휘** successfully 성공적으로 (success 성공, successful 성공적인, succeed 성공하다)   corporate 기업의

### ② be + [부사] + doing

Construction on the apartment complex by the beach **is swiftly happening**.
                                            be    부사     doing
해변 옆의 아파트 단지 공사는 신속히 이루어지고 있다.

> **어휘** construction 공사   swiftly 신속하게 (swift 신속한)

---

## 연습문제

**1.** The store's refund policy is ------- stated on its Web site.

   (A) clear
   (B) clearly

**2.** Now that the new equipment has been installed, Jake, Inc.'s productivity has ------- increased.

   (A) significant
   (B) significantly

**자동사 + [부사]**

## 대표 기출 유형

정답 및 해설 p.33

**핵심 스킬** 자동사 뒤에 빈칸이 오면 부사가 정답이다.

Increased sales of its new products helped stock prices of Raven Gear Co. **rise -------**.

(A) dramatic          (B) dramatically

---

**1** 자동사 + [부사] + (전치사구)

The plans to build a new library are **progressing** [ **smoothly.**
자동사                     smooth ×
                         smoothed ×
                         smoothness × ]

새 도서관을 지으려는 계획이 순조롭게 진행되고 있다.

**어휘** progress 진행되다  smoothly 순조롭게, 원활하게 (smooth 순조로운, 매끈한; 매끈하게 하다)

The hotel shuttle **runs** frequently **to the airport**.
                  자동사    부사         전치사구
그 호텔 셔틀은 공항까지 자주 운행한다.

**어휘** run 운행하다  frequently 자주 (frequent 잦은, 빈번한, frequency 빈도)

Lovo, Inc.'s sales **increased** steadily **since the release of their new products**.
                   자동사       부사                   전치사구
신제품 출시 후 로보 사의 매출이 꾸준히 증가했다.

**어휘** steadily 꾸준히 (steady 꾸준한)  release 출시

**2** [부사] + 자동사

Just as Mr. Raman was leaving the office, the delivery finally **arrived**.
                                                    부사     자동사
라만 씨가 사무실을 떠나려 할 때 마침내 물건이 도착했다.

→ 자동사 앞뒤에 부사가 올 수 있지만, 타동사의 경우 타동사 앞이나 목적어 뒤에 부사가 온다.

---

**연습문제**

**1.** This project will only be successful if team leaders can get everyone to work -------.

(A) collaborate
(B) collaboratively

**2.** Please arrive ------- at 9 A.M. for your appointment tomorrow.

(A) prompt
(B) promptly

## 대표 기출 유형

정답 및 해설 p.33

**핵심 스킬** 형용사나 분사 앞에 빈칸이 오면 부사가 정답이다.

The brand-new tablet is extremely easy to use with ------- **fast** processing.

(A) remark            (B) remarkably

**1** [부사] + 형용사

The company remains **financially** **stable**. 그 회사는 재정적으로 안정되어 있다.
     financial ×     형용사
     finance ×
     financing ×

Alice Electronics has a **surprisingly** **large** selection of appliances.
                     부사       형용사
Alice Electronics는 놀랍도록 많은 종류의 가전제품을 보유하고 있다.

The **newly** **released** product is well received.
     부사      분사
새로 출시된 제품이 좋은 반응을 얻고 있다.

→ 토익 시험에서는 출제되는 경우가 드물긴 하지만 형용사가 뒤에 오는 '형용사+명사'를 수식하는 경우도 있다.
   예) reliable financial advice (믿을 수 있는 재정 조언), a free annual checkup (무료 연례 점검)

**2** [부사] + 부사

Despite the department head's absence, the meeting went **surprisingly** **well**.
                                          부사      부사

부서장의 불참에도 불구하고 그 회의는 놀랍도록 잘 진행됐다.

**연습문제**

1. The outdoor event was only -------
   successful due to a weather problem.

   (A) part
   (B) partly

2. Her first day of the internship went -------
   smoothly.

   (A) fair
   (B) fairly

**[비교급] + than**

## 대표 기출 유형

정답 및 해설 p.33

**핵심 스킬** 빈칸 뒤에 **than**이 있으면 비교급이 정답이다.

Now under new ownership, department heads are monitoring their spending ------- **than** before.

(A) closely          (B) more closely

**1** **[비교급] + than**

Owing to the closure of Macon Bridge, traffic congestion was far <u>worse</u> **than** usual.
Macon Bridge의 폐쇄로 인해 교통 체증은 평소보다 훨씬 더 심해졌다.

→ 비교급 강조 부사인 much, even, still, far, a lot은 비교급 앞에 위치하여 '훨씬 더 ~한'의 의미를 더한다.

**어휘** owing to ~ 때문에   closure 폐쇄   traffic congestion 교통체증

Clothery produces cotton T-shirts that are noticeably <u>softer</u> **than** its competitors.
Clothery는 경쟁사들보다 현저히 더 부드러운 면 티셔츠를 생산한다.

→ noticeably(두드러지게), considerably(상당히), significantly(상당히)도 비교급을 강조할 수 있다.

**어휘** competitor 경쟁자

**2** **[more / less + 형용사 / 부사] + than**

The latest SUV by Eighto Motors is <u>more spacious</u> **than** it looks.
Eighto Motors의 신형 SUV는 보이는 것보다 공간이 더 넓다.

Buses to downtown run <u>less frequently</u> **than** they used to.
시내로 가는 버스는 예전보다 덜 자주 운행한다.

**어휘** run 운행하다   frequently 자주, 흔히 (frequent 잦은; 자주 다니다)   used to V (과거에는) ~했다

**연습문제**

**1.** Because employees here feel valued, their productivity levels are ------- than average.

(A) higher
(B) highly

**2.** The newly released Voyager Prime Phone is much ------- than its five-year-old counterpart.

(A) large
(B) larger

## 대표 기출 유형

정답 및 해설 p.33

**핵심 스킬** 문장에 과거를 나타내는 부사어(전치사구, 부사 등)가 있으면 과거시제가 정답이다.

Mr. Han ------- investors to visit his new office **last Friday**.
(A) invites              (B) invited

**1** **ago, yesterday → 과거시제**

The bridge <u>was closed</u> for repair work **two weeks ago**.
                 과거                2주 전에
그 다리는 보수 작업으로 인해 2주 전에 폐쇄되었다.

The schedule for the career fair <u>was e-mailed</u> to participants **yesterday**.
                           과거             어제
채용 박람회의 일정표는 어제 참가자들에게 이메일로 발송되었다.

**2** **last week / month / year → 과거시제**

Avery Motors <u>hired</u> a new quality control expert **last month**.
              과거                    지난달
Avery Motors는 지난달 새로운 품질 관리 전문가를 고용했다.

**3** **과거를 나타내는 특정 표현 → 과거시제**

The **original** King Street Bridge <u>was constructed</u> **in 1943**.
                              과거        1943년에
원래의 킹 스트리트 다리는 1943년에 건설되었다.

---

**연습문제**

1. Diesel Motors ------- to open a new factory in Colorado last month but faced a labor shortage.

   (A) expects
   (B) expected

2. Bryson Auto ------- its central office to Berlin several months ago.

   (A) will relocate
   (B) relocated

## 대표 기출 유형

정답 및 해설 p.34

**핵심 스킬** 문장에 미래를 나타내는 부사어(전치사구, 부사 등)가 있으면 미래시제가 정답이다.

**Next week**, Jack's Hardware ------- a special event for its 10th anniversary.
(A) has hosted
(B) will be hosting

---

**1** **next month / week / year → 미래시제**

We **will open** a new branch in Boston **next month**.
우리는 다음 달 보스턴에 새 지점을 열 것이다.

Magazine subscription requests made after May 20 **will be fulfilled** by early next month**.
5월 20일 이후에 들어온 잡지 구독 요청은 다음 달 초까지 처리될 것이다.

**어휘** subscription 구독 (subscribe 구독하다)　request 요청　fulfill 이행하다, 수행하다, 끝내다

---

**2** **later today, later this week → 미래시제**

**Later today**, Mr. Klein **will be preparing** a training session on a new design program.
오늘 오후에 클라인 씨는 새 디자인 프로그램에 관한 교육을 준비할 것이다.

The ingredients **will be shipped** to the restaurant **later this afternoon**.
그 재료들은 오늘 오후 늦게 그 식당에 배송될 것이다.

---

**3** **tomorrow, soon → 미래시제**

The DePaul Art Museum **will soon** be displaying a new exhibition.
DePaul 미술박물관은 곧 새로운 전시회를 열 것이다.

**어휘** display 전시하다　exhibition 전시회, 전시

---

**연습문제**

**1.** Starting next month, employees at Richmond Co. ------- at local charities.

(A) were volunteering
(B) will be volunteering

**2.** Later today, Ms. Baker ------- applicants for the accountant position.

(A) interviewed
(B) will be interviewing

## 대표 기출 유형

정답 및 해설 p.34

**핵심 스킬** 문장에 since(~ 이래로), for(~ 동안), over the past(과거 ~에 걸쳐)가 있으면 현재완료시제가 정답이다.

Our customer service center ------- nearly 3,000 people **over the past six months**.

(A) will assist          (B) has assisted

---

**1**   **since 기간 (~ 이래로) → 완료시제**

Ms. Greenfield **has worked** as a designer **since 2020**.
그린필드 씨는 2020년부터 디자이너로 일해 왔다.

He **has worked** for himself **since he graduated from university**.
그는 대학을 졸업한 이래로 1인 기업으로 일해 왔다.

**2**   **for 기간 (~ 동안) → 완료시제**

JK Automobiles **has provided** a free annual checkup **for over a decade**.
JK 자동차는 10년 넘도록 무상으로 연례 자동차 점검을 제공해 왔다.

**어휘** annual 연례의   checkup 점검

**3**   **over the past 기간 (~에 걸쳐) → 완료시제**

Anisk Pharmaceuticals **has developed** twelve new medications **over the past decade**.
Anisk 제약회사는 지난 10년간 12개의 신약을 개발했다.

**어휘** pharmaceuticals 제약회사 (pharmaceutical 약학의, 약)   medication 약

→ 'since/for/over the past ~'와 함께 과거부터 현재까지 계속 진행되고 있는 상태를 나타낼 경우, 현재완료진행형(has been working/providing/developing)을 사용할 수도 있다.

→ 'over the past ~'가 아닌 'over the next ~'일 경우 미래나 현재가 쓰인다.

---

**연습문제**

**1.** Bailey Sportswear ------- its employee training program since February of last year.

(A) will improve
(B) has improved

**2.** The number of newspaper subscribers ------- by fifteen percent over the past year.

(A) decreased
(B) has decreased

## 대표 기출 유형

정답 및 해설 p.34

**핵심 스킬** 주절이 미래시제이더라도, 빈칸이 시간 부사절의 동사 자리라면 현재시제가 정답이다.

Ms. Sanderson will calculate the money left in the budget **before** she ------- the expense request.

(A) approves　　　　　(B) will approve

---

**1** 시간 부사절

when, while, once, as soon as, before, after 등의 접속사가 이끄는 시간 부사절에서는 주절이 미래시제이더라도 현재시제를 사용한다.

The mobile application **will** notify you when the deliveries are at your doorstep.
　　　　　　　　　　　　　　　　　시간 접속사　　　　　　　　　현재

그 휴대 전화 애플리케이션은 택배가 도착하면 당신에게 알려 줍니다.

The new marketing campaign **will** begin as soon as the contract are finalized.
　　　　　　　　　　　　　　　　　시간 접속사　　　　　　　　　현재

그 새로운 마케팅 캠페인은 계약이 확정되는 대로 시작할 예정이다.

The construction **will** resume once the weather improves.
　　　　　　　　　　　　시간 접속사　　　　　현재

날씨가 좋아지면 공사가 재개될 것이다.

**2** 조건 부사절

The event **will** be postponed if the weather worsens.
　　　　　　　　　　　　조건 접속사　　　현재

날씨가 악화되면 행사는 연기될 것이다.

---

**연습 문제**

**1.** Mr. Grantham will announce the good news to his employees when they ------- from winter break next week.

(A) will return
(B) return

**2.** The watercolor painting class ------- if registration includes fewer than 10 people.

(A) will be canceled
(B) was canceled

## 대표 기출 유형

정답 및 해설 p.34

**핵심 스킬** 선택지의 동사가 타동사이고, 빈칸 뒤에 목적어가 없으면 수동태가 정답이다.

This new tablet ------- with the needs of digital artists in mind.
(A) has created        (B) was created

**1** 주어 + [수동태(be pp)] + 부사구/부사절

**The new community center** was completed **ahead of schedule**.
          주어              수동태          부사구
그 새로운 주민센터는 예정보다 일찍 완공되었다.

**능동태** **They** completed **the new community center** ahead of schedule.
        주어     타동사            목적어
그들은 그 새로운 주민센터를 예정보다 일찍 완공했다.

**2** 수동태 뒤에 목적어가 오는 경우

두 개의 목적어를 취하는 동사들은 수동태 뒤에 목적어가 올 수 있다.

| | | | | |
|---|---|---|---|---|
| give 주다 | award 수여하다 | grant 승인하다 | assign 배정하다 | charge 청구하다 |
| send 보내다 | lend 빌려주다 | issue 발급하다 | offer 제공하다 | afford 제공하다 |

Skylight Airlines will give **each passenger** **a voucher** for a free meal at the airport.
                 능동태      간접목적어     직접목적어

**Each passenger** will be given **a voucher** for a free meal at the airport.
      주어             수동태     직접목적어
각 승객은 공항 무료 식사 이용권을 받게 될 것이다.

**연습문제**

1. The keynote speaker of Renewable Energy Convention will ------- by the chairman.

   (A) introduce
   (B) be introduced

2. Customers ------- a cost estimate after a specialist checks the kitchen to be remodeled.

   (A) are sending
   (B) will be sent

## 대표 기출 유형

정답 및 해설 p.35

**핵심 스킬** 빈칸 앞에 전치사가 있으면 동명사가 정답이다.

Factory supervisors are responsible **for** ------- a safe work environment.

(A) maintain 　　　　(B) maintaining

**①** 전치사 + [동명사] + 목적어

All visitors must check in at the security desk **before** ⌈ entering ⌉ **the building**.
　　　　　　　　　　　　　　　　　　　　　전치사 ｜ enter × ｜ enter의 목적어
　　　　　　　　　　　　　　　　　　　　　　　　｜ entered × ｜
　　　　　　　　　　　　　　　　　　　　　　　　⌊ entrance × ⌋

모든 방문객은 건물에 들어가기 전에 보안 창구에서 방문자 등록을 해야 한다.

→ 전치사 뒤에는 명사(entrance)가 올 수 있지만 뒤에 목적어를 취하는 것은 동명사밖에 없으므로 명사는 답이 될 수 없다.

**②** 전치사 + [동명사] + 부사어

Ever **since** opening **five years ago**, Tony's Diner has grown steadily.
　　　　전치사　동명사　　　부사어
Tony's Diner는 5년 전에 개업한 이후로 꾸준히 성장했다.

**③** 전치사 + [being pp]

Mr. Graham took up intern training for a brief time **before** being reassigned to Johannesburg.
　　　　　　　　　　　　　　　　　　　　　　　　전치사　　　　being pp
Graham 씨는 요하네스버그에 재배치되기 전에 잠시 동안 인턴 교육을 맡았다.

**어휘** take up (새로운 임무나 일을) 시작하다 / 맡다

**연습문제**

1.　Before ------- the office, please make sure all the lights and computers have been shut off.

　　(A) leaving
　　(B) to leave

2.　Prior to ------- at Marlin Fisheries, Eric Lewis was employed by Stoddard, Inc.

　　(A) work
　　(B) working

## 빈출 패턴 25 | 희망 · 계획 타동사 + [to부정사]

## 대표 기출 유형

정답 및 해설 p.35

**핵심 스킬** 희망이나 계획을 나타내는 타동사 (aim, plan, hope, want, would like, expect) 뒤에 빈칸이 있으면 to 부정사가 정답이다. 이때 to부정사는 타동사의 목적어 역할을 한다.

The strategic plan, developed by Mr. Jang, **aims** ------- sales by 15 percent.

(A) increasing　　　　(B) to increase

**1** aim, plan, hope, want, would like, expect, need + [to do]

AP Pharmaceuticals **plans** | **to build** | two additional laboratories next year.
build ×
building ×
is built ×

AP 제약은 내년에 두 곳의 연구소를 추가 건설할 계획이다.

Sonoco Products **hopes** to recruit 160 new employees to boost sales.
Sonoco Products는 매출 증대를 위해 160명의 신입사원을 채용하기를 희망한다.

**어휘** recruit 채용하다　boost ~을 신장하다

→ to boost sales(매출 신장을 위해)와 같이 '~하기 위하여'라는 의미의 부사적 용법도 자주 출제된다.

**2** be expected to do (~할 것으로 예상되다)　be reminded to do (~하도록 권고되다)

The schedule change **is expected** to cause considerable confusion among participants.
그 일정 변경으로 참가자들의 상당한 혼란이 예상된다.

**어휘** considerable 상당한　confusion 혼란

Employees taking part in the annual conference **are reminded** to dress suitably.
연례 회의에 참석하는 직원들은 적절한 복장을 하도록 권고 받는다.

**어휘** take part in ~에 참석하다　suitably 적절하게, 적합하게

### 연습문제

**1.** Moussa TV, after critical acclaim in Kenya, plans ------- its coverage across East Africa.

(A) broaden
(B) to broaden

**2.** The Sanwa, Inc.'s handbook outlines the high standards that employees are expected ------- every day.

(A) meeting
(B) to meet

## 대표 기출 유형

정답 및 해설 p.35

**핵심 스킬** 선택지에 접속사, 전치사, 부사 등이 섞여 있을 때, 빈칸 뒤에 명사나 동명사가 있다면 전치사가 정답이다.

------- **teaching** finance at a college, Mr. Liu writes a weekly column for a local newspaper.

(A) Besides          (B) Additionally

**①** [전치사] + 명사 / 명사구

| In addition to |
| --- |
| In order to × |
| So that × |
| Just in case × |

**In addition to** **the fund-raiser**, Milton Park will also be hosting several concerts.
명사

기금 모금 외에도 밀턴 파크는 여러 콘서트를 주최할 것이다.

Starlight Airlines canceled a flight <u>due to</u> **mechanical issues**.
전치사          명사구

Starlight Airlines는 기계적인 문제로 비행을 취소했다.

Mr. Warren achieved great sales results <u>despite</u> **his lack of sales experience**.
전치사               명사구

워렌 씨는 영업 경험 부족에도 불구하고 훌륭한 영업 성과를 거두었다.

**②** [전치사] + 동명사

<u>After</u> **serving** for six years on the board of directors, Mr. Sands decided to retire.
전치사     동명사

Sands 씨는 이사회에서 6년간 근무한 후 은퇴하기로 결정했다.

→ after, before, while 등은 접속사뿐만 아니라 전치사로도 쓰인다.

**연습문제**

**1.** ------- a shortage of materials, the renovations will not be finished by the original completion date.

(A) Provided that
(B) Owing to

**2.** Grand Hill Apartment tenants must pay a refundable security deposit ------- moving in.

(A) because
(B) prior to

## 대표 기출 유형

정답 및 해설 p.35

**핵심 스킬** 빈칸이 뒤에 오는 명사를 수식하면 분사 자리이며, 빈칸 뒤의 명사가 '–되는'으로 해석되면 과거분사, '–하는'으로 해석되면 현재분사가 정답이다.

All elevators in the building will be out of service for one hour from 10 A.M. in order to perform ------- maintenance.

(A) required          (B) requiring

**1** [과거분사] + 명사

뒤에 나오는 명사를 수식하는 분사 자리가 '–되는 / 된'의 수동의 의미를 지니면 과거분사(-ed)를 쓴다.

The publisher will release a <u>revised</u> **edition of the book** early next month.
　　　　　　　　　　　　　　　과거분사　　　　명사구

그 출판사는 다음 달 초에 그 책의 개정판을 출간할 것이다. (revised 개정된)

> **주의** 동사에 –ed가 붙어 이루어진 분사이지만 그 뜻이 동사 본래의 뜻에서 변화해 별도의 형용사로 굳어진 경우도 있다.
>
> | an accomplished designer | an experienced electrician |
> |---|---|
> | 기량이 뛰어난 디자이너 (accomplish 완수하다) | 숙련된 전기기사 (experience 경험하다) |

**2** [현재분사] + 명사

뒤에 나오는 명사를 수식하는 분사 자리가 '–하는'의 능동의 의미를 지니면 현재분사(-ing)를 쓴다.

Micro Products seeks ways of meeting rapidly <u>changing</u> **consumer demand**.
　　　　　　　　　　　　　　　　　　　　　현재분사　　　명사구

Micro Products는 급변하는 소비자 수요를 충족시킬 방법을 모색하고 있다. (changing 변화하는)

### 연습문제

1. The mayor believes the ------- 100-foot sculpture will attract tourists to the city.

   (A) proposing
   (B) proposed

2. ------- passengers must complete a security check in order to fly.

   (A) Departing
   (B) Departed

**명사 + [과거분사/현재분사]**

## 대표 기출 유형

정답 및 해설 p.36

**핵심 스킬** 앞에 있는 명사와 빈칸 사이에 〈주격관계대명사 + be동사〉가 생략되어 있으면 과거분사, 그렇지 않으면 현재분사가 정답이다.

The spreadsheet ------- data on retail sales during the fourth quarter is attached.

(A) contained          (B) containing

**1** 명사 + [현재분사]

명사 뒤에 오는 현재분사는 능동의 의미를 지닌다.

= who have

**Employees having** issues with the new software should speak to the IT department.
명사

새로운 소프트웨어에 문제가 있는 직원들은 IT 부서에 연락하세요.

= who wishes

**Anyone wishing** to attend the quarterly meeting should contact Mr. Jackson.
대명사

누구든 분기 회의에 참석하고자 하는 사람은 Mr. Jackson에게 연락하세요.

**2** 명사 + [과거분사]

명사와 과거분사 사이에는 주격 관계대명사와 be동사가 생략되어 있다.

Weardale Ski Club is **a beautiful ski resort** (which is) located near Durham.
명사                                 과거분사

Weardale Ski Club은 더럼 근처에 위치한 아름다운 스키 리조트입니다.

→ 우리말로는 '~에 위치한'이라는 능동의 의미라 할지라도 영어에서 '~에 위치하다'라는 의미로 locate를 쓸 경우 항상 'be located in/near~'의 수동으로 쓰인다는 점에 주의하자.

**연습문제**

1. Guard Corp., an agency ------- private security services to celebrities, is hiring qualified candidates.

   (A) providing
   (B) provided

2. Even the company lawyers were confused about several of the conditions ------- in the proposed merger.

   (A) listing
   (B) listed

PART 5

## 대표 기출 유형

정답 및 해설 p.36

**핵심 스킬** 빈칸 뒤에 절이 있으면 접속사가 정답이다.

------- **some materials arrived late,** the contractor was able to have the renovations completed ahead of schedule.

(A) Even though          (B) Despite

**1** [접속사] + 절 VS. [전치사] + 명사(구)

| 뜻 | 접속사 + 절 | 전치사 + 명사(구) |
|---|---|---|
| ~하기 전에 | before | before, prior to |
| ~한 후에 | after | after, following |
| ~하자마자 | as soon as, once | (up)on -ing |
| 만약 ~가 아니라면 | unless | without |
| ~하기 때문에 | because, as | because of, due to, owing to |
| 비록 ~일지라도 | although, even though | despite, in spite of |

**2** 명사절 접속사 (whether, if, that)

A technician is coming to see <u>whether (= if)</u> **the copier can be repaired.**
                                                        명사절
그 복사기가 수리될 수 있을지 확인하기 위해 기사가 방문할 것이다.

HP Industries requires <u>that</u> **new employees receive two weeks of training before starting work.**
                                           명사절
HP에서는 신규 입사자들이 일을 시작하기 전에 2주 간의 교육을 받을 것을 요구한다.

**연습문제**

1. Please do not go on to the next step in the process ------- the instructor says it is okay.

   (A) unless
   (B) without

2. Proper maintenance of pool equipment will ensure that minor problems can be found ------- they become major ones.

   (A) before
   (B) prior to

## 대표 기출 유형

정답 및 해설 p.36

**핵심 스킬** 빈칸 앞에 사람 명사가 있고, 뒤에 동사가 바로 이어지면 주격관계대명사 who가 정답이다.

Library **patrons ------- fail** to return an item by the due date will be charged a fee.

(A) who          (B) which

**1** 사람 + [who] + 동사

**All those** who **attended** the fund-raiser will receive a special gift.
　　　　사람　주격　　동사
그 모금 행사에 참석한 모든 사람들은 특별한 선물을 받을 것이다.

**2** 사물 + [which / that] + 동사

NC Communications is **the firm** which/that **specializes** in marketing.
　　　　　　　　　　　　　사물　　　주격　　　　동사
NC Communications는 마케팅을 전문으로 하는 회사다.

> **주의** 빈칸 뒤에 인칭대명사 주격(she, he 등), 관사, 한정사가 오면 빈칸은 목적격 관계대명사 자리다.
>
> Ms. Abbott handed out **copies of the agenda** that she had printed for the meeting.
> 　　　　　　　　　　　　printed의 목적어　　　목적격
> 애벗 씨는 회의를 위해 인쇄한 안건의 복사본을 나누어 주었다.

**3** 명사 + [소유격 관계대명사] + 명사

빈칸을 '~의'로 해석해서 빈칸 앞뒤의 명사가 'OO의 OO'으로 자연스럽게 이어지면 소유격 관계대명사가 정답이다.

**The novel**, whose **author** won a Pulizer Prize, has become a bestseller.
　　　　　　= the novel's author
저자가 퓰리처상을 수상한 그 소설은 베스트셀러가 되었다.

### 연습문제

**1.** Mr. Jun is the manager ------- will be in charge of hiring new employees.

(A) who
(B) which

**2.** Our glasses are made of material ------- resists scratches.

(A) who
(B) which

PART 5

**1.** Interns should obtain ------- from their assigned mentors before leaving the office.

(A) approval
(B) approvingly
(C) approved
(D) approve

**2.** The majority of ------- said they preferred receiving the newsletter by e-mail.

(A) subscribed
(B) subscribes
(C) subscribers
(D) subscriptions

**3.** Our success in the third quarter is the ------- of an aggressive marketing campaign.

(A) resulting
(B) resulted
(C) resultant
(D) result

**4.** Ms. Lee expressed her ------- for the opportunity to host the awards ceremony.

(A) gratefully
(B) grateful
(C) gratitude
(D) gratify

**5.** Contest entries will not be accepted if ------- are submitted after the deadline.

(A) it
(B) they
(C) each
(D) others

**6.** Additional chairs are available in the next room if you need -------.

(A) us
(B) them
(C) you
(D) their

**7.** The shuttle bus is unavailable for now, so ------- who want to get a ride to the event will not be able to do so.

(A) the other
(B) everyone
(C) someone
(D) those

**8.** Ms. Perez will be attending the conference after all, so ------- needs accommodations.

(A) she
(B) her
(C) hers
(D) herself

9. The CEO of Stockton Tech usually gives new employees a building tour -------.

   (A) he
   (B) his
   (C) him
   (D) himself

10. The office was having electrical issues, and the electrician believed ------- were due to last night's storm.

    (A) it
    (B) them
    (C) they
    (D) any

11. Many stationery stores reported that ------- best-selling product is the colored pencil set from Dendle Stationery Inc.

    (A) their
    (B) they
    (C) them
    (D) theirs

12. Because of unexpected competition, the store still had an ------- of one hundred televisions left in stock.

    (A) excessive
    (B) excess
    (C) exceedingly
    (D) exceeding

13. Despite being the largest ------- of textiles in the country, Grenadine's Fabrics has seen a steady decline in profits.

    (A) productive
    (B) producing
    (C) production
    (D) producer

14. The new recliner design is focused on ------- and overall size.

    (A) comfort
    (B) comfortable
    (C) comfortably
    (D) comforted

15. For the move, all office ------- will be loaded into the trucks on Rosehill Street.

    (A) equips
    (B) equipping
    (C) equipped
    (D) equipment

16. We can meet anytime that is convenient for you since my schedule is more flexible than -------.

    (A) you
    (B) yourself
    (C) your
    (D) yours

PART 5

1. All coupons for Zack's, including -------
   issued online, will expire on December 31.

   (A) this
   (B) these
   (C) them
   (D) those

2. This document lists ------- step for
   creation of a new customer account.

   (A) many
   (B) all
   (C) each
   (D) those

3. ------- Online business, large or small,
   needs to have a secure checkout page.

   (A) Every
   (B) Other
   (C) Once
   (D) A few

4. The Fish Company has a ------- impact on
   the local economy.

   (A) consideration
   (B) considerable
   (C) considerably
   (D) considering

5. Keller's Medical Supplies has an -------
   relationship with most hospitals in Boston.

   (A) excel
   (B) excellent
   (C) excelled
   (D) excelling

6. To reduce ------- spending, we're asking
   everyone to request approval before any
   large purchases.

   (A) excessive
   (B) excessively
   (C) excess
   (D) excesses

7. The forklift drivers ------- moved the large
   boxes from the high shelf to the floor.

   (A) safe
   (B) safety
   (C) safely
   (D) safeness

8. By using the bank's smartphone
   application, customers can ------- check
   their account balances.

   (A) easy
   (B) easiest
   (C) easily
   (D) easier

9. Since graduating from university, Mr. Shaw has ------- pursued a career in the film industry.

(A) action
(B) actively
(C) active
(D) act

10. The improvements to the Web site were ------- made by the director of the IT Department.

(A) personal
(B) personals
(C) personality
(D) personally

11. Stimson Automotive is ------- changing the sales commission plan for its full-time employees.

(A) completely
(B) completeness
(C) complete
(D) completed

12. The number of participating businesses has increased ------- since last year.

(A) signify
(B) significant
(C) significantly
(D) significance

13. While other talks at the journalism conference were ------- brief, the keynote speech lasted two hours.

(A) comparison
(B) comparing
(C) comparatively
(D) compare

14. Heath Catering claims that their revised menus are ------- than the previous menus.

(A) healthy
(B) healthily
(C) healthier
(D) healthiest

15. The holiday party is several weeks away, but the receptionist ------- the office yesterday.

(A) decorate
(B) decorated
(C) to decorate
(D) have decorated

16. Darren Wilson, the head of the security team, ------- our emergency procedures next Wednesday.

(A) reviewed
(B) reviewing
(C) has reviewed
(D) will review

1. Frieda Studios ------- several popular collections for the luxury fashion market over the past five years.

   (A) creates
   (B) created
   (C) has created
   (D) will create

2. A retirement party will be held next week for Mr. Schmidt, who ------- for Melon Technologies for over 30 years.

   (A) works
   (B) was worked
   (C) have worked
   (D) has been working

3. Before he ------- the workshop, the manager is going to summarize the aim of each session.

   (A) starts
   (B) start
   (C) will start
   (D) is starting

4. The choice of the Best Employee Award winner ------- on performance and attitude.

   (A) based
   (B) bases
   (C) basing
   (D) is based

5. Members ------- a complimentary cup of coffee or tea with their meal in the cafe.

   (A) will be offered
   (B) has offered
   (C) are offering
   (D) offered

6. Mr. Arnold is in the process of ------- new customer data into the computer system.

   (A) enter
   (B) enters
   (C) entered
   (D) entering

7. By next year, Joyce Watters aims ------- at least 20 more part-time employees.

   (A) to recruit
   (B) recruited
   (C) recruiting
   (D) have recruited

8. All kitchen staff are reminded ------- their hands regularly while working.

   (A) wash
   (B) having washed
   (C) to wash
   (D) washing

9. ------- damage from last week's severe storm, Rainbow Coffee Shop will be closed for the next two weeks.

(A) Those
(B) Due to
(C) If only
(D) While

10. The factory inspector examined each of the ------- items carefully.

(A) manufacture
(B) manufacturing
(C) manufactured
(D) manufactures

11. The ------- partner should provide help such as administrative support when needed.

(A) cooperates
(B) cooperate
(C) cooperating
(D) cooperatively

12. Once the transaction is complete, the person who requested the transfer will receive a message ------- the deposit.

(A) confirming
(B) confirms
(C) confirmed
(D) confirmation

13. Anyone ------- in contributing articles is invited to contact the editor.

(A) interest
(B) interesting
(C) interested
(D) to interest

14. Please specify ------- you would prefer a physical copy or an electronic version of your receipt.

(A) even
(B) whether
(C) although
(D) including

15. Individuals ------- plan to travel abroad must make sure their passports are valid for the duration of their trip.

(A) how
(B) whose
(C) whom
(D) who

16. Please enter the building through the north door, ------- is located on Sacramento Street.

(A) who
(B) what
(C) where
(D) which

# 빈출 패턴 마무리 TEST

다음은 앞에서 배운 〈대표 기출 유형〉 문제들 중 20개를 선별한 것이다. 빈칸 앞뒤만 보고 빠르게 정답을 맞혀 보자.

**패턴 01** With the ------- of its airport
(A) complete     (B) completion

**패턴 04** for ------- at all times.
(A) inspect     (B) inspection

**패턴 06** all ------- regulations
(A) safe     (B) safety

**패턴 08** for ------- stay
(A) you     (B) your

**패턴 10** ------- who take a vacation
(A) These     (B) Those

**패턴 12** ------- bouquet
(A) Every     (B) All

**패턴 13** an ------- assessment.
(A) objection     (B) objective

**패턴 15** is ------- adjusted
(A) easy     (B) easily

**패턴 17** with ------- fast processing.
(A) remark     (B) remarkably

**패턴 18** their spending ------- than before.
(A) closely     (B) more closely

**패턴 19** Mr. Han ------- ~ last Friday.
(A) invites     (B) invited

**패턴 21** ------- ~ over the past six months.
(A) will assist     (B) has assisted

**패턴 22** before she ------- the request.
(A) approves     (B) will approve

**패턴 23** This tablet ------- with the needs
(A) has created     (B) was created

**패턴 24** for ------- a safe work environment.
(A) maintain     (B) maintaining

**패턴 25** aims ------- sales by 15 percent.
(A) increasing     (B) to increase

**패턴 26** ------- teaching finance, Mr. Liu ~
(A) Besides     (B) Additionally

**패턴 27** perform ------- maintenance.
(A) required     (B) requiring

**패턴 28** The spreadsheet ------- data on sales
(A) contained     (B) containing

**패턴 30** patrons ------- fail to return
(A) who     (B) which

# CHAPTER 03

# 어휘 문제

**expertise** 전문 지식, 전문성
a wealth of **expertise** 풍부한 전문 지식
관련어 **expert** 전문가; 전문적인, 전문가의

**investor** 투자자
attract private **investors** 개인 투자자를 모으다
potential[prospective] **investor** 잠재적 투자자
관련어 **invest** 투자하다; (시간을) 쓰다

**charge** 요금; 책임, 담당
free of **charge** 무료로
the person in **charge** of the contract 계약 담당자

**recipient** 수령인, 받는 사람
the recipient of an award 수상자
관련어 **receive** 받다

**turnover** 이직률; 매출액
a high **turnover** of staff 높은 직원 이직률
an annual **turnover** of $90 million 9천만 달러의 연간 매출액

**alignment** 정렬, 가지런함
be out of **alignment** (정렬 등이) 어긋나다
관련어 **align** 가지런히 하다

**recommendation** 추천(서); 권고
a letter of **recommendation** 추천서
on the board's **recommendation** 이사회의 권고로
관련어 **recommend** 추천하다; 권고하다

**delegation** 위임; 대표단
**delegation** of tasks 업무 위임
a member of a **delegation** 대표단의 일원
관련어 **delegate** (일, 임무 등을) 위임하다

**delay** 지연, 지체
cause a **delay** in shipment 배송 지연을 야기하다
apologize for a schedule **delay** 일정 지연을 사과하다

**certification** 증명(서)
renew **certification** yearly 증명서를 매년 갱신하다
관련어 **certify** 증명하다

**estimate** 견적(서); 추정(치)
examine the **estimate** 견적서를 검토하다
a rough **estimate** 대략적인 추정치
관련어 **estimated** 견적의; 추측의

**confidence** 신뢰; 자신감; 비밀
have complete **confidence** 대단히 신뢰하다
in strict **confidence** 극비로

**capacity** 용량, 수용력; 능력; 지위, 역할
the **capacity** of the stadium 경기장 수용 인원
operate at full **capacity** 최대치로 가동하다
in one's **capacity** as chairman of the council
의회의 의장 자격으로

**policy** 정책, 방침
flexible work **policy** 유연한 근무 정책

**benefit** 혜택, 이득
employee **benefits** plan 직원 복지 제도
provide mutual **benefit** 상호 이익을 제공하다

**clientele** 고객
attract a young **clientele** 젊은 고객을 끌어들이다
관련어 **customer** 고객

**occasion** 때, 경우; 행사
for any **occasion** 어떤 경우에도
a memorable **occasion** 기억에 남을 만한 행사
관련어 **occasionally** 가끔, 때때로

**convenience** 편의, 편리; 편의 시설
the **convenience** of our customers 고객들의 편의
at your earliest **convenience** 가급적 빨리

**revision** 수정 (사항), 검토, 변경
make a **revision** 수정하다
undergo a major **revision** 대폭 수정을 감행하다
관련어 **revise** 수정하다, 변경하다

**recognition** 인식; 인정
build brand **recognition** 브랜드 인지도를 쌓다
receive official **recognition** 공식적으로 인정받다
관련어 **recognize** 알아보다, 인식하다; 인정하다

**supplier** 공급자, 공급업체
a leading **supplier** of office equipment 사무기기의 주요 공급업체
[관련어] supply 공급하다; 공급 supplies (항상 복수형) 비품 medical supplies 의료용품들

**destination** 목적지
a tourist **destination** 관광지
a popular holiday **destination** 인기 있는 휴가지

**location** 지점; 장소, 위치
open a second **location** 두 번째 지점을 열다
an appropriate choice of **location** 적절한 장소 선정
[관련어] locate 위치시키다, (특정 위치에) 두다; (위치를) 알아내다

**inventory** 물품 목록; 재고(품)
make an **inventory** of all merchandise 모든 물품을 목록으로 만들다
take **inventory** 재고 조사를 하다
**inventory** management[control] 재고 관리

**demand** 수요, 요구
the **demand** for a product 상품의 수요
increased[growing] **demand** 증가된[늘어난] 수요

**estimate** 견적(서); 추정(치)
submit an **estimate** for the work 그 작업의 견적서를 제출하다
a rough **estimate** 대략적인 추정치
[관련어] estimated 견적의; 추측의
estimated production costs 예상 생산비

**confirmation** 확인
a booking **confirmation** e-mail 예약 확인 이메일
a written **confirmation** 서면 확인서
[관련어] confirm 확인하다, 확정하다

**maintenance** (건물, 기계 등의) 유지
regular[routine] **maintenance** 정기 유지 보수
**maintenance** expenses 유지비
[관련어] maintain (관계, 상태, 수준 등을) 유지하다

**experience** 경험
relevant[related] work **experience** 관련 경험
previous work **experience** 이전 업무 경험
have extensive **experience** in fashion industry
패션업계에서 폭넓은 경험이 있다

**completion** 완료, 완성
an expected **completion** date 예정 완료일
announce successful **completion** of the project
그 프로젝트의 성공적인 완료를 알리다
[관련어] complete 완료하다; (서식을) 빠짐없이 작성하다; 완전한

**selection** 선발, 선택(된 것들)
a wide **selection** of facilities 다양한 시설
sample a **selection** of Branson Vineyard's wines
Branson Vineyard의 와인을 시음해 보다
[관련어] select 선발하다, 선택하다

**range** 범위; 다양성(= variety)
cover a limited **range** 한정된 범위를 다루다
offer a wide **range** of vehicles 다양한 종류의 차량을 제공하다

---

정답 및 해설 p.42

**연습문제**

1. Laird Plastics is the country's largest plastic manufacturer with 15 ------- nationwide.

   (A) locations       (B) regions

2. During the interview, each candidate was asked to describe their previous work -------.

   (A) guidance       (B) experience

3. One ------- of working at Tate Publishing is being able to take unlimited time off.

   (A) benefit       (B) improvement

4. Tonya Coats has become the leading ------- of medical uniforms and equipment in less than a year.

   (A) feature       (B) supplier

# UNIT 02 형용사 빈출 어휘

**prior** 사전의; 우선하는
**prior** approval 사전 승인
a **prior** claim 우선권, 우선청구권
관련어 priority 우선 사항; 우선권
prioritize 우선순위를 매기다

**significant** 상당한; 의미 있는, 중요한
experience **significant** growth 상당한 성장을 경험하다
statistically **significant** 통계적으로 유의미한
관련어 significantly 상당히; 의미 있게, 중요하게

**frequent** 잦은, 빈번한
a **frequent** customer[visitor] 단골손님
관련어 frequency 빈도

**extensive** 광범위한; 대규모의
have **extensive** experience 많은 경험이 있다
cause **extensive** damage 대규모 손실을 야기하다
관련어 extend 연장하다; (사업, 세력 등을) 확대하다

**utmost** 최고의, 최대한
make **utmost** efforts 최대한 노력하다

**individual** 개개의, 별개의
speak with **individual** attendees 참가자 개개인과 대화를 나누다

**incremental** 점차 증가하는
**incremental** improvements 점진적인 향상
관련어 incrementally 점차적으로

**supplemental** 추가의
**supplemental** documentation 추가 서류
관련어 extra 추가의

**eligible** 적격의, 적임의
be **eligible** for a promotion 승진할 자격이 되다
**eligible** items (할인 등의) 대상이 되는 품목

**prestigious** 명성 있는, 권위 있는
a highly **prestigious** award 매우 권위 있는 상
관련어 prestige 위신, 명망

**substantial** 상당한
a **substantial** amount of money 상당한 액수의 돈
관련어 substance 물질; 본질, 핵심

**attentive** 주의를 기울이는; 배려하는, 신경 쓰는
friendly and **attentive** staff 친절하고 세심한 직원들
be **attentive** to customers' needs 고객 니즈에 신경 쓰다
관련어 attend 참석하다; (to) ~을 처리하다, 시중들다
attention 주의, 주목; 관심, 배려

**sizeable** 꽤 큰
a **sizeable** income 꽤 많은 수입

**current** 현재의, 지금의
**current** prices 현재 물가
the most **current** findings 가장 최근의 조사 결과

**massive** 엄청나게 많은[큰]; 거대한
undergo **massive** changes 엄청난 변화를 경험하다

**objective** 객관적인; 목적
provide **objective** information 객관적 정보를 제공하다
관련어 object 물체

**optimistic** 낙관적인, 낙관하는
be cautiously **optimistic** 조심스럽게 낙관하다

**exceptional** (이례적으로) 뛰어난; 예외적인
an **exceptional** work of art 뛰어난 예술 작품
in **exceptional** circumstances 예외적인 상황에서
관련어 exception 이례, 예외

**joint** 공동의, 합동의
a **joint** effort 공동의 노력
finish in **joint** first place 공동 1위를 하다

**dependable** 믿을 만한
a **dependable** assistant 믿을 만한 보조

**valid** 유효한
a **valid** license 유효한 면허[자격]증

**additional** 추가의
at no **additional** charge 추가 요금 없이
work **additional** hours 초과 근무를 하다

**mandatory** 의무적인
include a **mandatory** clause 필수 조항을 포함하다
a **mandatory** training course 필수 교육 과정

**favorable** 호의적인; 유리한
write a **favorable** review 호의적인 후기를 남기다
**favorable** terms 유리한 조건
관련어 favor 호의, 친절

**reassuring** 안심시키는, 걱정을 없애는
a **reassuring** result 안심되는 결과
**reassuring** developments 고무적인 진전
관련어 reassure 안심시키다

**upcoming** 다가오는, 곧 있을
an **upcoming** merger 곧 있을 합병
an **upcoming** conference 곧 있을 콘퍼런스

**superior** 우수한, 우월한
**superior** analytical skills 우수한 분석 능력
**superior** reputations 우수한 평판
관련어 super 최고의, 대단한; 특히, 매우

**accurate** 정확한, 정밀한
fairly **accurate** information 꽤 정확한 정보
**accurate** and timely advice 정확하고 시기적절한 충고
관련어 accuracy 정확성, 정확도
measure with accuracy 정확히 재다

**brief** (시간이) 짧은; 간단한
a **brief** time 짧은 시간
make a **brief** visit 잠깐 방문하다

**constructive** 건설적인
a **constructive** discussion 건설적인 토론
play a **constructive** role 건설적인 역할을 하다
관련어 construct 건설하다

**attractive** 매력적인, 멋진
at **attractive** prices 적당한 가격으로
be **attractive** to the public 대중에게 매력적이다
관련어 attract 마음을 끌다, 끌어들이다

**joint** 공동의, 합동의
a **joint** account 공동 계좌
establish a **joint** venture 합작 회사를 설립하다

**economical** 경제적인, 실속 있는, 알뜰한
**economical** solutions 경제적인(돈이 적게 드는) 해결책
be **economical** in time 시간적으로 실속 있다
관련어 economic 경제의

**comfortable** 편안한, 쾌적한
a **comfortable** work environment 편안한 근무 환경
make **customers** comfortable 고객들을 편안하게 하다
관련어 comfort 안락, 편안; 위안

**previous** 이전의
the **previous** quarter 이전 분기
a chief technician with **previous** experience
경력이 있는 수석 기술자

**tentative** 잠정적인
a **tentative** schedule 잠정적인 일정
reach a **tentative** conclusion 잠정적인 결론에 이르다

**numerous** 많은
**numerous** positive comments 많은 긍정적인 평
**numerous** complaints 많은 불만

---

**연습문제**

정답 및 해설 p.42

1. ------- accommodation expenses incurred during a business trip should be reimbursed.

   (A) Eligible          (B) Prominent

2. Aunt Patty's Restaurant will hire ------- workers if demand for its services continues to grow.

   (A) approximate          (B) additional

3. New recruits must take a ------- training program before being assigned their duties.

   (A) mandatory          (B) determined

4. After a ------- review by the famous food critic, profits rose 30% at the restaurant.

   (A) growing          (B) favorable

**currently** 현재, 지금
**currently** under construction  현재 공사 중인
관련어 current  현재의, 지금의

**directly** 직접, 바로
be **directly** affected by related policies  관련 정책
들에 직접 영향을 받다
관련어 direct  직접적인; 직행의

**newly** 최근에, 새로
a **newly** hired employee  새로 채용된 직원

**primarily** 주로
be aimed **primarily** at young consumers
주로 젊은 소비자를 겨냥하다
관련어 primary  주요한

**sincerely** 진심으로
**sincerely** hope it will succeed  그것이 성공하기를 진심
으로 바라다
관련어 sincere  진실된, 진심 어린

**temporarily** 일시적으로, 임시로
**temporarily** out of stock  일시적으로 품절된
관련어 temporary  일시적인, 임시의

**unexpectedly** 예기치 않게, 뜻밖에
be **unexpectedly** successful  뜻밖에 성공을 거두다
관련어 unexpected  예상 밖의, 뜻밖의

**thoroughly** 완전히, 철저히
clean up spills **thoroughly**  쏟은 것을 제대로 닦다
**thoroughly** confused  몹시 혼란스러운
관련어 completely  완전히, 전적으로

**highly** 매우, 많이
a **highly** profitable business  매우 수익성 있는 사업
be **highly** regarded by fellow workers  동료 직원들
에게 매우 인정받다

**initially** 처음에
be used as a theater **initially**  처음에는 극장으로 사용되다
관련어 initial  처음의, 초기의

**accidentally** 우연히, 뜻하지 않게; 실수로
prevent the door from opening **accidentally**
문이 저절로 열리는 걸 방지하다
**accidentally** delete the file  그 파일을 실수로 지우다
관련어 accidental  우연한, 돌발적인

**comfortably** 수월하게, 무리 없이; 편안[편리]하게
win **comfortably**  손쉽게 이기다
be **comfortably** furnished  (가구 등이) 편리하게 비치되
어 있다
관련어 comfortable  편안한, 쾌적한

**noticeably** 두드러지게
**noticeably** higher than the last quarter
지난 분기보다 눈에 띄게 높은
관련어 notice  알아채다, 인지하다, 주목하다

**immediately** 즉시, 즉각
**immediately** after a meeting  회의 직후에
관련어 immediate  즉각적인

**unanimously** 만장일치로
**unanimously** agree  만장일치로 동의하다
관련어 unanimous  만장일치의

**considerably** 상당히
drop **considerably** in value  가치가 현저히 떨어지다
관련어 considerable  (크기, 양, 정도가) 상당한

**recently** 최근에
a **recently** launched novel  최근에 출간된 소설
관련어 recent  최근의

**soon** 곧, 머지않아
be expected to **soon** gain worldwide fame
곧 세계적인 명성을 얻을 것으로 예상되다

**far** 훨씬, 대단히; 멀리
fall **far** behind the competition  경쟁에서 한참 뒤처지다

**alike** 비슷하게; 둘 다, 똑같이
try to treat all customers **alike**  모든 손님을 동등하게
대하려고 노력하다

**carefully** 주의 깊게, 신중히
review all details **carefully** 모든 세부 사항을 주의 깊게 살펴보다
complete the form **carefully** 그 양식을 신중하게 작성하다

**previously** 이전에, 앞서
as mentioned **previously** 이전에 언급한 바와 같이
**previously** unavailable to the public
예전에는 대중이 이용할 수 없던
관련어 previous 이전의

**diligently** 부지런히, 애써
work **diligently** 부지런히 일하다
**diligently** complete the task 그 업무를 부지런히 완료하다

**significantly** 상당히; 의미 있게, 중요하게
at a **significantly** lower price 훨씬 더 낮은 가격에
**significantly** increase productivity 생산성을 상당히 증가시키다
관련어 significant 상당한; 중요한

**properly** 제대로, 적절히, 올바로
work **properly** 일을 제대로 하다
be installed **properly** 제대로 설치되다
관련어 proper 적절한, 올바른

**completely** 완전히, 전적으로(= totally)
be **completely**[fully] booked 예약이 꽉 차다
fill out the form **completely** 양식을 빠진 데 없이 작성하다

**promptly** 지체 없이(= immediately); 정확히, 제시간에(= on time)
**promptly** respond to customer inquiries
고객 문의에 즉각 답변하다
arrive **promptly** at three o'clock 정확히 3시에 도착하다
관련어 prompt 즉각적인

**cautiously** 조심스럽게, 신중하게
drive **cautiously** 조심해서 운전하다
be **cautiously** optimistic 조심스럽게 낙관하다
관련어 cautious 조심스러운, 신중한

**fondly** 애정을 담아서
be **fondly** remembered as a wonderful leader
훌륭한 리더로 좋게 기억되다
speak **fondly** of former CEO Thomas Turner
전 최고 경영자 Thomas Turner에 대해 매우 좋게 이야기하다

**definitely** 분명히, 확실히
**definitely** be worth the price 분명히 그만한 값어치가 있다
**definitely** the most outstanding person 확실히 가장 뛰어난 사람
관련어 definite 분명한, 확실한

**occasionally** 가끔
**occasionally** use public transportation 가끔가다 대중교통을 이용하다
**occasionally** reported complaints 가끔 보고되는 불만 사항들

**finally** 마침내
**finally** signed the contract 마침내 계약서에 서명했다
was **finally** restored 마침내 복구되었다

**clearly** 분명히
is **clearly** visible 분명하게 보인다
is **clearly** marked 선명하게 표시되어 있다

---

**연습문제**

정답 및 해설 p.42

1. Review the attached images ------- before posting them on the company's Web site.

   (A) subjectively    (B) carefully

2. An upgrade in equipment would ------- increase the convenience of our office staff.

   (A) significantly    (B) formally

3. All train tickets are ------- booked because of the national holiday this weekend.

   (A) basically    (B) completely

4. We promise that all customer inquiries will be answered -------.

   (A) promptly    (B) finally

**ensure** 보장하다, 확실히 하다
a design to **ensure** safety 안전을 보장하는 디자인
**ensure** the quality of the new product 신제품의
품질을 보장하다

**compensate** 보상하다
be **compensated** for any damage 어떤 피해도 보상
받다

**launch** 출시하다; (새로운 일을) 시작하다, 착수하다
**launch** the new model in June 6월에 새 모델을 출시하다
a newly **launched** engineering firm 최근에 출범된
엔지니어링 회사

**guarantee** 보장하다, 보증하다
**guarantee** an objective assessment
객관적인 결과를 보장하다

**inquire** 문의하다
**inquire** about the current interest rates
현재 금리에 대해 문의하다

**request** 요구하다, 신청하다
**request** some information from the institute
기관에 정보를 요청하다
officially **request** an interview
공식적으로 인터뷰를 요청하다

**announce** 발표하다, 알리다
**announce** an increase in prices 가격 인상을 알리다

**feature** 특징으로 하다, 특별히 선보이다
**feature** paintings by young artists 젊은 예술가들이
그린 그림을 특별히 선보이다

**note** 주목하다; 언급하다
Please **note** we will be closed on Monday.
우리는 월요일에 문을 열지 않는다는 점을 주의해 주십시오.
as **noted** earlier 전에 언급한 바와 같이
관련어 **notice** 알아채다, 인지하다, 주목하다

**invite** 초대하다; (정식으로) 요청하다
**invite** guests 손님을 초대하다
be **invited** to participate in the charity event
자선 행사에 참여하라고 요청받다

**afford** (금전적, 시간적으로) 여유가 있다
cannot **afford** to buy new vehicles
새 차량을 살 형편이 안 되다
관련어 **affordable** (가격 등이) 알맞은

**anticipate** 예상하다; 기대하다, 고대하다
**anticipated** arrival time 예상 도착 시간
**anticipate** pay increases 급여 인상을 기대하다

**establish** 설립하다, 수립하다; (제도 등을) 확립하다
**establish** a company 회사를 설립하다
**establish** a refund policy 반품 정책을 확립하다

**recognize** 알아보다, 인식하다; 인정하다
**recognize** the difference 차이를 인식하다
be **recognized** for his latest work 그의 최근 업무로
인정받다

**obtain** 얻다, 획득하다
**obtain** free quotes 무료 견적을 받다
**obtain** information about a campaign
캠페인에 관한 정보를 얻다

**boost** 신장시키다, 북돋우다
**boost** productivity 생산성을 증대시키다
**boost** sales in Europe 유럽에서 매출을 향상시키다

**submit** 제출하다; 받아들이다, 따르다 (to)
**submit** an application 지원서를 제출하다
**submit to** a superior 상사의 지시에 따르다
관련어 **submission** 제출물

**admit** 인정하다; 입장[가입]을 허락하다
**admit** to a mistake 실수를 인정하다
관련어 **admission** 입장 허가; 입장료
receive an admission pass 입장권을 받다

**permit** 허용하다, 허락하다
**permit** access to the laboratory 실험실 출입을 허용하다
only be **permitted** in a designated area
지정된 장소에서만 허락되다
관련어 **permission** 허가
seek permission 허가를 구하다

**assign** 맡기다, 배정하다
**assign** a key role 중요한 역할을 맡기다
be **assigned** to a task 업무를 배정받다
관련어 reassign 다시 맡기다
be reassigned to a new position
새로운 직책으로 다시 배정받다

**implement** 시행하다, 실시하다
**implement** decisions/recommendations
결정/권고를 시행하다
**implement** a recycling program
재활용 프로그램을 실시하다
관련어 carry out ~을 수행[실행]하다

**demonstrate** 보여 주다; 입증하다
**demonstrate** how to use the software
소프트웨어 사용법을 보여 주다
**demonstrate** their commitment to society
그들이 사회에 헌신하는 모습을 보이다

**separate** 구별하다, 분리하다
be **separated** from the land by a tall fence
높은 울타리로 그 땅과 분리되다
관련어 separately 별도로

**prompt** 촉발하다
**prompt** the mayor's resignation 그 시장의 사임을
촉발하다
관련어 promptly 지체 없이; 정확히 제시간에

**cultivate** (작물을) 재배하다; (관계를) 구축하다, 쌓다
**cultivate** mainly wheat 주로 밀을 재배하다
**cultivate** good relations with competitors
경쟁사들과 좋은 관계를 구축하다

**withdraw** (돈을) 인출하다; 물러나다, 철회하다
**withdraw** money 돈을 인출하다
**withdraw** an offer 제안을 철회하다

**waive** (권리, 요구 등을) 포기하다
**waive** registration fee 등록비를 면제해 주다
관련어 waiver (권리 등의) 포기; 포기 서류

**verify** 확인하다, 입증하다
**verify** that the items are in stock 그 제품들이 재고가
있는 걸 확인하다
**verify** the contract's validity 계약서의 유효성을 확인하다

**top** 1위를 하다; (양, 기록 등이) 더 높다; ~을 얹다
**top** the charts for a month 한 달간 차트 1위를 하다
**top** the previous record 예전 기록보다 더 높다
a cake **topped** with fresh fruits 신선한 과일들을 얹은
케이크

**coincide with** ~와 일치하다, ~와 동시에 일어나다
**coincide** in opinion with the agency 그 에이전시와
의견이 일치하다
**coincide** with the conference 그 회담과 같은 시기에
하다

**take down** ~을 치우다; ~을 적다
**take down** an art piece from a wall
벽에 걸린 미술품을 떼다
**take down** the minutes 회의록을 작성하다

**reschedule** 일정을 변경하다
**reschedule** an appointment 약속 일정을 다시 잡다
**reschedule** his interview for next week
그의 면접을 다음 주로 다시 잡다
be **rescheduled** for Thursday morning
목요일 아침으로 일정이 변경되다

## 연습문제

정답 및 해설 p.42

**1.** Employees can ------- replacement keys from security in the event they are lost.

(A) select      (B) obtain

**2.** Ms. Sweeney ------- additional photos of the building site the company is planning to purchase.

(A) informed      (B) requested

**3.** At the community event, each volunteer will be ------- a different food stall.

(A) assigned      (B) confronted

**4.** Salespeople must ------- how their products work and answer questions with confidence.

(A) fulfill      (B) demonstrate

# 실전 TEST (어휘 문제)

1. For the ------- of our guests, the Corvin Hotel offers early check-in and a waiting lounge with refreshments.

   (A) balance
   (B) purpose
   (C) convenience
   (D) consideration

2. Next month, investors will have the opportunity to sample a ------- of our newest protein shakes.

   (A) nutrition
   (B) referral
   (C) selection
   (D) platform

3. Jerico Detailing doubled the size of its production to meet increased -------.

   (A) demand
   (B) shipping
   (C) awareness
   (D) costs

4. The Apple Hill town committee announced plans to perform routine ------- at Kirsch Library next week.

   (A) management
   (B) alliance
   (C) maintenance
   (D) alignment

5. Mr. Payton's ------- editing skills will be a huge asset in his career.

   (A) superficial
   (B) nominal
   (C) external
   (D) superior

6. In order to predict the profitability of a company, its financial projection should be as ------- as possible.

   (A) lengthy
   (B) incidental
   (C) accurate
   (D) efficient

7. The company paid a ------- amount in royalties to the author.

   (A) substantial
   (B) costly
   (C) reputable
   (D) known

8. Employees' initial fears were calmed after a ------- announcement by Human Resources.

   (A) comparable
   (B) lucrative
   (C) reassuring
   (D) fortunate

**9.** Mr. Roberts assured the team that the new software update would run smoothly if everyone ------- follows the installation directions.

(A) randomly
(B) hastily
(C) properly
(D) frequently

**10.** The Leicester Art Show only accepts works from artists that have not ------- been shown.

(A) previously
(B) lastly
(C) rapidly
(D) shortly

**11.** The database is ------- unavailable due to the routine maintenance of the system.

(A) temporarily
(B) perfectly
(C) evenly
(D) securely

**12.** Bethany Interior Design was ------- recommended by several people to carry out the renovations in the hotel.

(A) highly
(B) indefinitely
(C) patiently
(D) vibrantly

**13.** To ------- quality service, all product consultations are by appointment only.

(A) warrant
(B) confirm
(C) ensure
(D) justify

**14.** At Morgan Financial, we are proud to be ------- as a trusted member of Logan County's Account Council.

(A) recognized
(B) suited
(C) allotted
(D) achieved

**15.** All staff members are ------- to Mr. Vogel's retirement party next week.

(A) celebrated
(B) promised
(C) invited
(D) considered

**16.** Mr. Diaz noted that it is important to ------- safety policies regarding the use of company vehicles.

(A) multiply
(B) delegate
(C) estimate
(D) establish

PART 5

1. The ------- will resume work on the Queen Park area once the weather improves.

   (A) develops
   (B) developers
   (C) development
   (D) developed

2. A decrease in profits has ------- Liang Industries to increase its marketing budget.

   (A) licensed
   (B) restocked
   (C) prompted
   (D) outlined

3. The meeting will begin as soon as the management consultant -------.

   (A) will arrive
   (B) arrives
   (C) arriving
   (D) has arrived

4. Until Ms. Flynn gets back from Canberra, Mr. Lewis will ------- the equipment requests.

   (A) handle
   (B) acquire
   (C) attract
   (D) invite

5. Payments made after 3:00 p.m. will be processed on the ------- business day.

   (A) following
   (B) followed
   (C) follows
   (D) follow

6. Connecticut Water Treatment hires engineers ------- have superior analytical skills.

   (A) even
   (B) what
   (C) which
   (D) who

7. If the dry cleaning company makes a delivery within the Philadelphia city limits, there is no extra -------.

   (A) pressure
   (B) provider
   (C) charge
   (D) area

8. There doesn't seem to be any arguments against ------- the company policy to include three extra sick days.

   (A) change
   (B) changing
   (C) changed
   (D) to change

9. The museum cannot be opened to the public until structural ------- are repaired.

(A) definitions
(B) defects
(C) communications
(D) uncertainties

10. ------- lighter than predicted, snow caused traffic delays all throughout rush hour.

(A) Although
(B) However
(C) Unless
(D) Apart from

11. ------- who wish to attend the retirement dinner for Ms. Carmona should contact Mr. Taylor.

(A) Whoever
(B) Few
(C) Those
(D) Neither

12. The mayor thanked volunteers for their ------- coordinated effort to clean up the city's parks after the storm.

(A) factual
(B) massive
(C) objective
(D) original

13. Ferise Industrial settled a dispute with its main competitor ------- patent infringement last week.

(A) toward
(B) following
(C) alongside
(D) concerning

14. All ------- confidential files are collected and shredded in a room upstairs.

(A) discard
(B) discarding
(C) discarded
(D) discards

15. Riddell Dairy Farm supplies milk ------- to local restaurants, keeping costs low.

(A) directly
(B) neatly
(C) hardly
(D) unusually

16. The seminar will be rescheduled because the presenters indicated that ------- had a time conflict.

(A) they
(B) their
(C) them
(D) themselves

PART 5

**17.** The sales department will be ------- moved to the fifth floor while the fourth floor is being renovated.

(A) faintly
(B) temporarily
(C) sincerely
(D) competitively

**18.** Wonder Studios offers tips for amateur photographers ------- those with experience.

(A) so that
(B) in case
(C) for example
(D) as well as

**19.** Last year, above-average temperatures and below-average rainfall caused fields to yield ------- less wheat overall.

(A) sharp
(B) sharpen
(C) sharply
(D) sharpened

**20.** The floor manager keeps ------- running smoothly at the factory.

(A) operate
(B) operated
(C) operations
(D) operative

**21.** Before the new software was installed, employees spent a ------- amount of time updating customer accounts.

(A) consecutive
(B) direct
(C) substantial
(D) visible

**22.** Pete's Paninis regularly changes its menu ------- diners interested in its offerings.

(A) keep
(B) keeps
(C) to keep
(D) kept

**23.** A job applicant with ------- experience in management will have a good chance of being hired.

(A) straight
(B) extensive
(C) compact
(D) attentive

**24.** Phoenix Corporation is in discussions with several ------- firms regarding its plan to market a new product.

(A) advertise
(B) advertised
(C) advertising
(D) advertisers

25. ------- construction of the Westfield Square has been proceeding slowly, it is still scheduled to open next month.

   (A) Although
   (B) Instead
   (C) Apart from
   (D) Once

26. Clotherly Fashion produces cotton T-shirts that are ------- softer than its competitors.

   (A) hurriedly
   (B) respectively
   (C) noticeably
   (D) closely

27. In the last seven years, rubber output from our Indian plant has ------- increased.

   (A) consistent
   (B) consistently
   (C) consistency
   (D) consists

28. Please call the distribution department if your shipment does not arrive ------- five days.

   (A) among
   (B) into
   (C) within
   (D) about

29. Office manager Charles Yarger ------- requested a meeting with Ms. Arlow, so she had to adjust her schedule.

   (A) commonly
   (B) indefinitely
   (C) nearly
   (D) unexpectedly

30. Please close the application before beginning the ------- of the software update.

   (A) install
   (B) installed
   (C) installation
   (D) installs

RC

# PART

# 6

# 장문 빈칸 채우기

# PART 6 출제 경향 및 전략

## 출제 경향

PART 6은 지문을 독해하는 과정에서 문법, 어휘, 그리고 글의 종합적인 이해력을 함께 평가한다. 지문으로는 이메일, 편지, 기사, 회람, 공지, 안내, 정보, 고객 후기, 웹 페이지 등 비즈니스에서 접하게 되는 다양한 글이 쓰이며, 그중 이메일, 기사, 공지, 메모 등이 자주 출제된다. 총 4개의 지문으로 구성되며, 각 지문당 4개의 빈칸 채우기 문제가 주어진다. 4문제 중 3문제는 주로 문법, 어휘, 접속부사 등을 묻는 문제로 구성되며, 문맥에 맞는 문장 고르기 문제가 항상 한 문제씩 출제된다.

우선 아래의 지문을 앞에서부터 읽어가며 하나씩 문제를 풀어본 후, 유형별 전략을 세워보도록 하자.

## 미리보기

**Questions 131-134** refer to the following memo. 정답 및 해설 p.47

Congratulations on our new safety record at our production facility! No injuries have been reported this quarter. -------, we need to continue to follow all safety rules carefully.
**131.**

For this reason, we are launching a monthly ------- program. It has been designed by Carmen
**132.**
Riley, who has ------- observed our operations, looking for areas of improvement. Through
**133.**
learning about the industry's best practices, you can help to ensure a positive working environment for everyone. -------. Meanwhile, keep up the good work!
**134.**

**131.** (A) Rather
(B) Otherwise
(C) Even if
(D) Nevertheless

**132.** (A) training
(B) voucher
(C) exercise
(D) treatment

**133.** (A) close
(B) closed
(C) closely
(D) closure

**134.** (A) Demand for our products is growing.
(B) We have decided to extend the registration deadline.
(C) The session dates will be announced next week.
(D) Basic first aid kits are available in the main office.

PART 6은 기본적인 독해 능력이 바탕이 되어야 한다. 예시에서 보듯, 131번의 접속부사, 132번의 어휘, 그리고 134번의 문맥에 맞는 문장 고르기, 이 세 가지 유형 모두 글의 전체적인 맥락을 이해해야만 정확하게 답을 고를 수 있다. 따라서 PART 6에서 좋은 점수를 얻으려면 아래에 정리해 놓은 유형별 전략을 토대로 훈련하되, 다양한 글들을 통해 꾸준히 독해 연습을 하고, 동시에 일정 수준의 어휘력을 갖춰 나가는 것이 중요하다.

### 접속부사

접속부사는 항상 문장의 앞에 놓이며, 빈칸이 속한 문장과 바로 앞문장의 논리적 연결 관계(인과, 역접, 예시 등)가 올바른 접속부사를 고르는 기준이 된다. otherwise, nevertheless 등과 같이 한 단어로 된 접속부사뿐만 아니라 in other words와 같이 여러 단어로 이루어진 관용 표현들이 빈번하게 등장한다. 따라서 다음 페이지에 정리해 놓은 빈출 접속부사들의 기본적인 의미와 쓰임을 정확히 익혀 두는 것이 중요하다.

**131.** (A) Rather
    (B) Otherwise
    (C) Even if
    **(D) Nevertheless**

### 어휘

PART 5와 마찬가지로 어휘 문제는 항상 같은 품사의 단어가 선택지로 제시된다. 명사, 형용사, 동사, 부사가 골고루 출제되는 편이며, 빈칸의 앞뒤 단어와 잘 연결되는지를 일차적으로 고려하되 두 개 이상의 어휘가 모두 답이 될 수 있을 경우에는 앞뒤 문맥을 따져 판단해야 한다.

**132.** **(A) training**
    (B) voucher
    (C) exercise
    (D) treatment

### 문법

문법 유형은 품사와 태, 수 일치, 전치사, 접속사 등 PART 5와 마찬가지로 빈칸의 앞뒤만 보고도 정답을 고를 수 있는 경우가 많다. 하지만 시제의 경우에는 일차적으로 빈칸이 속해 있는 문장 안의 시간 부사 또는 주절 및 종속절의 시제 등을 살펴보되, 두 개의 후보가 남았을 경우에는 반드시 앞뒤 문장의 시간적 맥락을 파악하여 결정해야 한다.

**133.** (A) close
    (B) closed
    **(C) closely**
    (D) closure

### 문맥에 맞는 문장 고르기

이 유형의 빈칸은 문단의 시작 부분에 놓일 수도 있고, 중간이나 끝에 놓일 수도 있다. 빈칸이 문단의 중간에 놓일 때는 대개 바로 앞 문장과 얼마나 잘 연결되느냐를 우선적으로 판단한다.
함정으로 쓰인 각 선택지의 키워드들이 대부분 빈칸의 앞뒤 문장에 나온 단어들과 연관성이 있기 때문에 단순히 단어만 보고 답을 골라서는 안 되고 반드시 문맥의 흐름이 자연스러우냐를 판단 기준으로 삼아야 한다.

**134.** (A) Demand for our products is growing.
    (B) We have decided to extend the registration deadline.
    **(C) The session dates will be announced next week.**
    (D) Basic first aid kits are available in the main office.

접속부사

토익에 출제되는 접속부사들은 한정되어 있다. 따라서 아래에 정리해 놓은 단어나 관용표현들만 정확히 익힌다면 접속부사는 어렵지 않게 맞힐 수 있다. 접속부사는 앞뒤에 오는 문장을 매끄럽게 연결하는 가교 역할을 하므로, 항상 앞뒤 문장의 의미 관계를 파악해야 한다.

| We value the feedback of our customers.<br>우리는 고객의 피드백을 소중히 여깁니다. | Therefore,<br>따라서, | we encourage you to let us know how we can improve our Web site.<br>웹사이트에 대한 개선 의견이 있으시다면 기탄없이 말씀해 주세요. |
|---|---|---|
| 이유 | 접속부사 | 결과 |

| 인과, 순서 | 부가 | 요약 |
|---|---|---|
| Accordingly 따라서<br>Consequently 따라서, 그 결과<br>Hence/Therefore/Thus 따라서<br>Then 그러니까, 그렇다면, 그 다음에<br>Now that 이제 ~이므로<br>As a result 결과적으로<br>For this reason 이러한 이유로<br>Subsequently 그 뒤에<br>First of all 우선<br>Eventually 결국(에), 종국에 | Additionally 추가적으로<br>In addition 게다가<br>Also 또한<br>Furthermore 게다가<br>Moreover 더구나<br>Besides 게다가<br>Specifically 구체적으로 말하자면<br>More specifically 더 구체적으로 말하자면 | Briefly/In brief 간단히 말해<br>In conclusion 결론적으로<br>In summary 요약하자면<br>In other words 다시 말해서<br>All in all 대체로 |

| 시간, 빈도 | 대조 | 비교 |
|---|---|---|
| Lately 최근에<br>Recently 최근에<br>Meanwhile 그 동안에, 한편<br>In the meantime 그 동안에<br>Occasionally 간혹<br>Before long 오래지 않아 | But/However 하지만<br>Nevertheless 그럼에도 불구하고<br>Otherwise 그렇지 않으면<br>Rather 오히려<br>Instead 대신<br>With that said 그렇긴 하지만<br>Having said that 그렇긴 하지만<br>In contrast to ~과는 대조적으로 | Likewise 마찬가지로<br>Similarly 마찬가지로, 유사하게<br>Equally 마찬가지로, 동시에 |

| 강조 | 예시 | 기타 관용 표현 |
|---|---|---|
| Indeed 정말, 사실<br>Of course 물론<br>Certainly/Definitely 당연히, 분명<br>After all (예상과는 달리) 결국에는, 어쨌든<br>As a matter of fact 사실상 | For example 예를 들어ㅁ<br>For instance 예를 들어 | In that case 그런 경우에는<br>In any case 어쨌든, 여하튼<br>In light of ~을 고려하여<br>If possible 가능하다면<br>On the other hand 한편, 반면 |

## 1 공지 (notice)

Please note that the first time you choose to exchange tickets for a performance, you will not be charged a fee. -------, any subsequent exchanges will incur a $7 per ticket fee.
**1.**

(A) Additionally      (B) However      (C) In other words      (D) Therefore

## 2 공지 (notice)

On Monday, January 27, the office will be closed to all staff. The electricity in the building is scheduled to be shut off at 9:30 A.M. and turned on again by the end of the day. An emergency lighting system will be installed during the outage. -------, prominent exit signs and a backup generator will be added to meet the recent building codes.
**2.**

(A) More specifically      (B) Likewise      (C) In that case      (D) Lately

## 3 기사 (article)

NEW YORK (July 18)—WM Publishing has confirmed the finalization of its sale to Sumner Media. This move is part of Sumner Media's plan to expand its reach. Employees of WM Publishing will not only keep their jobs, but opportunities for further promotion within the company will also be available. -------, Sumner Media plans to improve the offices of the WM
**3.**
Publishing branches in order to support the staff.

(A) For example      (B) Similarly      (C) Additionally      (D) Consequently

## 4~5 전단지 (flyer)

Dexter Pet Store boasts the largest collection of animal-related merchandise in the region. Since 2002, our business has provided high-quality products and expert advice to keep your pets happy and healthy. After much consideration, we decided that we want to spend more time with our family. -------, we are planning to close at the end of the month. We are holding
**4.**
our final day of business on Saturday, September 30. -------, please don't hesitate to visit the
**5.**
store to take advantage of substantial discounts in all departments.

**4.** (A) As a result
     (B) Fortunately
     (C) Moreover
     (D) Instead

**5.** (A) Besides
     (B) Subsequently
     (C) If possible
     (D) In the meantime

문법으로는 **PART** 5에서 다룬 유형 중 품사, 시제, 태, 수 일치, 대명사, 전치사 등이 자주 나온다. 이중 시제 문제는 품사와 태, 수 일치와 복합적으로 출제되는 경우가 많다. 또한 시제는 빈칸이 들어 있는 문장의 시간 부사구만으로는 해결되지 않고 앞뒤 문맥의 시제를 함께 고려해야 하는 경우가 많으며, 때로는 글이 작성된 날짜를 고려하여 판단해야 하는 경우도 있다(아래의 1번과 5번). 시제뿐만 아니라 어휘와 대명사, 문장 고르기 유형도 예외 없이 전후의 문맥에 근거해서 판단을 내려야 한다.

문장 고르기의 빈칸은 문단의 중간에 위치하는 경우가 가장 많다. 이 경우에는 빈칸 앞에 있는 문장과 잘 연결되느냐를 우선적인 판단 기준으로 삼고, 그 다음으로 빈칸 뒤의 문장을 함께 고려하도록 한다.

**Questions 1-4** refer to the following notice.  정답 및 해설 p.48

---

To:         Lakeland Residents
From:       Lakeland City Council
Subject:    Project Update
Date:       March 4

The Lakeland City Council would like to provide an update on the 2nd Avenue project, as below.

On March 2, a permit ------- for the construction of a new mini shopping center on the 2nd
                         **1.**
Avenue. A recent survey of citizens indicated that there is a need for more retail businesses in

Lakeland. Krefton Contractors has been selected to construct the building. TC Property

Management will ------- renting out the units.
                   **2.**
The building will house more than 30 shops and restaurants. It is supposed to be completed by

next December. Other businesses in the area ------- open during the construction. ------- .
                                             **3.**                                 **4.**
However, the work crews will do their best to minimize disruptions.

---

**1.** (A) grants
    (B) will be granted
    (C) is granted
    (D) was granted

**2.** (A) resume
    (B) handle
    (C) observe
    (D) delay

**3.** (A) will remain
    (B) remained
    (C) remaining
    (D) has remained

**4.** (A) Revenue from tourists may increase
        because of the change.
    (B) Safety regulations have become
        stricter recently.
    (C) Shoppers and workers in the area may
        notice an increase in noise.
    (D) Other projects are being considered to
        promote the area.

To:        All Employees <stafflist@guerrafilbert.com>
From:     Michelle Wynn <m.wynn@guerrafilbert.com>
Date:     March 15
Subject: Business expenses

Dear Employees,

Our company is looking for ways to better monitor expenses. In light of this, a new policy for

receiving reimbursement payments -------- on April 1. From that date, you must get approval for
                                     **5.**

business expenses from the human resources department. --------. We ask that you do so at
                                                          **6.**

least one week in advance, if possible.

For business trips, please think about whether an in-person visit is --------. Employees are
                                                                       **7.**

advised to use video conferencing whenever possible. -------- will help to save both time and
                                                       **8.**

money.

Thank you for your cooperation in this matter.

Sincerely,

Michelle Wynn

**5.**   (A) was implemented
        (B) implementing
        (C) implemented
        (D) will be implemented

**6.**   (A) Please send requests to Katie Lopez
            before the expected purchase.
        (B) The management team reviewed the
            average spending for the year.
        (C) The department is responsible for
            hiring new employees.
        (D) These changes will ensure that
            equipment is working properly.

**7.**   (A) timely
        (B) exceptional
        (C) necessary
        (D) valid

**8.**   (A) We
        (B) Each
        (C) Some
        (D) This

**Questions 1-4** refer to the following e-mail.

To:       All Staff Members <allstaff@qit.com>
From:     Melissa Peck <m.peck@qit.com>
Subject:  Helping Hands
Date:     May 8

Attention Staff Members,

I was recently contacted by the charity organization Helping Hands, and I have some good news to pass on to all of you. It is my pleasure to inform you of an opportunity ------- and help out the local community here in Plattsburgh by working with them. Helping Hands provides services for those who have trouble getting around. -------.

**1.**

**2.**

Specific ------- are assigned only to those who sign up. You will not be paid for your service.

**3.**

-------, the company will grant a half day off work each week for participants. Please contact me for more details.

**4.**

Regards,

Melissa Peck

Director, QIT Human Resources

1. (A) to volunteer
   (B) volunteering
   (C) volunteers
   (D) having volunteered

2. (A) Please renew your driver's license.
   (B) More people are needed to help them run errands.
   (C) The group has drawn national attention.
   (D) Your assistance is greatly appreciated.

3. (A) associations
   (B) tasks
   (C) groceries
   (D) routes

4. (A) Likewise
   (B) Meanwhile
   (C) Moreover
   (D) However

**Questions 5-8** refer to the following e-mail.

To:      Sharon Devi <sdevi@umail.net>
From:   Justin Kumar <jkumar@bluestarair.com>
Date:   March 8
Subject: Compensation for delays

Dear Ms. Devi,

We have received your complaint about Bluestar Air flight 754, which was scheduled to depart at 10:05 P.M. on 1 March. We apologize that the flight ------- . Bluestar Air will compensate you for
                                                                                                    **5.**
your trouble. We will ------- 50% of your original ticket price back into your account. If you are
                          **6.**
able to reply to this e-mail with a copy of a verifiable receipt from the hotel ------- which you
                                                                                  **7.**
were forced to stay because of the flight delay, we will also reimburse you the full price of your

room. ------- .
        **8.**

Thank you for your understanding.

Justin Kumar

Bluestar Air Customer Service

5.   (A) delays
     (B) is delaying
     (C) was delayed
     (D) will be delayed

6.   (A) refund
     (B) allocate
     (C) secure
     (D) discount

7.   (A) at
     (B) within
     (C) besides
     (D) near

8.   (A) We hope you have a great trip.
     (B) Please allow three business days for
         the refund to clear.
     (C) Your complaint has been sent to the
         executives.
     (D) We appreciate your suggestions for
         improvement.

**Questions 9-12** refer to the following article.

BEAUMONT, TX (April 20)—As part of the celebration of our city's history, Centennial Hall ------- **9.** an orchestra concert featuring the work of local composer Emilia Oyola. Tickets go on sale at the box office and online tomorrow. The show is set for June 3 at 7:30 P.M.

While Ms. Oyola will be the conductor, some of the pieces will not be -------. **10.** Two songs written by other local composers are also part of the lineup. -------. **11.**

The concert will mark the first performance of the Beaumont City Orchestra since the concert hall was renovated. ------- **12.** attendees to Centennial Hall will certainly notice a vast improvement in sound quality thanks to sound reflectors added to the ceiling.

9. (A) host
   (B) hosted
   (C) will host
   (D) has hosted

10. (A) hers
    (B) ours
    (C) theirs
    (D) its

11. (A) Ms. Oyola grew up just outside of Beaumont.
    (B) The orchestra is looking for new members.
    (C) Ms. Oyola plays the piano and violin.
    (D) It is these composers' official debut.

12. (A) Authorized
    (B) Sensible
    (C) Preceding
    (D) Regular

**Questions 13-16** refer to the following information.

Thank you for shopping at Gift-Max online store, where you can have unique gifts sent right to your ------- . Please note that members can get ------- gift-wrapping and free delivery. To start
       **13.**                                        **14.**
benefiting from the membership program, simply visit our Web site, click the "Membership" button, and complete the form. ------- . We hope you will continue to use Gift-Max and have the
                                                     **15.**
------- of giving special gifts to your friends and family.
**16.**

13. (A) inquiry
    (B) market
    (C) doorstep
    (D) credit

14. (A) discounts
    (B) discount
    (C) discounting
    (D) discounted

15. (A) Please settle the overdue bill.
    (B) It only takes a few minutes.
    (C) Our employees are highly
        knowledgeable.
    (D) The new product is very popular.

16. (A) enjoy
    (B) enjoyment
    (C) enjoyable
    (D) enjoyed

PART 6

RC

# PART

# 7

# 독해

# PART 7 출제 경향 및 전략

## 지문 구성

PART 7은 총 54문항이며, 지문이 하나인 단일지문과 두 개 또는 세 개의 지문이 엮여 출제되는 다중지문으로 구성된다. 다중지문에는 문제의 단서가 두 지문에 걸쳐 있는 연계 문제가 출제된다. 지문 종류로는 이메일, 편지, 문자 메시지, 온라인 채팅, 기사, 광고, 공지, 웹페이지 등이 주로 출제된다.

| 지문 구성 | 총 문항 수 | 세트 수 | 세트당 문제 수 | 연계 문제 | 문제 유형 특징 |
|---|---|---|---|---|---|
| 단일지문 | 29문항(147~175) | 10세트 | 2~4문제 | 없음 | 모든 유형 포함 |
| 이중지문 | 10문항(176~185) | 2세트 | 5문제 | 세트당 1~2문제 | 문장 삽입 문제 없음 |
| 삼중지문 | 15문항(186~200) | 3세트 | 5문제 | 세트당 2문제 | 문장 삽입 문제 없음<br>동의어 문제 없음 |

## 문제 유형

| 주제 · 목적 | 주로 첫 번째 문제로 제시되며, 대부분 지문의 처음 부분에 글의 목적이 드러나 있다.<br>• What is the purpose of the article?<br>• Why was the e-mail sent? |
|---|---|
| 세부 사항 | 육하원칙에 해당하는 문제이며, PART 7에서 가장 큰 비중을 차지한다.<br>• When will staff receive the message? |
| NOT / True | 내용의 일치 여부를 묻는 문제로, 각 선택지를 지문과 대조해 판단한다.<br>• What is NOT mentioned about the offer? |
| 추론 · 암시 | 세부 사항과 더불어 PART 7에서 가장 많이 출제된다. 지문 내용을 바탕으로 지문에 직접 언급되지 않은 내용을 유추하여 푸는 문제다.<br>• What is implied/suggested about Loretti Co.? |
| 의도 파악 | 문자 메시지와 온라인 채팅 지문에서 각각 1문제씩 출제된다. 특정 표현의 의도를 파악하는 문제로 대화의 흐름을 잘 파악하는 것이 중요하다.<br>• At 8:59 A.M., what does Ms. Randolph most likely mean when she writes, "Not at all"? |
| 동의어 찾기 | 단일지문과 이중지문에서 1~3문제가 출제된다. 여러 가지 뜻을 지닌 다의어가 주로 출제되며 그 단어가 지닌 여러 뜻 중 문맥에 가장 적합한 의미를 골라야 한다.<br>• The word "sector" in paragraph 1, line 2, is closest in meaning to |
| 문장 삽입 | 단일지문에서만 2문제가 나온다. 항상 해당 지문의 마지막 문제로 나오기 때문에 앞에 있는 문제들을 먼저 풀면서 전체적인 맥락을 충분히 파악해 두어야 빨리 풀 수 있다.<br>• In which of the positions marked [1], [2], [3], and [4] does the following sentence best belong? |

1. 글을 읽기 전에 첫 번째 문제가 어떤 유형인지 파악한다. 각 세트의 첫 번째 문제는 주어진 글의 목적이나 주제를 묻는 경우가 많다. 글을 쓴 목적이나 주제는 대개 문두에 밝히게 되므로 첫 번째 문제가 그에 해당한다면 글을 읽을 때부터 글의 목적(purpose)이나 주제(topic)가 무엇인지 파악하는 데 중점을 두고 읽어야 시간을 절약할 수 있다.

2. 세부사항이나 추론, NOT / True 문제는 각 선택지의 내용들이 지문의 특정 부분에 한정되어 있기보다는 폭넓게 걸쳐 있는 경우가 많다. 따라서 각 선택지에 해당하는 내용이 글의 어느 부분에 있는지 빠르고 정확하게 찾는 것이 중요하며, 글을 한두 번 읽어서 답을 찾을 수 없다면 과감하게 포기하고 다음 세트로 넘어가는 것이 유리할 수 있다.

미리보기

**Questions 147-148** refer to the following advertisement.

정답 및 해설 p.52

http://www.yummyveganfoods.com

### Yummy Vegan Foods

Are you interested in removing animal products from your diet? Are you looking for a healthier way of eating? Do you like tasty food that's both good for you and the environment?

If this sounds like you, give Yummy Vegan Foods a try! You'll be surprised to see how many of your favorite dishes have healthier vegan alternatives. If you visit our Web site and use the code "vegancookies," you'll get six of our dairy-free chocolate chip cookies with any order! This offer is valid until 31 December, so don't miss out!

| 어휘 |
| --- |
| • remove 제거하다 |
| • animal products 육류 제품 |
| • look for ~을 찾다 |
| • good for the environment 환경에 유익한 |
| • give something a try ~을 한 번 써 보다 |
| • alternatives 대체제품, 대안 |
| • dairy-free 유제품이 들어 있지 않은 |
| • miss out ~을 놓치다 |

**147.** What is **the purpose** of the advertisement?

(A) To attract new customers
(B) To promote a new line of product
(C) To showcase a new menu
(D) To advertise an updated Web site

> 첫 번째 문제가 글의 목적을 묻는 문제다. 따라서 글의 앞부분을 읽을 때 이 광고가 무엇을 목적으로 만들어졌는지 파악하며 읽는다.

**148.** What is available until **the end of the year**?

(A) A discount on delivery fees
(B) A weekly meal plan
(C) A free dessert offer
(D) A vegan cookbook

> 문제의 키워드는 the end of the year다. 동일한 시간이 언급된 부분을 글에서 찾아 그 앞뒤 내용을 살펴보면 쉽게 답을 찾을 수 있다.

## 1-2 이메일

Questions 1-2 refer to the following advertisement.

정답 및 해설 p.52

| TO: | Simon Ethridge <sethridge@kessladata.com> |
| FROM: | Christy Lansing <clansing@kessladata.com> |
| DATE: | July 28 |
| SUBJECT: | Letter |

Dear Mr. Ethridge,

I am writing to confirm that I have received your letter dated July 26.

I have informed all teams that your last day of work will be August 11. The IT department will handle your company-owned equipment, so please call them on extension 25 prior to your final day to make the necessary arrangements. We appreciate your contributions to Kessla Data.

All the best,

Christy Lansing

**어휘**
- your letter dated July 26 7월 26일로 날짜가 적힌 당신의 편지 (date 날짜를 적다)
- inform all teams that... 모든 팀에게 ...을 알리다
- extension 내선
- make arrangements 사전 준비를 하다
- contribution 기여

1. **Why** did Ms. Lansing send the e-mail?

   (A) To confirm a business closure
   (B) To update a banking record
   (C) To acknowledge a resignation
   (D) To offer a job promotion

   목적
   첫 번째 문제가 이메일을 쓴 이유를 묻는 문제다. 따라서 지문의 앞부분을 읽을 때 이메일을 보낸 이유가 무엇인지 파악하며 읽는다.

2. What should Mr. Ethridge do by **August 11**?

   (A) Complete a form
   (B) Meet with Ms. Lansing
   (C) Contact the IT team
   (D) Remove his personal items

   세부 사항
   'August 11'이라는 구체적인 날짜가 단서가 된다. 지문의 두 번째 문단에 동일한 날짜가 있으며, 그 앞뒤를 중점적으로 읽어야 한다.

# 3-4 기사

Questions 3-4 refer to the following article.

정답 및 해설 p.52

## Upgrades Approved for Valley Park

(13 February) — Mayor Christopher Wilcher has confirmed that Union City is moving forward with a project to make upgrades to Valley Park. The work is being partially funded by Union City's annual Parks and Recreation budget. The city also received a generous donation from Gary Austin, a local entrepreneur. — [1] —. Additionally, local community groups have held fund-raisers to contribute to the project. For example, UC Friends hosted a used book sale.

The holes in the baseball field in the northwest section of the park will be filled in, with new grass planted where needed. — [2] —. Flower beds near the parking lot will be removed in order to make room for a covered picnic shelter that can hold up to 10 tables. Though the construction of a second parking lot was proposed, planners have decided to expand the existing lot instead. — [3] —.

Most people are looking forward to taking advantage of the improvements. — [4] —. "In my opinion, we have more pressing matters, such as the poor condition of our roads," said resident Elizabeth Arnold.

**어휘**
- move forward with ~을 추진하다
- make upgrades to ~을 업그레이드하다
- partially 부분적으로
- fund 자금을 대다
- hold fund-raisers 모금 행사를 열다
- where needed 필요한 곳에
- flower beds 화단
- hold up to 10 tables 최대 10개의 테이블을 수용하다
- take advantage of ~의 혜택을 입다
- more pressing matters 더 시급한 문제들

PART 7

---

3. What is NOT mentioned as a source of **funding** for the upgrades?

   (A) A resident's donation
   (B) A bookstore
   (C) An annual budget
   (D) Community organizations

**NOT / True**
각 선택지들을 본문의 내용과 일치하는지 하나하나 대조해야 한다. 문제의 funding이 키워드이며, 지문의 첫 번째 문단에 funded라는 단서가 나와 있다.

4. In which of the positions marked [1], [2], [3], and [4] does the following sentence best belong?

   "**Nonetheless**, some people think that local officials should focus on other areas."

   (A) [1]
   (B) [2]
   (C) [3]
   (D) [4]

**문장 삽입**
주어진 문장의 Nonetheless는 앞 문장과 반대되는 내용을 이끌 때 쓸 수 있는 접속부사다. 기사의 전체적인 흐름이 '프로젝트 기금 마련 방법 → 기금 활용 방안 → 주민의 의견'으로 진행된다는 것을 파악하면 쉽게 답을 찾을 수 있다.

## 5-7 웹페이지

**Questions 5-7** refer to the following Web page.

정답 및 해설 p.53

https://www.salvoelectronics.com/recall

### Salvo Electronics Recall of Delima-XR Smartphone

Salvo Electronics is issuing a voluntary recall of certain Delima-XR Smartphones due to a design flaw. Our quality control team has determined that the battery may overheat. If you purchased this phone model between January 1 and March 31, please check the serial number. If the number begins with 56 or 57, the device is eligible for the recall. You can return the phone to any Salvo Electronics store for a full refund. We do not require the original packaging or a receipt to do so. Alternatively, you may request a return box by calling our customer helpline at 1-800-555-7932. A return box will be sent to you, and the postage will be prepaid. Please note that the box is designated as "Ground Transport Only".

**어휘**
- issue 발표하다
- voluntary 자발적인
- a design flaw 설계 결함
- quality control team 품질 관리 팀
- determine 결정하다
- is eligible for ~할 자격이 되다
- a full refund 전액 환불
- designate 지정하다

5. **For whom** is the Web page most likely intended?

(A) Salvo Electronics salespeople
(B) Salvo Electronics customers
(C) Product designers
(D) Quality control inspectors

독자 파악
웹페이지에 올린 글이 누구를 대상으로 쓰인 것인지 묻고 있다. 지문의 If you purchased...에서 you가 누구인지를 짐작할 수 있다.

6. What is suggested about Delima-XR smartphones?

(A) They can be returned without a receipt.
(B) They were discontinued after March 31.
(C) Their battery can be replaced.
(D) They are not selling well.

추론
각 선택지의 키워드를 중심으로 해당 내용을 지문에서 찾아야 한다. receipt, March 31, battery 등의 명사 위주로 키워드를 찾는다.

7. What is indicated about the **return boxes**?

(A) They are available in several different sizes.
(B) Their postage must be paid upon receipt.
(C) They should not be transported by air.
(D) They will arrive within two days.

NOT / True
문제의 키워드는 return boxes다. 지문의 마지막 부분에 return box가 있으므로 그 부분만 선택지의 내용과 대조하면 된다. (A) size, (B) postage, (C) by air, (D) arrive가 키워드가 된다. 이때 각 키워드가 지문에서는 다른 말로 바뀌어 나올 수도 있다.

# 8-9 문자 메시지

**Questions 8-9** refer to the following text-message chain.

정답 및 해설 p.53

**Janet Woodall** [11:43 A.M.]
Hi, Patrick. I've just finished boxing up the cookies and cupcakes for Mr. Howard. Is there anything else?

**Patrick Ladner** [11:45 A.M.]
Thanks. Someone from Reno Accounting is picking up their cake at 4 P.M. today, so we'd better make sure it is done on time. Also, the Summer Food Festival date has been confirmed for July 22.

**Janet Woodall** [11:46 A.M.]
What a shame. That doesn't work for me.

**Patrick Ladner** [11:47 A.M.]
Oh really? I was hoping that you could run the booth like you did last year.

**Janet Woodall** [11:49 A.M.]
I'll be on vacation in Los Angeles that week, remember? But Nora helped me last year, and I'm sure she can handle it. Anyway, I'll begin the work on the Reno Accounting order now. It will take a while to complete.

**Patrick Ladner** [11:50 A.M.]
All right.

**어휘**
- box up 상자에 담다
- on time 제시간에
- pick up their cake 그들의 케이크를 찾아가다
- has been confirmed for July 22 7월 22일로 확정되었다
- What a shame. 이런 어쩌죠. (실망이나 안타까움을 드러낼 때 쓴다.)
- That doesn't work for me. 저는 그 날짜에 안 돼요.
- run the booth 부스를 운영하다
- be on vacation 휴가중이다
- take a while 시간이 꽤 걸리다

**PART 7**

8. What will **Ms. Woodall** most likely work on next?

    (A) Some cookies
    (B) Some cupcakes
    (C) A cake
    (D) A loaf of bread

세부 사항
Janet Woodall이 11시49분에 I'll begin the work... 라고 했으므로 the work가 무엇을 가리키는지 앞의 문맥을 통해 파악한다.

9. At 11:46 A.M., what does Ms. Woodall mean when she writes, "**That** doesn't work for me"?

    (A) She is unable to give Mr. Ladner advice.
    (B) She is having trouble with some machinery.
    (C) She is not available for an event.
    (D) She does not have time to meet with Nora.

의도 파악
문자 메시지와 온라인 채팅에서 항상 등장하는 유형으로, 특정 대사의 의도를 묻는 문제다. 지목한 대사의 앞뒤, 특히 앞의 문맥을 통해 답을 파악해야 한다. 여기에서는 지시대명사 That이 무엇을 가리키는지 앞 사람의 대사를 통해 파악해야 한다.

## 1-5 이중 지문

**Questions 1-5** refer to the following letter and form.

정답 및 해설 p.54

### Modern Cycling Monthly

Nakula Patel
347 Gateway Avenue
Bakersfield, CA 93301
January 13

Dear Mr. Patel,

Thank you for being a *Modern Cycling Monthly* subscriber. We hope you are enjoying our articles on trail selection tips, cycling equipment, original ideas for preparing for races, and more. We are pleased to let you know that you can get free issues of *Modern Cycling Monthly* by referring your friends. To participate in this new program, simply share your unique referral code P2495 with others and ask them to enter it when they order a one-year subscription. For each person who does so, whether they sign up for the print or online version, you'll have another month added to your subscription. Furthermore, if you refer a friend by February 5, we will send you a free *Modern Cycling Monthly* water bottle. Visit our Web site for more information.

Warmest regards,
The *Modern Cycling Monthly* Team

**어휘**
· subscriber 구독자
· prepare for ~에 대비하다
· refer 추천하다
· participate in ~에 참여하다
· enter 입력하다
· sign up for ~에 가입하다

### Modern Cycling Monthly
#### Subscription Status

| Name: Nakula Patel | Subscription: Active |
|---|---|
| Account #: 06478 | Subscription Expiration: Dec 20* |
| Delivery Address: 347 Gateway Avenue, Bakersfield, CA 93301 | |

*Includes one free month (Referral P2495: processed January 29)

Your subscription will expire on December 20. We will e-mail you one month before this date to remind you to renew your subscription.

**어휘**
· process 처리하다
· expire 만료되다
· renew 갱신하다

1. What is the purpose of the letter?

   (A) To offer recommendations for articles
   (B) To request a payment for a subscription
   (C) To confirm a change of address
   (D) To introduce a referral program

2. In the letter, the word "**original**" in paragraph 1, line 3, is closest in meaning to

   (A) occurring
   (B) creative
   (C) initial
   (D) precise

동의어 고르기

두 개 이상의 의미를 지닌 단어가 출제된다. 대부분 두 개의 선택지를 제외하고는 나머지 선택지는 쉽게 소거할 수 있는 형태이므로 독해 시간이 부족하면 반드시 이 문제라도 해결해야 한다. original은 (B) creative와 (C) initial의 두 가지 의미를 지닌다. 이 둘 중 문맥의 의미에 가장 적합한 것을 고르면 된다.

3. What is indicated about *Modern Cycling Monthly* in the letter?

   (A) It has hired some new writers.
   (B) It is available in two different formats.
   (C) It is aimed at bicycle manufacturers.
   (D) It offers discounts on equipment.

4. What is suggested about **Mr. Patel**?

   (A) He used a coupon toward his subscription order.
   (B) He wants to change his mailing address.
   (C) He has recently taken up cycling.
   (D) He is eligible for a free gift.

연계 문제

이중지문에서는 보통 3번 이후부터 연계 문제가 평균 1문제, 종종 2문제까지도 출제된다. 따라서 3~5번에서 하나의 지문으로 답이 도출되지 않을 때는 반드시 연계 문제라고 생각하고 접근해야 한다.
우선 지문에 공통적으로 나온 정보들에 주목한다.
첫 번째 지문에서 referral code P2495가 Mr. Patel에게 발급되었고, 두 번째 Mr. Patel의 구독 상태를 알려주는 지문에는 referral P2495가 1월 29일에 처리되었다 (processed January 29)고 나온다. 이 공통 정보와 관련된 내용들을 중심으로 선택지의 내용이 정확한지를 판단해야 한다.

5. What will be sent to Mr. Patel in November?

   (A) A reminder to renew
   (B) A list of bicycle races
   (C) A new cycling gear catalog
   (D) A bill for the upcoming year

# 6-7 삼중 지문

정답 및 해설 p.55

Questions 6-7 refer to the following article, schedule, and e-mail.

## Brenton Industries to Offer New Grant

(April 9)—In a press conference held yesterday, startup technology firm Brenton Industries announced that it will offer five private grants to individuals working in a variety of industries and fields. The grants are aimed at encouraging innovation through individual research. Those awarded the grants will also be invited to attend the Bright Future Conference for free.

"The future depends on the creativity of workers, and we want to reward those who have the potential to achieve major breakthroughs," said Ruth Gillis, the vice president of Brenton Industries. "Through these funds, we hope to facilitate inspiration within the workforce."

Applicants must be currently taking classes at the master's or Ph.D. level. They should provide examples of previous projects demonstrating their ideas. More information is available at www.brentonind.com/grant.

**어휘**
- press conference 기자 회견
- offer something to someone ~을 ~에게 제공하다
- are aimed at encouraging ~을 장려하는 데 목표를 두다
- depend on ~에 달려 있다
- have the potential to achieve ~을 이룰 잠재력이 있다
- breakthrough 돌파구
- facilitate inspiration 영감을 촉진하다

## Bright Future Conference
### Concord Convention Center

Below is the schedule of this year's conference activities. A final list of speakers will be sent to participants once it is finalized, no later than July 3.

| | |
|---|---|
| 8:00 A.M. | Reception and networking breakfast — Lobby |
| 9:00 A.M. | Welcome speech and Brenton Industries mission statement |
| 9:30 A.M. – 10:30 A.M. | Panel discussion — Main Hall |
| 10:30 A.M. – 12:30 P.M. | Presentations — Various Rooms |
| 12:30 P.M. – 1:30 P.M. | Lunch — Buffet lunch in Room 103. Attendees should show their conference pass for admission. |
| 1:30 P.M. – 4:30 P.M. | Workshops — Various Rooms |
| 4:30 P.M. – 5:00 P.M. | Feedback session |

**어휘**
- Below is... 아래는 ~이다
- participant 참가자
- finalize 마무리 짓다
- no later than July 3 아무리 늦어도 7월 3일까지는
- pass for admission 입장권

**To:** Michael Tran <michael_tran@brentonind.com>
**From:** Brigida Marino <bmarino@baresi.com>
**Date:** July 6
**Subject:** Bright Future Conference

Dear Mr. Tran,

I would like to express my deep appreciation for the grant issued to me by your company. Through this grant, I will be able to pursue my research idea in the area of robotics, so I am thankful for the opportunity. I am also looking forward to attending the Bright Future Conference and meeting others who share my interests.

Because I am attending the event as your guest, I hope it is not a problem that I need to leave by 4:30 on the event day due to a business trip that I cannot change. I hope to meet you in person at the event.

Warmest regards,

Brigida Marino

**어휘**
- express my deep appreciation 깊은 감사를 표하다
- issue 지급[발부, 교부]하다
- pursue 계속하다
- meet you in person 당신을 직접 만나다

6. What is implied about Ms. Marino?

(A) She will travel to the event from overseas.
(B) She submitted samples of her work.
(C) She will give a talk at the conference.
(D) She is an employee of Brenton Industries.

연계 문제 1
마지막 지문(이메일)과 첫 번째 지문(기사)의 연계 문제다. 이메일에서 Marino가 grant를 받았다는 것을 알 수 있고, 기사에 grant를 받을 수 있는 자격에 대해 언급되어 있다.

7. Which part of the conference will Ms. Marino be unable to attend?

(A) One of the presentations
(B) The networking breakfast
(C) One of the workshops
(D) The feedback session

연계 문제 2
마지막 지문(이메일)과 두 번째 지문(일정표)의 연계 문제다. 이메일에서 Marino가 4시 30분까지는 행사장을 떠나야 한다고 했으므로, 일정표에서 4시 30분 이후의 일정을 확인해 보면 된다.

**PART 7**

**Questions 1-2** refer to the following e-mail.

---

**E-Mail**

**To:** staff@vasquezpharma.com
**From:** tphillips@vasquezpharma.com
**Date:** August 15
**Subject:** Notice

---

Please note that the software program for our research database will be updated this Friday, August 19. Members of the IT team will carry out the necessary work after you leave for the day on Friday. Please leave your computer on to speed up the process.

Following the update, your log-in details will remain the same. However, you will see that some confidential files cannot be accessed without the proper authorization. In addition, there will be more search functions than before. This will help you narrow down your search results more quickly.

Your computer may take longer than usual to start on Monday, but this is a normal part of the process and will only happen one time. Should you have any questions or comments, please contact the IT team directly by calling extension 30. Thank you for your patience and cooperation in this matter.

Sincerely,

Thomas Phillips

---

1. What is the purpose of the e-mail?

   (A) To explain how to request a database upgrade
   (B) To inform employees about some software changes
   (C) To give instructions on maintaining confidential records
   (D) To remind employees to update their log-in details

2. According to Mr. Phillips, what will users experience after August 19?

   (A) Results will be displayed alphabetically.
   (B) The authorization code will be adjusted.
   (C) More search options will be available.
   (D) The home page will load more quickly.

**Questions 3-4** refer to the following product description.

Paintstop is a paint additive that is specially designed to stop mold from growing on walls. It is perfect for areas prone to dampness, such as bathrooms and kitchens. To use Paintstop, simply mix the 50-milliliter container into any 2.5-liter can of paint, including acrylic and oil paint.

Paintstop kills mold spores and ensures that they will not return. Its effectiveness lasts for the life of the paint. And, unlike our competitors' products, which make the paint color slightly lighter, Paintstop preserves the true color.

Say goodbye to unsightly and unhealthy mold with Paintstop!

3.  What is Paintstop designed to do?

    (A) Reduce moisture levels in rooms
    (B) Remove stains caused by mold
    (C) Make paint last longer
    (D) Prevent the growth of mold

4.  How does Paintstop differ from other products on the market?

    (A) It is easier to apply to a wall.
    (B) It is not damaged by light.
    (C) It does not alter paint colors.
    (D) It does not contain harmful ingredients.

PART 7

**Questions 5-7** refer to the following online chat discussion.

**Darlene Gray** [10:40 A.M.]
Hi, Karen and Owen. I wanted to let you know that Morland Hall has been confirmed for the April 4 workshop for our employees here at Falcon Data.

**Karen Ralston** [10:41 A.M.]
That's great. Do I need to meet the instructor, Clair Wallace, at the airport?

**Darlene Gray** [10:42 A.M.]
Actually, she plans to rent a car at the airport and drive to the venue from there. Morland Hall has tables and chairs for us to use, but we must arrange them ourselves. We can borrow presentation equipment from the venue as well.

**Karen Ralston** [10:44 A.M.]
All right. Owen is going to set everything up. I've already sent him a drawing of what we discussed.

**Owen Foley** [10:45 A.M.]
That's right. Also, I found out that the catering company can deliver, but the fee for that is quite high. It's just boxed lunches, so I'll stop by and get them on the way to the venue that morning.

**Darlene Gray** [10:47 A.M.]
That's perfect, Owen. Thank you! I've already paid the bill in full, so there will be nothing due.

5. What is the purpose of the online chat discussion?

(A) To assign some writing tasks
(B) To book a venue for an event
(C) To discuss plans for a workshop
(D) To find instructors for training

6. What is indicated about Ms. Wallace?

(A) She is a Morland Hall employee.
(B) She has met Ms. Ralston before.
(C) She attended an event last year.
(D) She is traveling from out of town.

7. At 10:47 A.M., what does Ms. Gray most likely mean when she writes, "That's perfect, Owen"?

(A) She would like to order boxed lunches for an event.
(B) She thinks Owen should meet Ms. Wallace early.
(C) She agrees that Mr. Foley should pick up some food.
(D) She is pleased with catering company's services.

**Questions 8-10** refer to the following memo.

---

## MEMO

**To:**       All Staff
**From:**     Adrian Seda
**Date:**     Coming soon
**Subject:**  March 14

As you are aware, we are interested in bringing more traffic to our Web site. —[1]—. In light of this, we will add a travel blog that will be updated weekly. It will include articles about the destinations where we offer packages. —[2]—. This may lead to more bookings.

I'll write the first article, which will be about the tour to Indonesia that I recently led. —[3]—. Others on staff are encouraged to contribute, and we also welcome content from customers, which they can supply to us in exchange for discounts. Any photos included with the articles should look professional, but they can be edited if needed. Further plans will be discussed at the next staff meeting. —[4]—.

---

**8.** Why did Mr. Seda send the memo?

  (A) To explain a new vacation policy
  (B) To remind staff to update their software
  (C) To ask for recommendations on where to visit
  (D) To announce a new section on a Web site

**9.** Who most likely is Mr. Seda?

  (A) A local journalist
  (B) A tour guide
  (C) A professional photographer
  (D) A magazine editor

**10.** In which of the positions marked [1], [2], [3], and [4] does the following sentence best belong?

"Ideally, they will generate interest in these places."

  (A) [1]
  (B) [2]
  (C) [3]
  (D) [4]

### The Lab

Reviewed by Kevin Collier

*The Lab* is an intense thriller written and directed by Jackie Montano, in collaboration with producer Shawn Trevino. The film quietly made its debut in independent theaters in March but later gained popularity when it was shown at the Seattle Film Festival. It is now being shown in mainstream theaters across the country and has become so popular that Spark Studios is working on adapting it for a TV series. *The Lab* follows chemist Dr. Christopher Bull, who makes a remarkable scientific discovery but decides to keep it a secret to use for his own ends. With a stunning performance by lead actor Vincent Schiller, *The Lab* will keep you engaged until the very last scene.

---

**E-Mail**

**To:** Jackie Montano <jackiemontano@montanoproductions.com>
**From:** Rosemarie Carey <carey_r@woosterinstitute.com>
**Date:** June 14
**Subject:** Class visit

Dear Ms. Montano,

I'd like to thank you once again for agreeing to speak to my class at the Wooster Institute on June 20. My students really enjoyed a speech given by your colleague, Shawn Trevino, a few weeks ago. Everyone has seen *The Lab* at least once as well as read your interview with Gerald Kemp in *Cinema Quarterly Magazine*, so it should be a productive session.

The class begins at 10 A.M. in Room 205 of the Iverson Wing. You should park in the East Parking Lot. It has free parking for up to two hours, which will be plenty of time. If you have any questions before your visit, please let me know.
I look forward to seeing you!

Rosemarie Carey

11. What is true about Ms. Montano's film?

    (A) It debuted at a festival in Seattle.
    (B) It can be streamed on her Web site.
    (C) It was inspired by a true story.
    (D) It will be made into a television show.

12. In the review, the word "ends" in paragraph 1, line 7, is closest in meaning to

    (A) purposes
    (B) finales
    (C) closures
    (D) borders

13. What is suggested about Ms. Carey's students?

    (A) They are nearly finished with the course.
    (B) They have met a famous actor.
    (C) They will e-mail questions to Ms. Montano.
    (D) They heard a talk from a producer.

14. Who most likely is Mr. Kemp?

    (A) A course instructor
    (B) A journalist
    (C) A movie theater owner
    (D) A new student

15. What is suggested in the e-mail about Ms. Montano?

    (A) She has received a payment from the Wooster Institute.
    (B) She has visited the Wooster Institute before.
    (C) She will stay at the Wooster Institute for less than two hours.
    (D) She will take public transportation to the Wooster Institute.

http://www.senoiamovingservices.com

## Senoia Moving Services

1161 Crenshaw Avenue, Akron, Ohio 44310

Whether you're moving within Akron or to another city, Senoia Moving Services can help. Our experienced movers will treat your belongings with care. We serve both individuals and businesses, and we can provide secure storage if needed. It's easy to book our services!

1. Contact us at 330-555-8522 to schedule a moving date.
2. One of our employees will assess your items and provide a cost estimate.
3. After we confirm the moving date, you should pay a deposit. We will then give you all the boxes and packaging supplies you need.
4. Our crew will carry out the move at the agreed date and time.

## Senoia Moving Services

March 22 Crew Pick-Up Assignments

| Crew (# of Crew Members) | Vehicle Size | Pick–Up Location | Time |
|---|---|---|---|
| Robin Crew (2 members) | Van | 247 Albany Lane | 9:00 A.M. |
| Dove Crew (5 members) | 26-foot truck | 432 Java Street | 9:00 A.M. |
| Canary Crew (2 members) | 12-foot truck | 950 Lake Street | 10:30 A.M. |
| Sparrow Crew (3 members) | 16-foot truck | 164 Caxon Street | 10:00 A.M. |
| Robin Crew (2 members) | Van | 30 Whitman Avenue | 1:00 P.M. |

Further details are available from your crew leader. Please note that one more person will be added to the Sparrow Crew (16-foot truck) from April 1.

**E-Mail**

**To:** Joseph Ayers <joseph@senoiamovingservices.com>
**From:** Christina Walden <cwalden@hawk-mail.com>
**Date:** April 4
**Subject:** RE: 919 Bloomfield Road

Dear Mr. Ayers,

Thank you for confirming my moving date of April 13. I am impressed by your fast response. I will follow your recommendation of using a 16-foot truck. I have just sent the deposit to your business account. If you need anything else from me, please let me know.

Christina Walden

**16.** What is true about Senoia Moving Services?

(A) It only serves commercial customers.
(B) It provides services outside of Akron.
(C) It has recently been sold to a competitor.
(D) It is currently seeking experienced movers to hire.

**17.** For whom was the schedule written?

(A) Investors in Senoia Moving Services
(B) Clients of Senoia Moving Services
(C) Senoia Moving Services job applicants
(D) Senoia Moving Services employees

**18.** Where should the Dove Crew report on March 22?

(A) Albany Lane
(B) Java Street
(C) Caxon Street
(D) Whitman Avenue

**19.** What will Senoia Moving Services employees most likely do in response to the e-mail?

(A) Drop off some packing materials
(B) Measure some personal belongings
(C) Correct an error in an invoice
(D) Check a schedule for open time slots

**20.** How many people will most likely assist with Ms. Walden's move?

(A) 2
(B) 3
(C) 4
(D) 5

# LC+RC

# 실전
# 모의고사

실전 모의고사 **LC + RC**

정답

▶ 해설

book.eduwill.net > 도서자료실 > 부가학습자료

## LISTENING TEST

In the Listening test, you will be asked to demonstrate how well you understand spoken English. The entire Listening test will last approximately 45 minutes. There are four parts, and directions are given for each part. You must mark your answers on the separate answer sheet. Do not write your answers in your test book.

## PART 1

**Directions**: For each question in this part, you will hear four statements about a picture in your test book. When you hear the statements, you must select the one statement that best describes what you see in the picture. Then find the number of the question on your answer sheet and mark your answer. The statements will not be printed in your test book and will be spoken only one time.

Statement (C), "He's making a phone call," is the best description of the picture, so you should select answer (C) and mark it on your answer sheet.

**1.**

**2.**

*GO ON TO THE NEXT PAGE*

**3.**

**4.**

**5.**

**6.**

**PART 2**

**Directions**: You will hear a question or statement and three responses spoken in English. They will not be printed in your test book and will be spoken only one time. Select the best response to the question or statement and mark the letter (A), (B), or (C) on your answer sheet.

7. Mark your answer on your answer sheet.

8. Mark your answer on your answer sheet.

9. Mark your answer on your answer sheet.

10. Mark your answer on your answer sheet.

11. Mark your answer on your answer sheet.

12. Mark your answer on your answer sheet.

13. Mark your answer on your answer sheet.

14. Mark your answer on your answer sheet.

15. Mark your answer on your answer sheet.

16. Mark your answer on your answer sheet.

17. Mark your answer on your answer sheet.

18. Mark your answer on your answer sheet.

19. Mark your answer on your answer sheet.

20. Mark your answer on your answer sheet.

21. Mark your answer on your answer sheet.

22. Mark your answer on your answer sheet.

23. Mark your answer on your answer sheet.

24. Mark your answer on your answer sheet.

25. Mark your answer on your answer sheet.

26. Mark your answer on your answer sheet.

27. Mark your answer on your answer sheet.

28. Mark your answer on your answer sheet.

29. Mark your answer on your answer sheet.

30. Mark your answer on your answer sheet.

31. Mark your answer on your answer sheet.

**PART 3**

**Directions**: You will hear some conversations between two or more people. You will be asked to answer three questions about what the speakers say in each conversation. Select the best response to each question and mark the letter (A), (B), (C), or (D) on your answer sheet. The conversations will not be printed in your test book and will be spoken only one time.

**32.** Where is the conversation taking place?

(A) At a movie theater
(B) At an aquarium
(C) At an art museum
(D) At a stadium

**33.** What will the man most likely purchase?

(A) A group ticket
(B) A half-day ticket
(C) A season ticket
(D) A student ticket

**34.** What will the man do next?

(A) Complete a form
(B) Call another branch
(C) Show an ID card
(D) Make a phone call

**35.** What did the woman do this morning?

(A) She bought a newspaper.
(B) She saw an advertisement.
(C) She worked out at a gym.
(D) She picked up some supplies.

**36.** What does the woman think the business should prepare for?

(A) Facing fierce competition
(B) Undergoing a facility inspection
(C) Having more members sign up
(D) Budgeting for price increases

**37.** What does the man say he will do?

(A) Adjust a schedule
(B) Check a Web site
(C) Print a contract
(D) Send a message

**38.** Who most likely is the man?

(A) A Web designer
(B) A magazine journalist
(C) A marketing consultant
(D) A talk show host

**39.** What did Hartway Tech recently confirm?

(A) A competition for customers
(B) The replacement of an executive
(C) The launch of an educational program
(D) A partnership with another company

**40.** What does the woman encourage the man to do?

(A) Apply for a position
(B) Watch a video
(C) Join a mailing list
(D) Review some charts

**41.** Where is the conversation taking place?

(A) At a manufacturing facility
(B) At a restaurant
(C) At a financial institution
(D) At a flower shop

**42.** What does the man ask the woman to do?

(A) Refill some containers
(B) Print some signs
(C) Inspect some machinery
(D) Call a client

**43.** What does the man imply when he says, "I see someone at the door"?

(A) He cannot fulfill the woman's request.
(B) He wants to open the business early.
(C) The woman must clear some space.
(D) The door is broken.

44. What kind of job are the women training for?

(A) Electrician
(B) Safety inspector
(C) Architect
(D) Real estate agent

45. What does the man warn the women about?

(A) A labor shortage
(B) A software issue
(C) An additional fee
(D) A waiting list

46. What does Marcy ask about?

(A) A meal break
(B) A textbook
(C) A tour
(D) A password

47. According to the woman, what is the problem?

(A) Her parking pass has expired.
(B) Her computer will not turn on.
(C) She cannot access a database.
(D) She will be absent from a meeting.

48. What has the business recently done?

(A) Launched a new Web site
(B) Increased its security measures
(C) Relocated to a new building
(D) Expanded its management team

49. According to the man, what can be found on a Web site?

(A) Some photographs
(B) An updated schedule
(C) Some e-mail addresses
(D) Some instructions

50. What are the men trying to do?

(A) Check in at a hotel
(B) Book a tour
(C) Rent a vehicle
(D) Change flight tickets

51. According to the woman, what will happen this weekend?

(A) Some fees will be increased.
(B) The city will hold a festival.
(C) A customer loyalty program will be launched.
(D) The business will extend its hours.

52. What does the woman suggest the men do in the future?

(A) Pay with a credit card
(B) Make an online reservation
(C) Sign up for a thirty-day trial
(D) Call several branches

53. Where most likely are the speakers?

(A) At an auto repair shop
(B) At a health clinic
(C) At a moving company
(D) At a manufacturing facility

54. What does the man ask about?

(A) Where some crew members can be found
(B) How some machinery should be assembled
(C) When an order will be shipped
(D) Whether some upgrades have been completed

55. What will the man do on Wednesday?

(A) Complete a questionnaire
(B) Submit a report
(C) Give a demonstration
(D) Unpack some boxes

**56.** Why was the woman absent from an event?

(A) She had some unexpected work.
(B) She was visiting a client.
(C) She did not register in time.
(D) She was on vacation.

**57.** What does the man encourage the woman to do?

(A) Hold a team meeting
(B) Set an event reminder
(C) Make a hiring request
(D) Write a press release

**58.** What does the man imply when he says, "I filled four pages"?

(A) He had to work additional hours.
(B) He found a talk to be useful.
(C) The number of attendees was high.
(D) A task has almost been completed.

**59.** Which department does the man work in?

(A) Sales
(B) Finance
(C) Graphic design
(D) Product development

**60.** What does the woman say will happen next month?

(A) A staff celebration will be held.
(B) A new regulation will go into effect.
(C) Some people will visit the company.
(D) Some new employees will be hired.

**61.** Why does the woman reject the man's offer?

(A) A supervisor's approval is required.
(B) The deadline is approaching soon.
(C) There is not enough room in a budget.
(D) A task has already been completed.

## Cups for Sale

| Wine Glass $12 | Glass $8 |
|---|---|
| Coffee Mug $5 | Pitcher $20 |

**62.** What kind of business do the speakers work for?

(A) A coffee shop
(B) An environmental agency
(C) A law firm
(D) A catering company

**63.** Look at the graphic. How much will the speakers pay per item?

(A) $12
(B) $8
(C) $5
(D) $20

**64.** What does the woman offer to do?

(A) Keep track of a receipt
(B) Use her own credit card
(C) Unlock an entrance
(D) Move a vehicle

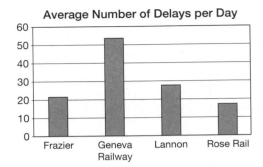

**Average Number of Delays per Day**

| Heavenly Apartments | |
|---|---|
| 242A | Tanaka |
| 242B | Asper |
| 243A | Kwon |
| 243B | Singh |

**65.** Who is Isabelle Randall?

(A) A train driver
(B) A tour operator
(C) A radio host
(D) A transportation expert

**66.** Look at the graphic. Which train station does the woman indicate?

(A) Frazier
(B) Geneva Railway
(C) Lannon
(D) Rose Rail

**67.** What does the woman advise the listeners to do?

(A) Arrive at the station early
(B) Purchase some insurance
(C) Check departure times online
(D) Travel during off-peak periods

**68.** Who most likely is the man?

(A) A property manager
(B) A company president
(C) A housekeeper
(D) A sales representative

**69.** Look at the graphic. Which name needs to be changed?

(A) Tanaka
(B) Asper
(C) Kwon
(D) Singh

**70.** What does the woman say she is going to do tomorrow?

(A) Speak to a maintenance manager
(B) Change her nameplate
(C) Move to a new apartment
(D) Have groceries delivered

**PART 4**

**Directions**: You will hear some talks given by a single speaker. You will be asked to answer three questions about what the speaker says in each talk. Select the best response to each question and mark the letter (A), (B), (C), or (D) on your answer sheet. The talks will not be printed in your test book and will be spoken only one time.

**71.** What event will take place in August?

(A) An annual parade
(B) A park cleanup project
(C) An art festival
(D) A fund-raising dinner

**72.** What does the speaker mean when he says, "there is another major event that day"?

(A) A site is not available.
(B) A goal may not be reached.
(C) An event date will be changed.
(D) Traffic congestion is expected.

**73.** What will the listeners do next?

(A) View a map
(B) Select a venue
(C) Discuss some posters
(D) Have some refreshments

**74.** Where is the speaker?

(A) At a grand opening
(B) At a group interview
(C) At a trade fair
(D) At an awards ceremony

**75.** What does the speaker say about young professionals?

(A) They are skilled with technical devices.
(B) They tend to overspend.
(C) They are concerned about the environment.
(D) They do not have enough experience.

**76.** According to the speaker, what will employees now be able to do?

(A) Back up their e-mail
(B) Submit nominations
(C) Work from home
(D) Open new accounts

**77.** What type of business is being discussed?

(A) A furniture store
(B) A laundry facility
(C) A restaurant
(D) A factory

**78.** According to the advertisement, why is the business recruiting workers?

(A) It has secured a new partner.
(B) It has launched a new service.
(C) It has opened a second location.
(D) It has extended its business hours.

**79.** What does the speaker mean when she says, "a lot of customers have shown interest"?

(A) An advertising campaign has worked.
(B) A product will sell out soon.
(C) Employees are likely to work a lot.
(D) The management team is effective.

**80.** What is the goal of the plan?

(A) To raise money
(B) To decrease traffic
(C) To reduce pollution
(D) To encourage traveling

**81.** Who does the speaker say will receive a discount?

(A) Residents
(B) Club members
(C) Students
(D) Seniors

**82.** What will happen after two months?

(A) A road will be built.
(B) A program will be evaluated.
(C) A new law will be enacted.
(D) A fee will be waived.

83. What does the speaker most likely specialize in?

(A) Software development
(B) Food production
(C) Fashion design
(D) Real estate

84. What does the speaker want to do?

(A) Use a different supplier
(B) Hire an assistant
(C) Change a color
(D) Perform further tests

85. Why does the speaker say, "it's similar to the Pacifica brand"?

(A) To give a compliment
(B) To reject a suggestion
(C) To confirm a strategy
(D) To recommend a business

86. What is the broadcast about?

(A) Social media
(B) Résumé writing
(C) Career classes
(D) Internet security

87. What did Pamela Abbot do in February?

(A) She traveled overseas.
(B) She published a book.
(C) She launched a Web site.
(D) She attended a workshop.

88. According to the speaker, what will happen tonight?

(A) An agreement will be signed.
(B) A registration period will begin.
(C) An award winner will be announced.
(D) A video will be uploaded.

89. What is being advertised?

(A) A uniform manufacturer
(B) A laundry service
(C) A cleaning company
(D) A landscaping firm

90. What does the speaker imply when she says, "This never happens in the industry"?

(A) The service was out of date.
(B) Some information may be incorrect.
(C) There are a lot of customers.
(D) The special offer is impressive.

91. According to the speaker, what can be found on a Web site?

(A) A map of locations
(B) Feedback from customers
(C) An employee directory
(D) Promotional items

92. What is prohibited during the tour?

(A) Leaving the group
(B) Taking pictures
(C) Using mobile phones
(D) Eating food

93. What does the speaker say happened in March?

(A) A test was carried out on the water.
(B) Some residents were featured in a documentary.
(C) Improvements were made to the village.
(D) A generous donation was sent.

94. What does the speaker encourage the listeners to sign up for?

(A) A business membership
(B) A mailing list
(C) A new workshop
(D) A boat tour

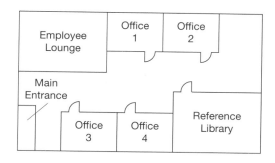

Please check the day(s) you are available:

[ ] Tuesdays @ 3:00 P.M.

[ ] Thursdays @ 10:30 A.M.

[ ] Fridays @ 2:30 P.M.

[ ] Sundays @ 1:00 P.M.

**95.** What will be delivered to the company this afternoon?

(A) Some office chairs

(B) Some computer monitors

(C) A conference table

(D) A microwave oven

**96.** According to the speaker, why was a purchase necessary?

(A) A budget had a surplus.

(B) An item was recently damaged.

(C) The number of employees has grown.

(D) Some staff members made a complaint.

**97.** Look at the graphic. Where does Victor work?

(A) In Office 1

(B) In Office 2

(C) In Office 3

(D) In Office 4

**98.** Where does the speaker most likely work?

(A) At a community garden

(B) At a supermarket

(C) At a hardware store

(D) At a bakery

**99.** What is the speaker's goal?

(A) To cut costs

(B) To improve teamwork

(C) To encourage leadership

(D) To teach new skills

**100.** Look at the graphic. On which days does the speaker have a flexible schedule?

(A) Tuesdays

(B) Thursdays

(C) Fridays

(D) Sundays

**READING TEST**

In the Reading test, you will read a variety of texts and answer several different types of reading comprehension questions. The entire Reading test will last 75 minutes. There are three parts, and directions are given for each part. You are encouraged to answer as many questions as possible within the time allowed. You must mark your answers on the separate answer sheet. Do not write your answers in your test book.

**PART 5**

**Directions**: A word or phrase is missing in each of the sentences below. Four answer choices are given below each sentence. Select the best answer to complete the sentence. Then mark the letter (A), (B), (C), or (D) on your answer sheet.

---

**101.** The members of the newly expanded gym ------- pleased with the wider variety of equipment to use.

(A) is
(B) are being
(C) been
(D) are

**102.** At the awards dinner, author Diana Lewis was recognized for the success she achieved throughout her distinguished -------.

(A) career
(B) task
(C) speech
(D) action

**103.** Because Mr. Estrada is on vacation at the moment, Ms. Hoban will train the new employees -------.

(A) her
(B) herself
(C) hers
(D) she

**104.** Kasten Hotel's swimming pool is being upgraded, so that area will remain closed for painting ------- September 9.

(A) of
(B) at
(C) during
(D) until

**105.** The newest version of the smartphone is ------- anticipated by industry experts and technology fans.

(A) eagerly
(B) eager
(C) eagerness
(D) more eager

**106.** To keep the department managers informed, team leaders should ------- a progress report monthly.

(A) involve
(B) submit
(C) measure
(D) elect

**107.** Local historians ensured that the details of the ------- building matched the original time period.

(A) to restore
(B) restored
(C) restores
(D) restore

**108.** The employees at the McKinley branch are focusing on improving customer service, and those at the Arlington branch have ------- goals.

(A) presentable
(B) confident
(C) initial
(D) similar

**109.** The R&D team was relieved that consumers reviewed the new product ------- in their feedback.

(A) favor
(B) favorable
(C) favorably
(D) favorite

**110.** Due to facing strong market -------, especially from online stores, Vix Clothing has increased its advertising.

(A) compete
(B) competition
(C) competed
(D) competes

**111.** The cleaning properties of the product were discovered ------- when some testers spilled the contents on the floor.

(A) accidentally
(B) consistently
(C) mutually
(D) eagerly

**112.** Benson Outdoors sells a wide ------ of camping equipment at reasonable prices.

(A) range
(B) outcome
(C) space
(D) preference

**113.** ------- the addition of two large bedrooms in the basement, the house had a dramatic increase in value.

(A) With
(B) Yet
(C) On
(D) What

**114.** Considering the ------- circumstances, the performance of the sales agents this quarter was outstanding.

(A) given
(B) give
(C) giver
(D) giving

**115.** ------- the short notice, everyone on the fundraising committee was able to attend the emergency meeting.

(A) Despite
(B) Unlike
(C) While
(D) Besides

**116.** Audience members should ------- at least ten minutes before the start of the performance to find their seats.

(A) reach
(B) arrive
(C) verify
(D) alert

**117.** Mankato Inc. is a leading ------- of nonfiction books on scientific topics.

(A) published
(B) publisher
(C) publish
(D) publishing

**118.** The Park-Connect app shows users public parks ------- them on a map that is updated in real time.

(A) even
(B) plus
(C) near
(D) down

**119.** Chadron Accounting ------- on the expertise of its staff in resolving all tax-related matters.

(A) dependence
(B) dependable
(C) depends
(D) dependent

**120.** Kendall Apparel is ------- seeking an experienced store manager who is available on weekends and holidays.

(A) efficiently
(B) currently
(C) highly
(D) closely

**121.** ------- Monday morning, reporters at *The Rexburg Herald* discuss possible articles with the editor.

(A) Every
(B) When
(C) Often
(D) Many

**122.** If the weather remains sunny, the construction company will have a good ------- of finishing the project early.

(A) motivation
(B) practice
(C) result
(D) chance

**123.** Most security guards at Cedar Bank work during the day, though ------- have overnight shifts.

(A) what
(B) these
(C) any
(D) some

**124.** Changing to curtains that let in more sunlight led to a much more ------- atmosphere in the office.

(A) ongoing
(B) conformed
(C) known
(D) cheerful

**125.** Ms. Mills ------- handled the complaint from the customer and ensured the issue would not happen again.

(A) impresses
(B) impression
(C) impressively
(D) impressed

**126.** ------- the repainting of the 3rd-floor offices, several Bronx Sales employees will work remotely next week.

(A) Other than
(B) Without
(C) Owing to
(D) Since

**127.** Customers can rest assured that all financial transactions are handled by a group of ------- professionals.

(A) accomplished
(B) accomplishes
(C) accomplishment
(D) will accomplish

**128.** ------- the third consecutive year, Frye Taxis has won the local award for Best Transportation Company.

(A) Since
(B) For
(C) Per
(D) Yet

**129.** The roof ------- after several tenants reported seeing damp patches in the ceilings of the apartment units.

(A) to inspect
(B) will inspect
(C) is inspecting
(D) was inspected

**130.** Vacation days cannot be changed ------- the time off has been approved by a manager on the scheduling system.

(A) only
(B) along
(C) once
(D) nor

## PART 6

**Directions**: Read the texts that follow. A word, phrase, or sentence is missing in parts of each text. Four answer choices for each question are given below the text. Select the best answer to complete the text. Then mark the letter (A), (B), (C), or (D) on your answer sheet.

**Questions 131-134** refer to the following announcement.

Petunia Hotel is thrilled to announce the addition of a small kiosk in the lobby. It opens on August 3, so we welcome you to be among the first people ------- advantage of this new
**131.**
amenity. The kiosk will sell newspapers and hot drinks as well as pastries from Leon's Kitchen, a popular ------- café. Through this ------- with another local business, we can support each other
**132.**                          **133.**
and make it easy to buy delicious treats. The kiosk is not just for guests staying at the Petunia Hotel. -------.
**134.**

131. (A) take
(B) takes
(C) are taking
(D) to take

132. (A) neighbor
(B) neighborhood
(C) neighborliness
(D) neighbors

133. (A) partnership
(B) equipment
(C) attitude
(D) acquisition

134. (A) Anyone can make a purchase at the counter.
(B) We will be updating our individual rooms soon.
(C) Please let us know if you need to check out late.
(D) Leon's Kitchen is seeking new cooks for its staff.

JB Events, ------- of the regional market, has been assisting people with their special occasions
135.
for more than two decades. Our employees ------- in large-scale events, and we can make sure
136.
that everything runs smoothly.

In addition to guiding you through the timelines and tracking the details you need, we can also
get you great deals with florists, caterers, and more. -------. Contact JB Events today to tell us
137.
about your event. We'll point you ------- the right theme and venue and make sure your event is
138.
a complete success.

135. (A) led
(B) leader
(C) lead
(D) leading

136. (A) advertise
(B) practice
(C) combine
(D) specialize

137. (A) The decorations looked modern and
sophisticated.
(B) As a result, the flowers are guaranteed
to be fresh.
(C) Some guests may have special dietary
needs to be addressed.
(D) That's because we've built
relationships with a variety of
businesses.

138. (A) beside
(B) toward
(C) planning
(D) because

**Questions 139-142** refer to the following information.

At Goldleaf Fitness Center, customer ------- is our top priority. That's why we have developed
139.
this free online course. -------. We focus only on the basic information in the course. However,
140.
you can also download ------- materials from our Web site. The advice is offered as general
141.
knowledge. Please be sure to ------- a medical professional about your specific situation before
142.
making any major changes.

139. (A) satisfied
(B) satisfaction
(C) satisfying
(D) satisfies

140. (A) Please don't hesitate to book a tour of
the site anytime.
(B) Your feedback will influence the future
classes we offer.
(C) The equipment is checked regularly for
your safety.
(D) Each lesson will teach you about a
different aspect of nutrition.

141. (A) cautious
(B) supplemental
(C) expensive
(D) productive

142. (A) prescribe
(B) record
(C) consult
(D) revise

To: Ellis Latham <e.latham@vidaliadata.com>
From: Sunny Days Dental Clinic <info@sunnydaysdc.com>
Date: September 18
Subject: Sunny Days Schedule Change

Dear Sunny Days Dental Clinic Patient:

Sunny Days Dental Clinic ------- its Austin Street location in October. This will result in a
                              **143.**
temporary closure from October 3 to 17. The Barnes Street location will remain open during this

time, and we will offer ------- business hours to accommodate patients from the closed branch.
                          **144.**

-------. Our administrative department will contact you either by e-mail ------- by phone to make
 **145.**                                                                      **146.**
new arrangements.

Thank you for your patience,

Sunny Days Dental Clinic

143. (A) has renovated
 (B) renovated
 (C) may renovate
 (D) is renovating

144. (A) suspected
 (B) extended
 (C) cautious
 (D) potential

145. (A) Appointments scheduled for this time
 will be rebooked.
 (B) Thank you for leaving a positive review
 of our practice.
 (C) Your dental health connects to other
 areas.
 (D) Sunny Days Dental Clinic has an
 excellent reputation.

146. (A) and
 (B) yet
 (C) or
 (D) like

**Directions**: In this part, you will read a selection of texts, such as magazine and newspaper articles, e-mails, and instant messages. Each text or set of texts is followed by several questions. Select the best answer for each question and mark the letter (A), (B), (C), or (D) on your answer sheet.

**Questions 147-148** refer to the following notice.

### Selling Your Home Seminar

Saturday, April 29, 1 P.M. — 3 P.M.
Northbrook Community Center

Do you want to find out simple and affordable ways to get more money when selling your home? Don't miss this informative seminar! Josephine Fritz, who has designed luxurious interiors for both commercial and residential properties, will give you her best tips.

Tickets are available in advance at the community center's information desk. They will also be sold at the door, if available, but it is likely we will reach full capacity in our advance sales. Please feel free to bring photos of your home to get specific advice.

**147.** Who most likely is Josephine Fritz?

(A) An interior designer
(B) A community center director
(C) A computer technician
(D) A potential investor

**148.** What is true about the seminar?

(A) It can be viewed online.
(B) It will be held on a weekday.
(C) Its fee is discounted for residents.
(D) It is expected to sell out.

**Questions 149-150** refer to the following text-message chain.

**Dante Keegan** (1:23 P.M.)
Surya, Ms. Nakamura is finalizing the presentation schedule for August 9. Have you completed the slides for your talk?

**Surya Padhi** (1:25 P.M.)
They're nearly ready. I'm behind schedule because I had to visit a client yesterday unexpectedly.

**Dante Keegan** (1:26 P.M.)
Oh, I didn't notice you were out of the office. Do you think it will be long enough? You have ninety minutes.

**Surya Padhi** (1:27 P.M.)
It's hard to tell. I'll know more once I practice it.

**Dante Keegan** (1:28 P.M.)
Alright. If you have time at the end, you could take questions from the audience. I'm sure people are wondering about our new leather jackets and wool sweaters.

149. At 1:27 P.M., what does Ms. Padhi most likely mean when she writes, "It's hard to tell"?

(A) She does not know how long a presentation will take.
(B) She has not figured out which equipment she needs.
(C) She is not sure if she can attend an event.
(D) She may not have the newest copy of the schedule.

150. What is suggested about Mr. Keegan?

(A) He found an error in a slide.
(B) He is employed by a clothing company.
(C) He approved Ms. Padhi's absence in advance.
(D) He had to travel unexpectedly.

For Immediate Release | Contact: Madeline Donoghue, 604-555-7331

BURNABY (16 May) — Maywood, one of Canada's largest property development firms, has received permission from the local council to transform the former RC Textiles factory into a unique shopping centre.

The 9,000-square-meter space will be renovated to make room for 35 retail stores. The two largest retail spaces will be occupied by Camping Max at the north end and Tia's Fashions at the south end. Other spaces are available and can be reserved by calling the number above.

The renovations are set to begin on June 21, and the facility is expected to open to the public in early November. Updates about the project's progress will be posted regularly on the Maywood Web site.

The project will contribute to the local economy through creating both temporary construction jobs as well as permanent retail jobs. In keeping with Maywood's commitment to remaining eco-friendly, the majority of building materials used in the project will be from sustainable or recycled materials.

For any inquiries regarding this project, please contact Madeline Donoghue, the assistant project manager, at 604-555-7331.

**151.** What is the press release mainly about?

(A) The rising costs of construction in Canada

(B) The completion of a manufacturing facility

(C) The expansion of a local council's authority

(D) The approval of a property development project

**152.** What is suggested about the retail spaces?

(A) Some of them have already been reserved.

(B) They can be rented by residents only.

(C) Some of them are owned by the same company.

(D) They are 35 square meters in size.

**153.** The word "open" in paragraph, 3, line 1, is closest in meaning to

(A) direct

(B) applicable

(C) responsive

(D) accessible

**154.** What is indicated about Maywood?

(A) It has had a change in ownership.

(B) It uses materials from local sources.

(C) It focuses on environmental responsibility.

(D) It is the largest business in its field.

Questions 155-157 refer to the following e-mail.

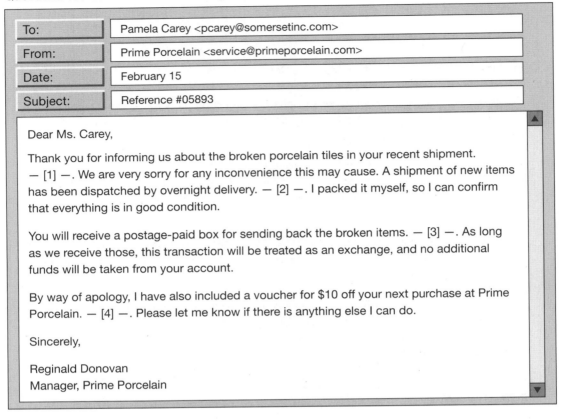

| To: | Pamela Carey <pcarey@somersetinc.com> |
| From: | Prime Porcelain <service@primeporcelain.com> |
| Date: | February 15 |
| Subject: | Reference #05893 |

Dear Ms. Carey,

Thank you for informing us about the broken porcelain tiles in your recent shipment. — [1] —. We are very sorry for any inconvenience this may cause. A shipment of new items has been dispatched by overnight delivery. — [2] —. I packed it myself, so I can confirm that everything is in good condition.

You will receive a postage-paid box for sending back the broken items. — [3] —. As long as we receive those, this transaction will be treated as an exchange, and no additional funds will be taken from your account.

By way of apology, I have also included a voucher for $10 off your next purchase at Prime Porcelain. — [4] —. Please let me know if there is anything else I can do.

Sincerely,

Reginald Donovan
Manager, Prime Porcelain

155. What is the purpose of the e-mail?

(A) To promote a new product line
(B) To remind a customer about a policy change
(C) To explain how an issue is being resolved
(D) To thank a customer for writing a review

156. Why did Mr. Donovan pack a container himself?

(A) To ensure that the goods were not damaged
(B) To fill in for an absent employee
(C) To check the color of the items carefully
(D) To add a sample item for Ms. Carey

157. In which of the positions marked [1], [2], [3], and [4] does the following sentence best belong?

"This can be spent on anything, including clearance items."

(A) [1]
(B) [2]
(C) [3]
(D) [4]

**Questions 158-161** refer to the following online chat discussion.

**Thomas Caldwell** (11:02 A.M.)
Hi, Karen and Edgar. The group interview is tomorrow. Do you have any ideas on what I should purchase for refreshments?

**Karen Lee** (11:03 A.M.)
Why don't you order cupcakes from Primrose Bakery as usual?

**Thomas Caldwell** (11:04 A.M.)
Ms. Hobbs said that since the interview is in the morning this time, I shouldn't get anything too sweet.

**Karen Lee** (11:05 A.M.)
I guess 5th Street Donut Shop won't work either.

**Thomas Caldwell** (11:06 A.M.)
Right. Maybe bagels from Blane Café? We'll need about 4 dozen bagels, and some different flavors of cream cheese.

**Karen Lee** (11:07 A.M.)
That would add up quickly. What about getting fruit trays from Central Supermarket?

**Thomas Caldwell** (11:08 A.M.)
Yes, those wouldn't cost much. Should I get paper cups too?

**Edgar Guevara** (11:10 A.M.)
We're trying to reduce waste at the office. I'll request to use some mugs from Premium Accounting next door. They've shared items with us before because we sometimes let them use our tables.

**Karen Lee** (11:11 A.M.)
But who will clean up after that?

**Thomas Caldwell** (11:12 A.M.)
I don't mind doing it.

**158.** Why did Mr. Caldwell start the chat?

(A) To find out what to purchase
(B) To ask the number of people at an interview
(C) To reserve a space for an interview
(D) To inquire about a start time

**159.** Where does the company usually place orders?

(A) 5th Street Donut Shop
(B) Blane Café
(C) Central Supermarket
(D) Primrose Bakery

**160.** At 11:07 A.M., what does Ms. Lee most likely mean when she writes, "That would add up quickly"?

(A) A business's prices are too high.
(B) A task can be completed right away.
(C) Renting a venue is expensive.
(D) The guest list should be reduced.

**161.** What does Mr. Guevara say he will do?

(A) Give Mr. Caldwell a ride
(B) Decorate some tables
(C) Ask to borrow some dishes
(D) Suggest postponing an event

### ATTENTION JACKSONVILLE COMMUNITY CENTER MEMBERS

Our facility will have adjusted hours due to the upcoming national holiday, as below:

**Friday, June 30**: The daily opening time will remain the same (9:00 A.M.), but we will close two hours early, at 6 P.M. All evening sports groups will be canceled.

**Saturday, July 1**: Closed in observance of the national holiday. If you usually take an art class on this day, it will be moved to the following day at the same time. If you cannot attend, please contact our accountant, Sandy Lomax, at s.lomax@jacksonvillecommunity. com to request a refund.

We will reopen again with our regular hours on Sunday, July 2.

**162.** What is suggested about Jacksonville Community Center?

(A) It will train its employees over the holiday.
(B) It usually opens every day at nine o'clock.
(C) It is currently seeking a new accountant.
(D) It closes at 6 P.M. every evening.

**163.** What is indicated about art classes?

(A) All are taught by professionals.
(B) All will be refunded.
(C) Some must be canceled.
(D) Some will be moved to another day.

**164.** Which day will Jacksonville Community Center return to its regular schedule?

(A) On Friday
(B) On Saturday
(C) On Sunday
(D) On Monday

**Questions 165-166** refer to the following e-mail.

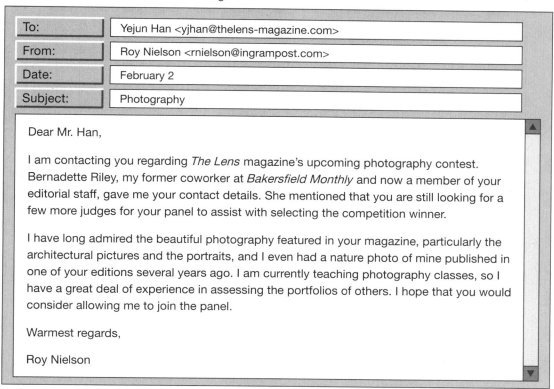

To: Yejun Han <yjhan@thelens-magazine.com>

From: Roy Nielson <rnielson@ingrampost.com>

Date: February 2

Subject: Photography

Dear Mr. Han,

I am contacting you regarding *The Lens* magazine's upcoming photography contest. Bernadette Riley, my former coworker at *Bakersfield Monthly* and now a member of your editorial staff, gave me your contact details. She mentioned that you are still looking for a few more judges for your panel to assist with selecting the competition winner.

I have long admired the beautiful photography featured in your magazine, particularly the architectural pictures and the portraits, and I even had a nature photo of mine published in one of your editions several years ago. I am currently teaching photography classes, so I have a great deal of experience in assessing the portfolios of others. I hope that you would consider allowing me to join the panel.

Warmest regards,

Roy Nielson

**165.** What is the purpose of the e-mail?

(A) To submit a photo to a competition
(B) To nominate a person for an award
(C) To show interest in judging a contest
(D) To ask for a portfolio to be reviewed

**166.** What is suggested about *The Lens*?

(A) Most of its readers work in the field of teaching.
(B) It features photography in a variety of categories.
(C) Most of its staff members work remotely.
(D) It hosts photography exhibitions regularly.

March 2

Ms. Rebecca Fleming
771 Oakwood Avenue
Boise, ID 83704

Dear Ms. Fleming,

On behalf of the News Pulse Web site, I would like to apologize for the issue you had with your account. Our technical support team is looking into the reason why you were blocked from accessing your online news subscription. Ryan Lambert is handling the case, and he may contact you if further details are needed.

In the meantime, I have updated your username and given you a temporary password. Please use the details on the enclosed card to sign in. By way of apology, I have extended your subscription by two months for free because you did not have full access this month. The new expiry date for your subscription is October 31.

Warmest regards,

Nicole Ochoa
Customer Service Team, News Pulse

**167.** What is one purpose of the letter?

(A) To provide new login information
(B) To check some contact details
(C) To apologize for missing a meeting
(D) To introduce a new service

**168.** What is suggested about Mr. Lambert?

(A) He has contacted Ms. Fleming by e-mail.
(B) He is responsible for issuing refunds.
(C) He is a member of the technical support team.
(D) He has recently joined the News Pulse staff.

**Questions 169-171** refer to the following e-mail.

| TO: | <Undisclosed Recipients> |
|---|---|
| FROM: | <info@tauntonfair.org> |
| DATE: | July 22 |
| SUBJECT: | Too much stuff? |

Dear Taunton Resident,

Do you want to get rid of extra items to make space in your garage or keep your hallways and rooms clear? Are you interested in earning extra money from your unwanted items? Then join the Taunton Friendly Fair! The Taunton Friendly Fair makes it easy for local sellers to list their secondhand items. Through our Web site, www.tauntonfair.org, you can upload pictures, choose a charge, and arrange to meet buyers.

The service is completely free. However, if you are listing a lot of items, we ask that you donate a small amount, like a dollar or two, to help us cover the expenses of running the Web site.

Using the Taunton Friendly Fair is also a great way to help the environment, as furniture, clothing, books, and more can be used by other people rather than sent to a landfill. We hope you'll give it a try!

Sincerely,

The Taunton Friendly Fair Team

**169.** What is the purpose of the e-mail?

(A) To promote a method for selling used goods
(B) To advertise a moving company
(C) To invite new residents to a community celebration
(D) To encourage businesses to update their directory details

**170.** The word "charge" in paragraph 1, line 5, is closest in meaning to

(A) rule
(B) complaint
(C) rush
(D) fee

**171.** What are some users of Taunton Friendly Fair asked to do?

(A) Vote for an environmental policy
(B) Leave a review of the Web site
(C) Provide proof of residency
(D) Make a financial contribution

I am head of the administration department at a large software firm. —[1]—. I was in charge of planning a reception for major clients visiting from overseas, and Marlin Franco was recommended to me by a former colleague. Mr. Franco helped us to plan the perfect menu and, at our request, was able to make adjustments to the menu for those with special dietary needs. Throughout the process, he kept me up to date through e-mails and texts, and he returned my calls quickly. —[2]—.

Mr. Franco provides servers when needed and can even supply tables and chairs for an additional fee, though we used the ones at the banquet hall we rented. Our event was a complete success, and attendees were impressed with the food and service. —[3]— We plan to use Mr. Franco's services again and look forward to taking advantage of the 5% discount he gives to all customers who have previously used his business. —[4]—.

- Rosanne Cole, September 14

**172.** According to the testimonial, why did Ms. Cole want to hire a caterer?

(A) To thank a team for their hard work
(B) To welcome an important visitor
(C) To celebrate an employee's retirement
(D) To launch a business overseas

**173.** What is true about Ms. Cole's company?

(A) It recently promoted Ms. Cole.
(B) It held an event at its headquarters.
(C) It holds a special event annually.
(D) It did not need to rent furniture.

**174.** What is NOT indicated about Mr. Franco?

(A) He offers lower prices to returning customers.
(B) He can accommodate special requests.
(C) He works with experienced chefs.
(D) He communicates well with customers.

**175.** In which of the positions marked [1], [2], [3], and [4] does the following sentence best belong?

"I received a lot of positive comments."

(A) [1]
(B) [2]
(C) [3]
(D) [4]

**The Emerson: Events in October**

| | |
|---|---|
| Wednesday, October 4 | Wilmington Orchestra |
| Friday, October 13 | Marvel Magic Show |
| Sunday, October 22 | Luke Morris Comedy Showcase |
| Saturday, October 28 | The Bailey Singers |

Visitors to The Emerson can now enjoy Happy Roast, our on-site café. The café opens 90 minutes before scheduled events and remains open until one hour after the event ends. If you get your drinks to go, please note that food and beverages are not allowed in the auditorium. The café is particularly busy during intermission. If you are ordering for a large group, at least six people, you can order in advance to have your drinks ready to be picked up at the start of intermission at the express counter. You can do so by emailing hroast@theemersonnow.com or stopping by the café before the show begins.

| E-Mail | |
|---|---|
| **To:** | <hroast@theemersonnow.com> |
| **From:** | <vrenwick@dole-sales.com> |
| **Date:** | Friday, October 27 |
| **Subject:** | Order |

Dear Happy Roast,

I am going to an event at The Emerson with some work colleagues tomorrow night, and I would like to order drinks for us to be picked up at intermission. However, before I place my pre-order, I'm wondering if you offer beverages with milk alternatives, as some people in our group do not consume dairy.

Thank you,

Victor Renwick

**176.** What most likely is The Emerson?

(A) A performance venue
(B) A shopping center
(C) A sports stadium
(D) An art gallery

**177.** According to the notice, what is true about Happy Roast?

(A) It is now hiring part-time workers.
(B) Its items must be consumed within the café.
(C) Its schedule changes depending on the events.
(D) It is busiest right before an event.

**178.** What did Mr. Renwick purchase tickets for?

(A) Wilmington Orchestra
(B) Marvel Magic Show
(C) Luke Morris Comedy Showcase
(D) The Bailey Singers

**179.** What is one purpose of the e-mail?

(A) To suggest a menu change
(B) To inquire about ingredients
(C) To exchange some tickets
(D) To request a group discount

**180.** What is suggested about Mr. Renwick's group?

(A) All of its members will sit near the front.
(B) It will have reserved seats in the café.
(C) All of its members cannot eat dairy.
(D) It includes more than five people.

**E-Mail**

**To:** <allemployees@foley-services.com>

**From:** <itinquiries@foley-services.com>

**Date:** March 18

**Subject:** Equipment

---

Dear Foley Services Employees:

From March 25, Foley Services will be using two new systems for reserving office equipment. Employees will no longer use the employee portal to borrow equipment. Instead, they will use an inventory management program. The sales and marketing team will use Stock-Counter, and everyone else will use SysMatch. After two months, we will assess the efficiency of each system, and you can provide feedback about your experience with the software using the Opinion Hub Web site.

As before, items can be kept for no more than 5 working days. The standard borrowing agreement is for using the items on the premises. If you need to take equipment off-site, please contact Matthias Raab at raabm@foley-services.com.

To download the instructions for using the Stock-Counter software or the SysMatch software, click here.

Sincerely,

The Foley Services IT Team

---

**To:** <itinquiries@foley-services.com>

**From:** Joanne Myers <myersj@foley-services.com>

**Date:** March 28

**Subject:** Projector

---

Dear IT Team:

I am wondering if you can assist me with an issue I am having. I need to reserve a projector for April 3, but the system keeps rejecting my request. The main page shows that the item I need is available, but when I input my employee ID number and supervisor's name, Jason Branam of the marketing department, I keep getting an error message. I am meeting with an important client on April 3 to work out the details of a five-year service contract, so it is essential that I have this equipment.

Many thanks,

Joanne Myers

**181.** What is the purpose of the e-mail?

(A) To notify staff members about a change in procedure

(B) To apologize for an error with some software

(C) To announce the purchase of some new machinery

(D) To introduce an optional training workshop

**182.** What is indicated in the first e-mail?

(A) Everyone should speak to Mr. Raab before making a request.

(B) There is a limit to the period for borrowing items.

(C) Employees cannot borrow more than five items at a time.

(D) A deposit must be paid on all items in advance.

**183.** In the second e-mail, the phrase "work out" in paragraph 1, line 5, is closest in meaning to

(A) exercise

(B) succeed

(C) decide

(D) estimate

**184.** What problem does Ms. Myers mention?

(A) She could not reach the IT team by phone.

(B) She is unable to reserve some equipment.

(C) She would like to return some items early.

(D) She does not know how to set up a projector.

**185.** Where did Ms. Myers most likely input her ID number?

(A) In the employee portal

(B) In Stock-Counter

(C) In SysMatch

(D) In Opinion Hub

# Coastside Aquarium

Our state-of-the-art facility is home to over 5,000 marine animals, and thousands of people from around the world visit our site each year to view our award-winning displays.

The Coastside Aquarium depends on volunteers to help us keep our operating costs—and, therefore, our admission fees—down. Volunteers assist with facilitating ticket sales, setting up rooms for lectures, analyzing water samples, maintaining display tanks, and more. Training is provided when needed, and a supervisor is available to answer questions. Volunteering is a great opportunity to help the community, meet new people, and develop useful skills. Please note that we do not have a formal volunteer coordinator position yet, so interested parties should send an inquiry e-mail to Hugo Bartley, our site manager, at h_bartley@coastsideaquarium.com. We look forward to hearing from you!

## Log of Volunteer Hours at Coastside Aquarium

Volunteer Name: Keith Whitfield          Total Hours (weekly): 7 hours

|  | Start Time | End Time | Start Time | End Time | Total |
|---|---|---|---|---|---|
| **Monday** | 6:00 P.M. | 7:00 P.M. | — | — | 1 |
| **Tuesday** | — | — | — | — | 0 |
| **Wednesday** | — | — | — | — | 0 |
| **Thursday** | 6:30 P.M. | 8:30 P.M. | — | — | 2 |
| **Friday** | 9:00 A.M. | 11:00 A.M. | 6:00 P.M. | 8:00 P.M. | 4 |

| To: | Hugo Bartley |
| From: | Keith Whitfield |
| Date: | An inquiry |
| Subject: | September 15 |

Dear Mr. Bartley,

It's been a great experience volunteering at Coastside Aquarium so far. I've met a lot of interesting people, and I'm proud to be contributing to such a great facility.

I recently had an interesting conversation with Dr. Seth Halford, who said that he plans to begin some behavioral studies on the tropical fish in the aquarium's collection. He wants to explore the effect of different group sizes on the actions of the fish.

Dr. Halford's work would tie in with a paper I plan to write for my university course, so I am wondering if I could change my volunteer responsibilities to assist him. I enjoy my fish-feeding duties that I do in the evenings, but I have time on the day when I work in the morning, if someone else could take over my usual duties. Please let me know if this is possible.

Sincerely,

Keith Whitfield

---

**186.** What is a task carried out by volunteers?

(A) Carrying out water analysis
(B) Leading tours of the facility
(C) Giving lectures on marine animals
(D) Building new display tanks

**187.** How many hours does Mr. Whitfield volunteer on Thursdays?

(A) One hour
(B) Two hours
(C) Four hours
(D) Seven hours

**188.** To whom did Mr. Whitfield send his e-mail?

(A) An aquarium volunteer
(B) The site manager
(C) A university professor
(D) The volunteer coordinator

**189.** What did Mr. Whitfield discuss with Dr. Halford?

(A) A performance review
(B) A fundraising idea
(C) A research project
(D) An expansion plan

**190.** When does Mr. Whitfield want to work with Dr. Halford?

(A) On Mondays
(B) On Tuesdays
(C) On Thursdays
(D) On Fridays

| From: | Leon Bryant <l.bryant@twincitiesmarketing.com> |
|---|---|
| To: | Sheila Metzger <metzgersheila@wondermail1.com> |
| Date: | March 12 |
| Subject: | Twin Cities Marketing |
| Attachment: | Checklist |

Dear Ms. Metzger,

You have passed our screening phase for the graphic designer position, and you have confirmed an interview for Tuesday, March 30, at 9:00 A.M. To streamline our hiring process, there are several documents that we would like you to provide prior to this meeting, and these can be found in the attached checklist.

Please submit the requested items as quickly as possible. Our human resources manager will be contacting your references, so please ensure that their contact details are correct. As mentioned in our job posting, this role is for a 6-month contract only, as it is to cover another employee's medical leave. However, there may be an opportunity to extend this term, depending on our needs later in the year.

All the best,

Leon Bryant

---

### Twin Cities Marketing Recruitment

Checklist for: Sheila Metzger

| | Item | Employee Responsible | Notes |
|---|---|---|---|
| ✓ | 1. Résumé | Michael Davenport | Received |
| | 2. Copy of driver's license | Amy Conte | Digital or paper copy |
| | 3. Portfolio of previous work | Gloria Baca | Digital only |
| | 4. Professional references | Ethan Gates | At least 2 |

From: Sheila Metzger <metzgersheila@wondermail1.com>
To: Leon Bryant <l.bryant@twincitiesmarketing.com>
Date: March 18
Subject: Graphic designer position

Dear Mr. Bryant,

I am writing to you about the portfolio of work that I submitted for the graphic designer position at Twin Cities Marketing. I would also like to send you some additional images from an ad campaign that was a collaboration with Donna Harper. She is traveling abroad at the moment, so it may take a few days for me to get in touch with her and get permission to share that work.

Warmest regards,

Sheila Metzger

**191.** What is one purpose of the first e-mail?

(A) To provide an update on an application process
(B) To suggest a new interview time
(C) To inquire about salary expectations
(D) To get feedback about a role's responsibilities

**192.** What is mentioned about the graphic designer position?

(A) It is a temporary role.
(B) It was advertised in the newspaper.
(C) It includes on-the-job training.
(D) It is currently held by Mr. Bryant.

**193.** Who most likely is the human resources manager?

(A) Mr. Davenport
(B) Ms. Conte
(C) Ms. Baca
(D) Mr. Gates

**194.** What is indicated about Ms. Harper in the second e-mail?

(A) She plans to write a letter of reference.
(B) She has recently moved abroad.
(C) She worked on a project with Ms. Metzger.
(D) She is interested in hiring Twin Cities Marketing.

**195.** What item does Ms. Metzger refer to in her e-mail?

(A) Item 1
(B) Item 2
(C) Item 3
(D) Item 4

## LFW to Expand to Shreveport

SHREVEPORT (February 18)—Linda's Floral Wonders (LFW) has announced plans to open a new location in Shreveport. Like its other branches, the Shreveport location will offer paintings and prints of flowers created by Linda Henderson.

"Shreveport is a thriving community full of culture, and we are looking forward to connecting with local customers here," said Walter Girard, who will manage the new location.

While a larger site may be more suitable in the future, LFW will start small in Shreveport, operating from a booth at Finley Market, right next to Sycamore Jewelry. The market is located near Evergreen Grounds, the city's largest park, which is popular with nature lovers.

It is clear that LFW is growing rapidly, as it opened a small shop in Alexandria just last month after initially opening its first location in Monroe two years ago.

---

### Shreveport's Finley Market

Booth availability as of January 10

☑ Note: Each booth area is 20 feet by 15 feet and comes with two power outlets.

| North Parking Lot | | | | | |
|---|---|---|---|---|---|
| Post Office | Candle Max | Booth 3 | Booth 5 | Sycamore Jewelry | Entrance to Evergreen Grounds |
| TC Coffee | Booth 2 | Solar Snacks | Kate's Shoes | Booth 8 | |
| South Parking Lot | | | | | |

## Linda's Floral Wonders

## Invitation

Don't miss the exciting grand opening of our booth at Finley Market in Shreveport on Saturday, February 27!

Founder and artist Linda Henderson will be there throughout the day to greet customers and answer their questions.

We will serve complimentary tea and coffee to all visitors, and the first 250 visitors will receive a free postcard featuring one of Ms. Henderson's prints.

Ms. Henderson will also demonstrate some of her techniques at the nearby park at 10:30 A.M. and 2:00 P.M. This will take place in the picnic shelter, so it will go forward regardless of the weather. We look forward to seeing you there!

**196.** According to the article, what is LFW's specialty?

(A) Building community gardens
(B) Teaching gardening classes
(C) Growing flowers
(D) Selling flower artwork

**197.** What is suggested in the article about LFW's Alexandria location?

(A) It opened in January.
(B) It was the first branch opened.
(C) It has been operating for two years.
(D) It is the largest branch.

**198.** Which booth will LFW use?

(A) Booth 2
(B) Booth 3
(C) Booth 5
(D) Booth 8

**199.** What is indicated on the map?

(A) Two different booth sizes are available.
(B) All of the booths are connected to parking areas.
(C) A bus stop will be near the entrance.
(D) The post office is next to Evergreen Grounds.

**200.** What will happen at the February 27 event?

(A) Hot beverages will be available for sale.
(B) A drawing for prizes will be held.
(C) A demonstration will be given at Evergreen Grounds.
(D) Postcards will be distributed to some award winners.

# 실전 모의고사 정답

## LC

| | | | | | | | | | | | | | | 맞은 개수 |
|---|---|---|---|---|---|---|---|---|---|---|---|---|---|---|
| **PART 1** | 1 | (C) | 2 | (D) | 3 | (C) | 4 | (D) | 5 | (C) | 6 | (C) | | / 6 |
| **PART 2** | 7 | (C) | 8 | (C) | 9 | (C) | 10 | (C) | 11 | (A) | 12 | (A) | 13 | (B) | / 25 |
| | 14 | (B) | 15 | (B) | 16 | (B) | 17 | (B) | 18 | (A) | 19 | (A) | 20 | (B) | |
| | 21 | (A) | 22 | (B) | 23 | (B) | 24 | (B) | 25 | (A) | 26 | (A) | 27 | (C) | |
| | 28 | (B) | 29 | (C) | 30 | (A) | 31 | (A) | | | | | | | |
| **PART 3** | 32 | (B) | 33 | (C) | 34 | (A) | 35 | (B) | 36 | (C) | 37 | (D) | 38 | (D) | / 39 |
| | 39 | (C) | 40 | (B) | 41 | (D) | 42 | (A) | 43 | (B) | 44 | (B) | 45 | (B) | |
| | 46 | (A) | 47 | (C) | 48 | (B) | 49 | (D) | 50 | (C) | 51 | (B) | 52 | (B) | |
| | 53 | (D) | 54 | (C) | 55 | (B) | 56 | (D) | 57 | (C) | 58 | (B) | 59 | (B) | |
| | 60 | (C) | 61 | (D) | 62 | (C) | 63 | (C) | 64 | (D) | 65 | (D) | 66 | (B) | |
| | 67 | (B) | 68 | (A) | 69 | (B) | 70 | (A) | | | | | | | |
| **PART 4** | 71 | (C) | 72 | (B) | 73 | (D) | 74 | (D) | 75 | (C) | 76 | (B) | 77 | (B) | / 30 |
| | 78 | (B) | 79 | (C) | 80 | (B) | 81 | (A) | 82 | (B) | 83 | (C) | 84 | (A) | |
| | 85 | (B) | 86 | (A) | 87 | (D) | 88 | (C) | 89 | (C) | 90 | (D) | 91 | (B) | |
| | 92 | (D) | 93 | (B) | 94 | (C) | 95 | (B) | 96 | (C) | 97 | (A) | 98 | (C) | |
| | 99 | (D) | 100 | (B) | | | | | | | | | | | |
| **계** | | | | | | | | | | | | | | / 100 |

## RC

| | | | | | | | | | | | | | | 맞은 개수 |
|---|---|---|---|---|---|---|---|---|---|---|---|---|---|---|
| **PART 5** | 101 | (D) | 102 | (A) | 103 | (B) | 104 | (D) | 105 | (A) | 106 | (B) | 107 | (B) | / 30 |
| | 108 | (D) | 109 | (C) | 110 | (B) | 111 | (A) | 112 | (A) | 113 | (A) | 114 | (A) | |
| | 115 | (A) | 116 | (B) | 117 | (B) | 118 | (C) | 119 | (C) | 120 | (B) | 121 | (A) | |
| | 122 | (D) | 123 | (D) | 124 | (D) | 125 | (C) | 126 | (C) | 127 | (A) | 128 | (B) | |
| | 129 | (D) | 130 | (C) | | | | | | | | | | | |
| **PART 6** | 131 | (D) | 132 | (B) | 133 | (A) | 134 | (A) | 135 | (B) | 136 | (D) | 137 | (D) | / 16 |
| | 138 | (B) | 139 | (B) | 140 | (D) | 141 | (B) | 142 | (C) | 143 | (D) | 144 | (B) | |
| | 145 | (A) | 146 | (C) | | | | | | | | | | | |
| **PART 7** | 147 | (A) | 148 | (D) | 149 | (A) | 150 | (B) | 151 | (D) | 152 | (A) | 153 | (D) | / 54 |
| | 154 | (C) | 155 | (C) | 156 | (A) | 157 | (D) | 158 | (A) | 159 | (D) | 160 | (A) | |
| | 161 | (C) | 162 | (B) | 163 | (D) | 164 | (C) | 165 | (C) | 166 | (B) | 167 | (A) | |
| | 168 | (C) | 169 | (A) | 170 | (D) | 171 | (D) | 172 | (B) | 173 | (D) | 174 | (C) | |
| | 175 | (C) | 176 | (A) | 177 | (C) | 178 | (D) | 179 | (B) | 180 | (D) | 181 | (A) | |
| | 182 | (B) | 183 | (C) | 184 | (B) | 185 | (B) | 186 | (A) | 187 | (B) | 188 | (B) | |
| | 189 | (C) | 190 | (D) | 191 | (A) | 192 | (A) | 193 | (D) | 194 | (C) | 195 | (C) | |
| | 196 | (D) | 197 | (A) | 198 | (C) | 199 | (B) | 200 | (C) | | | | | |
| **계** | | | | | | | | | | | | | | / 100 |

**나의 토익 점수:** 맞은 개수 (     ) × 5점 = _____점

ANSWER SHEET

# TOEIC 실전 모의고사

| 응시일자 | 20 . . |
|---|---|
| 이름 | |
| 맞은 개수 | /200 |

## LISTENING (Part I ~ IV)

| 1 | ⓐⓑⓒ | 21 | ⓐⓑⓒ | 41 | ⓐⓑⓒⓓ | 61 | ⓐⓑⓒⓓ | 81 | ⓐⓑⓒⓓ |
| 2 | ⓐⓑⓒ | 22 | ⓐⓑⓒ | 42 | ⓐⓑⓒⓓ | 62 | ⓐⓑⓒⓓ | 82 | ⓐⓑⓒⓓ |
| 3 | ⓐⓑⓒ | 23 | ⓐⓑⓒ | 43 | ⓐⓑⓒⓓ | 63 | ⓐⓑⓒⓓ | 83 | ⓐⓑⓒⓓ |
| 4 | ⓐⓑⓒ | 24 | ⓐⓑⓒ | 44 | ⓐⓑⓒⓓ | 64 | ⓐⓑⓒⓓ | 84 | ⓐⓑⓒⓓ |
| 5 | ⓐⓑⓒ | 25 | ⓐⓑⓒ | 45 | ⓐⓑⓒⓓ | 65 | ⓐⓑⓒⓓ | 85 | ⓐⓑⓒⓓ |
| 6 | ⓐⓑⓒ | 26 | ⓐⓑⓒ | 46 | ⓐⓑⓒⓓ | 66 | ⓐⓑⓒⓓ | 86 | ⓐⓑⓒⓓ |
| 7 | ⓐⓑⓒ | 27 | ⓐⓑⓒ | 47 | ⓐⓑⓒⓓ | 67 | ⓐⓑⓒⓓ | 87 | ⓐⓑⓒⓓ |
| 8 | ⓐⓑⓒ | 28 | ⓐⓑⓒ | 48 | ⓐⓑⓒⓓ | 68 | ⓐⓑⓒⓓ | 88 | ⓐⓑⓒⓓ |
| 9 | ⓐⓑⓒ | 29 | ⓐⓑⓒ | 49 | ⓐⓑⓒⓓ | 69 | ⓐⓑⓒⓓ | 89 | ⓐⓑⓒⓓ |
| 10 | ⓐⓑⓒ | 30 | ⓐⓑⓒ | 50 | ⓐⓑⓒⓓ | 70 | ⓐⓑⓒⓓ | 90 | ⓐⓑⓒⓓ |
| 11 | ⓐⓑⓒ | 31 | ⓐⓑⓒ | 51 | ⓐⓑⓒⓓ | 71 | ⓐⓑⓒⓓ | 91 | ⓐⓑⓒⓓ |
| 12 | ⓐⓑⓒ | 32 | ⓐⓑⓒ | 52 | ⓐⓑⓒⓓ | 72 | ⓐⓑⓒⓓ | 92 | ⓐⓑⓒⓓ |
| 13 | ⓐⓑⓒ | 33 | ⓐⓑⓒ | 53 | ⓐⓑⓒⓓ | 73 | ⓐⓑⓒⓓ | 93 | ⓐⓑⓒⓓ |
| 14 | ⓐⓑⓒ | 34 | ⓐⓑⓒ | 54 | ⓐⓑⓒⓓ | 74 | ⓐⓑⓒⓓ | 94 | ⓐⓑⓒⓓ |
| 15 | ⓐⓑⓒ | 35 | ⓐⓑⓒ | 55 | ⓐⓑⓒⓓ | 75 | ⓐⓑⓒⓓ | 95 | ⓐⓑⓒⓓ |
| 16 | ⓐⓑⓒ | 36 | ⓐⓑⓒ | 56 | ⓐⓑⓒⓓ | 76 | ⓐⓑⓒⓓ | 96 | ⓐⓑⓒⓓ |
| 17 | ⓐⓑⓒ | 37 | ⓐⓑⓒ | 57 | ⓐⓑⓒⓓ | 77 | ⓐⓑⓒⓓ | 97 | ⓐⓑⓒⓓ |
| 18 | ⓐⓑⓒ | 38 | ⓐⓑⓒ | 58 | ⓐⓑⓒⓓ | 78 | ⓐⓑⓒⓓ | 98 | ⓐⓑⓒⓓ |
| 19 | ⓐⓑⓒ | 39 | ⓐⓑⓒ | 59 | ⓐⓑⓒⓓ | 79 | ⓐⓑⓒⓓ | 99 | ⓐⓑⓒⓓ |
| 20 | ⓐⓑⓒ | 40 | ⓐⓑⓒ | 60 | ⓐⓑⓒⓓ | 80 | ⓐⓑⓒⓓ | 100 | ⓐⓑⓒⓓ |

## READING (Part V ~ VII)

| 101 | ⓐⓑⓒⓓ | 121 | ⓐⓑⓒⓓ | 141 | ⓐⓑⓒⓓ | 161 | ⓐⓑⓒⓓ | 181 | ⓐⓑⓒⓓ |
| 102 | ⓐⓑⓒⓓ | 122 | ⓐⓑⓒⓓ | 142 | ⓐⓑⓒⓓ | 162 | ⓐⓑⓒⓓ | 182 | ⓐⓑⓒⓓ |
| 103 | ⓐⓑⓒⓓ | 123 | ⓐⓑⓒⓓ | 143 | ⓐⓑⓒⓓ | 163 | ⓐⓑⓒⓓ | 183 | ⓐⓑⓒⓓ |
| 104 | ⓐⓑⓒⓓ | 124 | ⓐⓑⓒⓓ | 144 | ⓐⓑⓒⓓ | 164 | ⓐⓑⓒⓓ | 184 | ⓐⓑⓒⓓ |
| 105 | ⓐⓑⓒⓓ | 125 | ⓐⓑⓒⓓ | 145 | ⓐⓑⓒⓓ | 165 | ⓐⓑⓒⓓ | 185 | ⓐⓑⓒⓓ |
| 106 | ⓐⓑⓒⓓ | 126 | ⓐⓑⓒⓓ | 146 | ⓐⓑⓒⓓ | 166 | ⓐⓑⓒⓓ | 186 | ⓐⓑⓒⓓ |
| 107 | ⓐⓑⓒⓓ | 127 | ⓐⓑⓒⓓ | 147 | ⓐⓑⓒⓓ | 167 | ⓐⓑⓒⓓ | 187 | ⓐⓑⓒⓓ |
| 108 | ⓐⓑⓒⓓ | 128 | ⓐⓑⓒⓓ | 148 | ⓐⓑⓒⓓ | 168 | ⓐⓑⓒⓓ | 188 | ⓐⓑⓒⓓ |
| 109 | ⓐⓑⓒⓓ | 129 | ⓐⓑⓒⓓ | 149 | ⓐⓑⓒⓓ | 169 | ⓐⓑⓒⓓ | 189 | ⓐⓑⓒⓓ |
| 110 | ⓐⓑⓒⓓ | 130 | ⓐⓑⓒⓓ | 150 | ⓐⓑⓒⓓ | 170 | ⓐⓑⓒⓓ | 190 | ⓐⓑⓒⓓ |
| 111 | ⓐⓑⓒⓓ | 131 | ⓐⓑⓒⓓ | 151 | ⓐⓑⓒⓓ | 171 | ⓐⓑⓒⓓ | 191 | ⓐⓑⓒⓓ |
| 112 | ⓐⓑⓒⓓ | 132 | ⓐⓑⓒⓓ | 152 | ⓐⓑⓒⓓ | 172 | ⓐⓑⓒⓓ | 192 | ⓐⓑⓒⓓ |
| 113 | ⓐⓑⓒⓓ | 133 | ⓐⓑⓒⓓ | 153 | ⓐⓑⓒⓓ | 173 | ⓐⓑⓒⓓ | 193 | ⓐⓑⓒⓓ |
| 114 | ⓐⓑⓒⓓ | 134 | ⓐⓑⓒⓓ | 154 | ⓐⓑⓒⓓ | 174 | ⓐⓑⓒⓓ | 194 | ⓐⓑⓒⓓ |
| 115 | ⓐⓑⓒⓓ | 135 | ⓐⓑⓒⓓ | 155 | ⓐⓑⓒⓓ | 175 | ⓐⓑⓒⓓ | 195 | ⓐⓑⓒⓓ |
| 116 | ⓐⓑⓒⓓ | 136 | ⓐⓑⓒⓓ | 156 | ⓐⓑⓒⓓ | 176 | ⓐⓑⓒⓓ | 196 | ⓐⓑⓒⓓ |
| 117 | ⓐⓑⓒⓓ | 137 | ⓐⓑⓒⓓ | 157 | ⓐⓑⓒⓓ | 177 | ⓐⓑⓒⓓ | 197 | ⓐⓑⓒⓓ |
| 118 | ⓐⓑⓒⓓ | 138 | ⓐⓑⓒⓓ | 158 | ⓐⓑⓒⓓ | 178 | ⓐⓑⓒⓓ | 198 | ⓐⓑⓒⓓ |
| 119 | ⓐⓑⓒⓓ | 139 | ⓐⓑⓒⓓ | 159 | ⓐⓑⓒⓓ | 179 | ⓐⓑⓒⓓ | 199 | ⓐⓑⓒⓓ |
| 120 | ⓐⓑⓒⓓ | 140 | ⓐⓑⓒⓓ | 160 | ⓐⓑⓒⓓ | 180 | ⓐⓑⓒⓓ | 200 | ⓐⓑⓒⓓ |

삶의 순간순간이
아름다운 마무리이며
새로운 시작이어야 한다.

– 법정 스님

# 에듀윌 토익 단기서 [첫토익 550+ (LC+RC+VOCA)]

| | |
|---|---|
| 발 행 일 | 2023년 10월 23일 초판 |
| 편 저 자 | 에듀윌 어학연구소 |
| 펴 낸 이 | 김재환 |
| 펴 낸 곳 | (주)에듀윌 |
| 등록번호 | 제25100-2002-000052호 |
| 주 소 | 08378 서울특별시 구로구 디지털로34길 55 |
| | 코오롱싸이언스밸리 2차 3층 |

**www.eduwill.net**

대표전화  1600-6700

# 여러분의 작은 소리
# 에듀윌은 크게 듣겠습니다.

본 교재에 대한 여러분의 목소리를 들려주세요.
공부하시면서 어려웠던 점, 궁금한 점,
칭찬하고 싶은 점, 개선할 점, 어떤 것이라도 좋습니다.

에듀윌은 여러분께서 나누어 주신 의견을
통해 끊임없이 발전하고 있습니다.

---

**에듀윌 도서몰** book.eduwill.net
- 부가학습자료 및 정오표: 에듀윌 도서몰 → 도서자료실
- 교재 문의: 에듀윌 도서몰 → 문의하기 → 교재(내용, 출간) / 주문 및 배송

# 꿈을 현실로 만드는 에듀윌

DREAM

## 공무원 교육
- 선호도 1위, 신뢰도 1위! 브랜드만족도 1위!
- 합격자 수 2,100% 폭등시킨 독한 커리큘럼

## 자격증 교육
- 7년간 아무도 깨지 못한 기록 합격자 수 1위
- 가장 많은 합격자를 배출한 최고의 합격 시스템

## 직영학원
- 직영학원 수 1위, 수강생 규모 1위!
- 표준화된 커리큘럼과 호텔급 시설 자랑하는 전국 44개 학원

## 종합출판
- 4대 온라인서점 베스트셀러 1위!
- 출제위원급 전문 교수진이 직접 집필한 합격 교재

## 어학 교육
- 토익 베스트셀러 1위
- 토익 동영상 강의 무료 제공
- 업계 최초 '토익 공식' 추천 AI 앱 서비스

## 콘텐츠 제휴 · B2B 교육
- 고객 맞춤형 위탁 교육 서비스 제공
- 기업, 기관, 대학 등 각 단체에 최적화된 고객 맞춤형 교육 및 제휴 서비스

## 부동산 아카데미
- 부동산 실무 교육 1위!
- 상위 1% 고소득 창업/취업 비법
- 부동산 실전 재테크 성공 비법

## 공기업 · 대기업 취업 교육
- 취업 교육 1위!
- 공기업 NCS, 대기업 직무적성, 자소서, 면접

## 학점은행제
- 99%의 과목이수율
- 15년 연속 교육부 평가 인정 기관 선정

## 대학 편입
- 편입 교육 1위!
- 업계 유일 500% 환급 상품 서비스

## 국비무료 교육
- '5년우수훈련기관' 선정
- K-디지털, 4차 산업 등 특화 훈련과정

교육문의 **1600-6700**  www.eduwill.net

# 딱 필요한 것만 하니까, 토익이 쉬워진다!

## 쉬운 토익 공식
# 에듀윌 토익

최영준    셀린    클레어    구원

YES24 22년 9월 4주
YES24 22년 5월 4주
YES24 22년 4월 4주
알라딘 22년 3월 4주

**베스트셀러 1위**

대한민국 토익 교육 **1위** 브랜드 어워드

에듀윌 토익 선택의 이유

에듀윌 토익 단기서

첫토익 550+

LC+RC+VOCA

# 정답 및 해설

에듀윌 토익 단기서

# 첫토익 550+

## LC+RC+VOCA

정답 및 해설

에듀윌 토익 단기서

첫토익 550+

LC+RC+VOCA

정답 및 해설

# LC PART 1

## 출제 경향 및 전략

### 1. 🎧 미
**해석**
(A) 여자가 가게에서 물건 값을 지불하고 있다.
**(B) 여자가 팔에 바구니를 들고 있다.**
(C) 여자가 판매할 물건들을 진열하고 있다.
(D) 여자가 채소들을 닦고 있다.
**어휘**
pay for ~에 대해 값을 지불하다   carry ~을 지니다/나르다
display ~을 전시하다/진열하다

### 2. 🎧 호
**해석**
**(A) 몇몇 사람들이 발표회에 참석하고 있다.**
(B) 몇몇 사람들이 손을 들고 있다.
(C) 한 남자가 그래프를 그리고 있다.
(D) 한 여자가 화이트보드에 글을 쓰고 있다.
**어휘**
attend ~에 참석하다   raise ~을 들어올리다

### 3. 🎧 미
**해석**
(A) 몇 개의 우산이 펼쳐지고 있다.
**(B) 몇 개의 테이블은 일부 건물 앞에 위치해 있다.**
(C) 열린 공간은 보행자들로 붐빈다.
(D) 광장의 한 부분이 포장되고 있다.
**어휘**
be located ~에 위치해 있다   be crowded with ~으로 붐비다
pedestrian 보행자   pave (길이나 바닥 등을) 포장하다

### PART 1 TEST

**1.** (D)   **2.** (C)   **3.** (D)   **4.** (B)   **5.** (B)   **6.** (D)

### 1. 🎧 미
(A) She's fixing her sunglasses.
(B) She's resting her hand on a bench.
(C) She's reaching into a handbag.
**(D) She's talking on the phone.**

**해석**
(A) 그녀는 자신의 선글라스를 고치고 있다.
(B) 그녀는 벤치에 손을 얹고 있다.
(C) 그녀는 핸드백 안에 손을 넣고 있다.
**(D) 그녀는 전화 통화를 하고 있다.**

**어휘**
fix 고치다; 고정시키다   rest 받치다, 기대다
reach into ~안으로 손을 뻗다
talk on the phone 전화 통화를 하다

### 2. 🎧 미
(A) She's turning on a faucet.
(B) She's putting on some gloves.
**(C) She's leaning over a sink.**
(D) She's cleaning a mirror.

**해석**
(A) 그녀는 수도꼭지를 틀고 있다.
(B) 그녀는 장갑을 착용하는 중이다.
**(C) 그녀는 싱크대 위로 몸을 숙이고 있다.**
(D) 그녀는 거울을 닦고 있다.

**어휘**
turn on ~을 틀다, 켜다   faucet 수도꼭지   put on (동작) ~을 입다
gloves 장갑   lean over ~의 위로 상체를 숙이다   sink 싱크대

### 3. 🎧 호
(A) The people are decorating a wall.
(B) The man is using a napkin.
(C) One of the women is serving food.
**(D) The people are looking at some menus.**

**해석**
(A) 사람들이 벽을 장식하고 있다.
(B) 남자가 냅킨을 사용하고 있다.
(C) 여자들 중 한 명이 음식을 서빙하고 있다.
**(D) 사람들이 메뉴판을 보고 있다.**

**어휘**
decorate 장식하다   serve (음식을) 제공하다, 내오다
menu 메뉴(판)

### 4. 🎧 미
(A) He's untying a cloth apron.
**(B) He's using a garden tool.**
(C) He's building a greenhouse.
(D) He's watering some flowers.

**해석**
(A) 그는 천으로 된 앞치마를 풀고 있다.
**(B) 그는 정원용 도구를 사용하고 있다.**
(C) 그는 온실을 짓고 있다.
(D) 그는 꽃에 물을 주고 있다.

**어휘**
untie 끈을 풀다   apron 앞치마   garden tool 정원용 도구
greenhouse 온실   water 물을 주다

**5.** 🎧영

(A) Some leaves have been swept into a pile.
**(B) Some furniture has been stacked near a fence.**
(C) An umbrella has fallen on the ground.
(D) A bicycle has been chained to a pole.

해석

(A) 나뭇잎들이 쓸려서 무더기로 모여 있다.
**(B) 가구 몇 점이 담장 근처에 쌓여 있다.**
(C) 우산이 땅에 떨어졌다.
(D) 자전거가 기둥에 사슬로 묶여 있다.

어휘

sweep 쓸다   pile 무더기, 뭉치   stack 쌓다   fence 울타리
umbrella 우산   chain 사슬로 묶다   pole 기둥

**6.** 🎧미

(A) Documents have been stacked on a cabinet.
(B) A fire extinguisher is sitting on the floor.
(C) A hallway has been decorated with paintings.
**(D) Notices have been posted on a bulletin board.**

해석

(A) 서류들이 캐비닛 위에 쌓여 있다.
(B) 소화기가 바닥에 있다.
(C) 복도가 그림들로 장식되어 있다.
**(D) 게시판에 공고문들이 게시되어 있다.**

어휘

stack 쌓다   cabinet 캐비닛   fire extinguisher 소화기
hallway 복도   decorate 장식하다   notice 공지, 알림
post 게시하다   bulletin board 게시판

 **PART 2**

## UNIT 01 의문사로 시작하는 의문문 (1)

**연습문제 ①**

**1.** (B)   **2.** (A)   **3.** (A)   **4.** (B)

**1.** 🎧미 미

Who's responsible for the Franklin Project?
(A) Yes, that's correct.
**(B) That's Daniel's job.**

해석

누가 Franklin 프로젝트의 담당자입니까?
(A) 네, 맞습니다.
**(B) 그건 Daniel의 업무예요.**

해설

(A) 의문사 의문문에는 Yes / No로 답할 수 없다.
(B) Daniel이라는 사람의 책임이라고 우회적으로 답하는 정답이다.

어휘

responsible for ~에 책임이 있는   correct 정확한

**2.** 🎧미 미

Who can open the warehouse?
**(A) I have a key.**
(B) I reported it to my manager.

해석

누가 창고를 열 수 있나요?
**(A) 제가 열쇠를 가지고 있어요.**
(B) 제 관리자에게 그것을 알렸어요.

해설

(A) 내가 열 수 있다고 우회적으로 답하는 정답이다.

어휘

warehouse 창고   report 보고하다, 알리다
manager 관리자, 부장

**3.** 🎧미 호

Who can I talk to about getting a new computer monitor?
**(A) Call the IT team.**
(B) Alright, I'll turn it on.

해석

새 컴퓨터 모니터를 사는 것에 관해 누구에게 얘기하면 되나요?
**(A) IT 팀에 전화하세요.**
(B) 좋아요, 제가 켤게요.

해설

(A) 특정 부서에 연락하라고 우회적으로 답하는 정답이다.

(B) All right는 Yes와 같은 의미이고 의문사 의문문에는 Yes /
No로 답할 수 없으므로 오답이다. 또한 computer-turn it
on의 의미 연상 함정이 사용되었다.

어휘

IT 정보 기술(= information technology)   turn ~ on ~을 켜다

**4.** 🎧 미 영

> Who chooses the site for the company retreat?
> (A) No, I couldn't go last year.
> **(B) Ask someone on the planning committee.**

해설

회사 야유회 장소는 누가 정하나요?

(A) 아니요, 저는 작년에 못 갔어요.

**(B) 기획 위원회에 있는 사람에게 물어보세요.**

해설

(A) 의문사 의문문에 Yes / No로 답할 수 없으므로 오답이다.

(B) 특정 부서에 있는 사람에게 물어보라고 우회적으로 답하는 정답
이다.

어휘

site 장소, 부지   company retreat 회사 야유회   planning 기획
committee 위원회

---

**연습문제 ❷**

**1.** (B)   **2.** (A)   **3.** (B)   **4.** (A)

---

**1.** 🎧 미 미

> When will you meet the marketing team?
> (A) Yes, at the market.
> **(B) Right after lunch.**

해설

당신은 언제 마케팅팀을 만날 건가요?

(A) 네, 시장에서요.

**(B) 점심 시간 직후에요.**

해설

(A) 의문사 의문문은 Yes / No로 답할 수 없으므로 오답이다. 또한
marketing-market의 유사 어휘 함정이 쓰였다.

어휘

right after ~의 직후에

---

**2.** 🎧 미 미

> When should we hold the team dinner?
> **(A) Thursday the 5th is convenient.**
> (B) How about at a seafood restaurant?

---

해설

우리는 팀 회식을 언제 해야 할까요?

**(A) 5일 목요일이 편해요.**

(B) 해산물 식당에서 하는 건 어때요?

해설

(B) Where 의문문에 적절한 답변이며, dinner-restaurant의 의
미 연상 함정이다.

어휘

convenient 편리한   how about ~은 어때요   seafood 해산물

---

**3.** 🎧 미 미

> When are you moving to the Stockholm office?
> (A) The office fax machine.
> **(B) The schedule is being decided.**

해설

언제 스톡홀름 사무소로 옮기세요?

(A) 사무실 팩스 기기입니다.

**(B) 일정을 정하는 중이에요.**

해설

(A) office의 동어 반복 함정이다.

(B) 아직 일정이 정해지지 않았다고 답하는 정답이다.

---

**4.** 🎧 호 영

> When are employees receiving their bonuses?
> **(A) Probably on the last day of the month.**
> (B) The receipt is in the bag.

해설

직원들은 언제 상여금을 받나요?

**(A) 아마 월말일 거예요.**

(B) 영수증은 가방 안에 있어요.

해설

(B) receiving-receipt의 유사 어휘 함정이다.

어휘

employee 직원   receipt 영수증

---

**연습문제 ❸**

**1.** (A)   **2.** (B)   **3.** (B)   **4.** (B)

---

**1.** 🎧 미 미

> Where did you find my briefcase?
> **(A) It was under a chair.**
> (B) In about two hours.

해석

제 서류 가방을 어디서 찾으셨나요?

**(A) 의자 밑에 있었어요.**

(B) 약 두 시간 뒤에요.

해설

(A) 전치사(under)+장소로 답한 정답이다.

(B) When 의문문에 대한 답변이며, 전치사 in은 시간을 나타내는 표현과 함께 쓰일 때는 '~ 후에'로 해석한다.

어휘

briefcase 서류 가방

**2.** 🎧 미 미

> Where can I store my luggage?
> (A) From 9 to 5.
> **(B) At the service desk over there.**

해석

제 짐을 어디에 보관하면 될까요?

(A) 9시부터 5시까지요.

**(B) 저쪽에 있는 서비스 창구에요.**

해설

(A) When 의문문에 대한 답변이다.

(B) 전치사(at)+장소로 답한 정답이다.

어휘

store 보관하다, 저장하다   luggage 짐, 수하물   over there 저쪽에

**3.** 🎧 미 미

> Where can I get an employee handbook?
> (A) On the cover page.
> **(B) Let me give you one.**

해석

직원 안내서를 어디서 구할 수 있나요?

(A) 표지에서요.

**(B) 제가 하나 드릴게요.**

해설

(A) handbook(안내서)-cover(표지)의 의미 연상 함정이며, 책을 표지에서 구한다는 것은 논리적이지 않으므로 오답이다.

(B) handbook을 대명사 one으로 표현한 정답이다.

어휘

employee 지원   handbook 안내서, 편람   cover 표지

**4.** 🎧 미 미

> Where is the closest stationery store?
> (A) It closed at 10.
> **(B) On Carter Avenue.**

해석

가장 가까운 문구점은 어디 있나요?

(A) 10시에 문을 닫았어요.

**(B) Carter 가에 있어요.**

해설

(A) When 의문문에 대한 답변이며, closest-closed의 유사 어휘 함정이다.

(B) 전치사(on)+도로명으로 답하는 정답이다.

어휘

close 가까운   stationery 문구류

## UNIT 02 의문사로 시작하는 의문문 (2)

**연습문제 ❶**

**1.** (A)   **2.** (B)   **3.** (B)   **4.** (B)

**1.** 🎧 미 미

> What is included in the rent?
> **(A) Electricity and water.**
> (B) She lent me a bicycle.

해석

집세에는 무엇이 포함됩니까?

**(A) 전기와 수도요.**

(B) 그녀가 제게 자전거를 빌려주었어요.

해설

(B) rent-lend의 유사 어휘 함정이다.

어휘

include 포함하다   rent 임대료   electricity 전기, 전력   lend 빌려 주다

**2.** 🎧 미 미

> What room should we use for the staff meeting?
> (A) Yes, I was hired.
> **(B) Let's book the conference room.**

해석

우리는 직원 회의를 위해 어떤 방을 이용해야 하나요?

(A) 네, 제가 고용되었어요.

**(B) 회의실을 예약합시다.**

해설

(A) 의문사 의문문에 Yes/No로 답할 수 없으므로 오답이다.

어휘

staff 직원   book 예약하다   conference room 회의실

**3.** 🎧 미 미

> Which desk is yours?
> (A) A comfortable chair.
> **(B) The one by the copy machine.**

해석

어떤 책상이 당신 것인가요?

(A) 편안한 의자요.

**(B) 복사기 옆에 있는 거요.**

해설

(A) desk를 물었는데 chair로 답한 오답이며, 의미 연상 함정이다.

(B) desk를 대명사 one으로 표현한 정답이다.

어휘

by ~의 옆에   copy machine 복사기

**4.** 🎧 미 미

Which software should I install to design our logo?

(A) She's very good at designing.

**(B) You'd better ask Jason.**

해석

우리 로고를 디자인하려면 어떤 소프트웨어를 설치해야 하나요?

(A) 그녀는 디자인을 아주 잘해요.

**(B) Jason에게 물어보는 게 좋겠어요.**

해설

(A) design의 동어 반복 함정이다.

(B) 제3의 답변인 정답이다.

어휘

install 설치하다   logo 로고   you'd better ~하는 것이 좋다
take care of ~을 처리하다, 돌보다

연습문제 ❷

**1.** (B)    **2.** (A)    **3.** (B)    **4.** (B)

**1.** 🎧 미 미

How do I get to the park?

(A) The parking lot is nearby.

**(B) You should make a right at the corner.**

해석

그 공원에 어떻게 가나요?

(A) 주차장이 인근에 있습니다.

**(B) 모퉁이에서 오른쪽으로 돌아야 합니다.**

해설

(A) 방법을 묻는 질문에 대한 올바른 답변이 아니며, park-parking
   의 유사 어휘 함정이다.

어휘

get 가다, 닿다   parking lot 주차장   nearby 근처의; 근처에
make a right 우회전하다

**2.** 🎧 미 미

How long will it take to get to Chicago?

**(A) Four hours by train.**

(B) To visit my parents.

해석

시카고에 가는 데 얼마나 걸릴까요?

**(A) 기차로 4시간이요.**

(B) 부모님을 뵈려고요.

해설

(A) How long(얼마나 오래)에 기간으로 답하는 정답이다.

(B) Why 의문문에 대한 답변이다.

어휘

take 시간이 걸리다

**3.** 🎧 미 미

How do you like the new payment system?

(A) I'd like to pay with my credit card.

**(B) Actually, it's quite efficient.**

해석

새로운 결제 시스템은 어떤가요?

(A) 신용카드로 결제하겠습니다.

**(B) 사실, 매우 효율적이에요.**

해설

(A) payment-pay의 유사 어휘 함정이다.

어휘

payment 결제, 비용 지불   pay 결제하다   actually 사실, 실제로는
quite 매우   efficient 효율적인

**4.** 🎧 미 미

How will you get to the post office this afternoon?

(A) I'll visit there tonight at the latest.

**(B) I'll take a taxi.**

해석

오늘 오후에 우체국에 어떻게 갈 거예요?

(A) 늦어도 오늘 밤에 그곳을 방문할 거예요.

**(B) 택시를 탈 거예요.**

해설

(A) 우체국을 가는 방법을 묻는 질문에 시기로 답했으므로 오답이며,
   afternoon(오후)-tonight(오늘 밤)의 의미 연상 함정이다.

어휘

post office 우체국   at the latest 늦어도

연습문제 ❸

**1.** (A)    **2.** (A)    **3.** (B)    **4.** (B)

**1.** 🎧 미 미

Why is the library closing early tonight?

**(A) Because it's a holiday.**

(B) This was the closest place.

해석

도서관이 왜 오늘 밤 문을 일찍 닫나요?

**(A) 휴일이기 때문이에요.**

(B) 여기가 가장 가까운 곳이었어요.

해설

(A) 이유를 묻는 Why 의문문에 Because로 답하는 정답이다.

(B) closing-closest의 유사 어휘 함정이다.

어휘

close 문을 닫다; 가까운

### 2. 🎧 미 호

> Why has my credit card been rejected?
> **(A) You'll have to contact the company directly.**
> (B) The receipt can be used for returns.

해석

왜 제 신용카드가 거부되었나요?

**(A) 회사에 직접 연락해야 할 겁니다.**

(B) 영수증을 환불에 이용할 수 있습니다.

해설

(B) credit card-receipt의 의미 연상 함정이 쓰였다.

어휘

reject 거절하다　contact 연락하다　directly 직접
receipt 영수증　return 반납, 반품

### 3. 🎧 미 미

> Why did the ambassador cut the meeting short?
> (A) The main conference room.
> **(B) Because of an urgent call.**

해석

왜 대사님이 회의를 갑자기 끝냈나요?

(A) 주 회의실입니다.

**(B) 급한 전화 때문입니다.**

해설

(A) meeting(회의)-conference room(회의실)의 의미 연상 함정이다.

(B) 이유를 묻는 Why 의문문에 Because로 답하는 정답이다.

어휘

ambassador 대사　cut ~ short ~을 갑자기 끝내다
main 주된, 주요한　conference room 회의실　urgent 긴급한
call 전화; 전화하다

### 4. 🎧 미 미

> Why isn't Ms. Camila in her office?
> (A) I think it was changed to 4 o'clock.
> **(B) All the managers are at a staff meeting.**

해석

Camila 씨는 왜 그녀의 사무실에 없나요?

(A) 4시 정각으로 변경된 것 같아요.

**(B) 모든 관리자들이 직원 회의 중이에요.**

해설

(B) Because 없이 Ms. Camila가 직원 회의 중이어서 자리에 없다고 답하는 정답이다.

어휘

manager 관리자, 부장　staff 직원　meeting 회의

## UNIT 03 의문사가 없는 의문문

### 연습문제 ❶

**1.** (A)　**2.** (B)　**3.** (B)　**4.** (A)

### 1. 🎧 미 미

> Aren't you leaving for London this afternoon?
> **(A) No, I'm going tomorrow.**
> (B) They'll be arriving tonight.

해석

오늘 오후에 런던으로 떠나지 않나요?

**(A) 아니요, 내일 가요.**

(B) 그들이 오늘 밤에 도착할 거예요.

해설

(A) 오늘 저녁에 떠나느냐는 질문에 내일 떠난다고 답하는 정답이다.

(B) leaving-arriving의 의미 연상 함정이다.

어휘

leave 떠나다　arrive 도착하다

### 2. 🎧 호 영

> Shouldn't we buy tickets for the movie in advance?
> (A) Let's move to a coffee shop.
> **(B) Yes, it is quite popular.**

해석

우리가 미리 그 영화의 티켓을 사야 하지 않나요?

(A) 커피숍으로 이동합시다.

**(B) 네, 그것은 아주 인기 있어요.**

해설

(A) movie-move의 유사 어휘 함정이다.

(B) 영화가 인기 있기 때문에 예매를 해야 한다고 우회적으로 답하는 정답이다.

어휘

in advance 미리, 사전에　quite 아주, 꽤

### 3. 🎧 미 미

> Is Charlie attending this afternoon's meeting?
> (A) Attendance was fairly low.
> **(B) No, he's still on vacation.**

해석

Charlie가 오늘 오후 회의에 참석하나요?

(A) 출석률이 상당히 낮았어요.
**(B) 아니요, 그는 아직 휴가 중이에요.**

해설
(A) attending-attendance의 유사 어휘 함정이다.

어휘
attend 참석하다, 출석하다  attendance 참석  fairly 꽤, 아주
on vacation 휴가 중인

### 4. 🎧 미 미

> Has Melanie completed her performance reviews yet?
> **(A) She just came back from her trip.**
> (B) The restaurant got great reviews.

해석
Melanie가 자신의 성과 평가를 끝냈나요?
**(A) 그녀는 막 출장에서 돌아왔어요.**
(B) 그 식당은 좋은 평가를 받았어요.

해설
(A) Melanie가 출장에서 방금 돌아왔기 때문에 아직 성과 평가를 하지 못했다고 우회적으로 답하는 정답이다. 문장의 맨 앞에 No가 생략되었다고 볼 수 있다.
(B) reviews의 동어 반복 함정이다.

어휘
complete 완성하다, 끝내다  performance 성과  review 평가
yet 아직

### 연습문제 ❷

**1. (B)  2. (A)  3. (A)  4. (A)**

### 1. 🎧 영 호

> Will the managers from the Tokyo branch arrive on Thursday or Friday?
> (A) Sign up for the management seminar.
> **(B) They haven't bought their tickets yet.**

해석
도쿄 지사의 관리자들이 목요일에 도착하나요, 아니면 금요일에 도착하나요?
(A) 경영 세미나에 등록하세요.
**(B) 그들은 아직 표를 사지 않았어요.**

해설
(A) managers-management의 유사 어휘 함정이다.
(B) Thursday or Friday, 즉 목요일인지 금요일인지 묻는 선택 의문문에 제3의 답변으로 답하는 정답이다.

어휘
branch 지사, 지점  sign up for ~에 등록하다
management 경영, 관리  yet 아직

### 2. 🎧 미 미

> Should I return her call, or should I just wait?
> **(A) She said she would call back later.**
> (B) She called about the boiler.

해석
그녀에게 회신 전화를 해야 하나요, 아니면 그냥 기다려야 하나요?
**(A) 그녀가 나중에 다시 전화하겠다고 했어요.**
(B) 그녀가 보일러에 관해서 전화했어요.

해설
(A) 문장 전체가 A or B의 구조가 된다. Should I return her call이 A이고, should I just wait가 B인데, return her call과 비슷한 표현인 call back을 이용한 정답이다.
(B) call의 동어 반복 함정이다.

어휘
return one's call (전화를 제때 받지 못해) 회신 전화를 하다

### 3. 🎧 미 미

> Do you prefer to work in a team, or work independently?
> **(A) I'm OK with either.**
> (B) I walk to work.

해석
팀으로 일하는 걸 선호하세요, 아니면 혼자 일하는 걸 선호하세요?
**(A) 둘 다 괜찮아요.**
(B) 저는 걸어서 출근해요.

해설
(A) 제3의 답변으로 답하는 정답이다.
(B) work의 동어 반복 함정 및 work-walk의 유사 어휘 함정이다.

어휘
independently 독립적으로  either 둘 다

### 4. 🎧 미 미

> Is this the line for making purchases or returning merchandise?
> **(A) It's for returning items.**
> (B) No, not that much.

해석
이 줄은 구매하는 줄인가요, 아니면 반품하는 줄인가요?
**(A) 반품 줄입니다.**
(B) 아니요, 그렇게 많이는 아니에요.

해설
(A) making purchases와 returning merchandise 중에서 returning merchandise를 returning items로 바꿔서 답하는 정답이다.

어휘
make purchases 구입하다  merchandise 상품, 물품
item 물품, 품목

## 연습문제 ❸

**1.** (A)  **2.** (B)  **3.** (B)  **4.** (A)

### 1. 🎧 미 미

> Why don't we drive separately to the stadium?
> **(A) Sounds good to me.**
> (B) The tickets are on sale.

**해석**

경기장까지 따로 운전해서 가는 것이 어때요?

**(A) 좋은 생각이에요.**

(B) 티켓들이 판매되고 있어요.

**해설**

(A) 제안에 긍정적으로 답하는 정답이다.

(B) stadium(경기장)-tickets(티켓)의 의미 연상 함정이다.

**어휘**

separately 각각, 각자  on sale 판매 중인

### 2. 🎧 미 미

> Could you help me connect my laptop to the Internet?
> (A) Please make that a priority.
> **(B) Why don't you contact technical support?**

**해석**

제 노트북을 인터넷에 연결하는 것 좀 도와주실 수 있으세요?

(A) 그걸 우선순위로 하세요.

**(B) 기술지원팀에 연락해 보는 게 어때요?**

**해설**

(B) 다른 부서에 연락해 보라고 역으로 제안을 하며 요청을 우회적으로 거절하는 정답이다.

**어휘**

connect 연결하다  laptop 노트북 컴퓨터  priority 우선순위  contact 연락하다  technical 기술적  support 지원

### 3. 🎧 미 미

> Could you e-mail me a copy of the guest list?
> (A) You are welcome to come.
> **(B) Sure, that's no problem.**

**해석**

손님 명단의 사본을 메일로 보내줄 수 있어요?

(A) 당신이 오는 건 환영입니다.

**(B) 그럼요, 문제없어요.**

**해설**

(A) guest(손님)-welcome(환영하다)의 의미 연상 함정이다.

(B) Sure라고 답한 뒤 요청을 수락하는 정답이다.

**어휘**

copy 사본, 1부

### 4. 🎧 미 미

> Would you like to talk before me?
> **(A) I don't have much to say.**
> (B) Yes, you did.

**해석**

저보다 먼저 말씀하시겠어요?

**(A) 저는 할 말이 많지 않아요.**

(B) 네, 당신이 했어요.

**해설**

(A) 할 말이 많지 않다며 제안을 우회적으로 거절하는 정답이다.

(B) Yes로 답변했지만 내용이 맞지 않는 오답이다.

## UNIT 04 평서문, 부가 의문문

## 연습문제 ❶

**1.** (B)  **2.** (A)  **3.** (A)  **4.** (B)

### 1. 🎧 미 미

> Maybe we should get a backup generator for the building.
> (A) He'll be back shortly.
> **(B) That's not a bad idea.**

**해석**

아마도 건물을 위해 예비 발전기를 마련해야겠어요.

(A) 그가 곧 돌아올 거예요.

**(B) 나쁜 생각은 아니네요.**

**해설**

(A) backup-back의 유사 어휘 함정이다.

(B) 맞장구를 치는 정답이다.

**어휘**

backup 예비(품)  generator 발전기  shortly 곧, 금방

### 2. 🎧 미 미

> The wool sweaters from Truby Fashions are popular.
> **(A) I think it looks great on you.**
> (B) No, I didn't sweat after my workout.

**해석**

Truby Fashions의 울 스웨터가 인기가 많아요.

**(A) 그것은 당신에게 아주 잘 어울리는 것 같아요.**

(B) 아니요, 저는 운동 후에 땀을 흘리지 않았어요.

**해설**

(A) Yes(네), That's right(맞아요)와 같은 표현을 생략하고 추가 의견을 제공하는 정답이다.

(B) sweaters-sweat의 유사 어휘 함정이다.

어휘

sweat 땀을 흘리다　workout 운동

**3.** 🎧 미 미

> The training session lasted about two months.
> **(A) Isn't that too long?**
> (B) The train's just arrived.

해석

교육이 약 두 달 동안 계속되었어요.
**(A) 그건 너무 길지 않아요?**
(B) 기차가 방금 도착했어요.

해설

(A) 반문하는 형태의 정답이다.
(B) training-train의 유사 어휘 함정이다.

어휘

training 교육, 훈련　session 시간　last 계속되다, 지속되다

**4.** 🎧 미 미

> I lost Ms. Lee's business card.
> (A) I started my own company.
> **(B) Her contact details are online.**

해석

저는 Lee 씨의 명함을 잃어버렸어요.
(A) 저는 제 회사를 차렸어요.
**(B) 그녀의 연락처는 온라인에 있어요.**

해설

(A) business card(명함)-company(회사)의 의미 연상 함정이다.
(B) 연락처 정보가 온라인에 있다고 정보를 제공하는 형태의 정답이다.

어휘

business card 명함　contact 연락　details 세부 사항
online 온라인의

---

**연습문제 ❷**

**1.** (B)　**2.** (B)　**3.** (A)　**4.** (B)

**1.** 🎧 미 미

> We should report all damage to the manufacturer,
> shouldn't we?
> (A) The factory is hiring.
> **(B) No, it depends on the problem.**

해석

우리가 모든 피해를 제조사에 알려야 하죠, 그렇지 않아요?
(A) 공장이 채용 중이에요.
**(B) 아니요, 문제에 따라 달라요.**

---

해설

(A) manufacturer(제조사)-factory(공장)의 의미 연상 함정이다.
(B) 부가 의문문은 묻는 내용에 대해 긍정이면 Yes, 부정이면 No
로 답해야 한다. 피해를 제조사에 알리지 말아야 한다는 부정의
입장이므로 No로 답한 뒤 추가적인 의견을 말하는 정답이다.

어휘

report 보고하다, 알리다　damage 피해　manufacturer 제조사
factory 공장　hire 채용하다　depend on ~에 달려 있다

**2.** 🎧 미 미

> This meal comes with a beverage, doesn't it?
> (A) I'd like to come with you.
> **(B) Any soft drink or juice.**

해석

이 식사는 음료와 함께 나오죠, 그렇지 않나요?
(A) 당신과 함께 가고 싶어요.
**(B) 청량음료나 주스가 함께 나옵니다.**

해설

(A) come with의 동어 반복 함정이다,
(B) Yes를 생략하고 추가적인 정보를 제공하는 정답이다.

어휘

meal 음식, 식사　come with ~이 함께 제공되다　beverage 음료
soft drink 청량음료

**3.** 🎧 미 미

> We should buy the concert tickets today, shouldn't
> we?
> **(A) I took care of that this morning.**
> (B) My favorite rock band.

해석

우리는 오늘 콘서트 표를 사야 하죠, 그렇지 않나요?
**(A) 오늘 아침에 제가 그것을 처리했어요.**
(B) 제가 가장 좋아하는 록 밴드예요.

해설

(A) that은 표 구매를 말하므로 정답이다.
(B) concert(콘서트)-rock band(록 밴드)의 의미 연상 함정이다.

어휘

take care of ~을 처리하다　favorite 좋아하는, 선호하는

**4.** 🎧 미 미

> There isn't a pharmacy in this neighborhood, is
> there?
> (A) Because I wasn't feeling well.
> **(B) No, not within walking distance.**

해석

이 근처에는 약국이 없죠, 그렇죠?
(A) 제가 몸이 안 좋았기 때문이에요.
**(B) 네, 걸어서 갈 수 있는 거리에는 없어요.**

해설

(A) pharmacy(약국)-wasn't feeling well(몸이 좋지 않았다)의 의미 연상 함정이다.

(B) 약국이 없기 때문에 No라고 말한 뒤 추가적인 정보를 제공하는 정답이다.

어휘

pharmacy 약국  neighborhood 근처, 이웃  within walking distance 걸어갈 수 있는 거리에, 가까운 곳에

---

## PART 2 TEST

| | | | | | |
|---|---|---|---|---|---|
| 1. (B) | 2. (C) | 3. (A) | 4. (C) | 5. (A) | 6. (A) |
| 7. (A) | 8. (A) | 9. (B) | 10. (C) | 11. (C) | 12. (A) |
| 13. (B) | 14. (A) | 15. (B) | | | |

---

**1.** 🎧 미 미

Who's picking up the clients at the airport?
(A) In Terminal 1.
**(B) Benjamin is.**
(C) The clients are pleased.

해석

누가 공항에 고객들을 차로 마중 나갈 건가요?
(A) 1번 터미널에서요.
**(B) Benjamin이요.**
(C) 고객들이 기뻐해요.

해설

(A) airport(공항)-terminal(터미널)의 의미 연상 함정이다.
(B) Who 의문문에 사람 이름으로 답변하는 정답이다.
(C) client의 동어 반복 함정이다.

어휘

pick up 자동차로 마중 나가다, 차에 태우다  client 고객
pleased 기뻐하는

---

**2.** 🎧 미 호

Why did you choose Macon Airlines?
(A) Yes, I bought a ticket.
(B) An international flight.
**(C) Because it's the cheapest.**

해석

당신은 왜 Macon 항공사를 선택했나요?
(A) 네, 제가 티켓을 샀어요.
(B) 국제선입니다.
**(C) 가장 싸기 때문이에요.**

해설

(A) 의문사 의문문에 Yes/No로 답할 수 없으며, Airlines-ticket의 의미 연상 함정이다.
(B) Airlines(항공사)-flight(항공편)의 의미 연상 함정이다.
(C) Why 의문문에 Because로 답하는 정답이다.

어휘

flight 항공편, 비행  cheap 싼, 저렴한

---

**3.** 🎧 미 미

Didn't the restaurant launch a catering service?
**(A) Yes, a few weeks ago.**
(B) A table on the patio.
(C) I enjoyed the lunch.

해석

그 음식점이 출장 뷔페 서비스를 시작하지 않았나요?
**(A) 네, 몇 주 전에요.**
(B) 테라스의 테이블이요.
(C) 점심을 맛있게 먹었어요.

해설

(A) 부정 의문문은 일반 의문문과 마찬가지로 긍정이면 Yes, 부정이면 No로 답한다. 식당이 출장 뷔페 서비스를 시작했기 때문에 Yes라고 답한 뒤 추가적인 정보를 언급하는 정답이다.
(B) restaurant(음식점)-table(테이블)의 의미 연상 함정이다.
(C) launch-lunch의 유사 어휘 함정이다.

어휘

launch 개시하다, 시작하다  catering 출장 뷔페  patio 테라스

---

**4.** 🎧 미 호

Which workshop session was your favorite?
(A) Registration is in the lobby.
(B) I'm looking forward to it.
**(C) All of them were helpful.**

해석

어떤 워크숍 시간이 가장 좋았나요?
(A) 등록은 로비에서 합니다.
(B) 그것을 고대하고 있어요.
**(C) 모든 것들이 도움이 됐어요.**

해설

(A) workshop-registration의 의미 연상 함정이다.
(B) workshop-looking forward to it의 의미 연상 함정이다.
(C) 어떤 워크숍이 좋았냐고 묻는 Which 의문문에 모든 워크숍이 좋았다고 답하는 정답이다.

어휘

session (교육) 시간  favorite 선호하는, 가장 좋아하는
registration 등록  look forward to ~을 고대하다
helpful 도움이 되는

---

**5.** 🎧 미 영

The new Italian restaurant opens in June, doesn't it?
**(A) No, not until July.**
(B) Here's the new version.
(C) At the entrance.

**해석**

새로운 이태리 식당이 6월에 문을 열어요, 그렇지 않나요?

**(A) 아니요, 7월이나 되어야 해요.**

(B) 여기 새로운 버전이 있습니다.

(C) 입구에서요.

**해설**

(A) 부가 의문문의 답변은 평서문과 동일하다고 생각하면 된다. 식당이 6월에 문을 열지 않느냐는 말에 No로 답한 뒤 7월로 정정하는 정답이다.

(B) new의 동어 반복 함정이다.

(C) opens-entrance의 의미 연상 함정이다.

**어휘**

version 버전, 판　entrance 입구

## 6. 🎧 미 미

> What products does your company make?
> **(A) Office supplies.**
> (B) The production factory.
> (C) Yes, I tried a sample.

**해석**

당신의 회사는 무슨 제품을 만드나요?

**(A) 사무용품이요.**

(B) 생산 공장입니다.

(C) 네, 제가 샘플을 써 봤어요.

**해설**

(A) What products(어떤 제품)에 사무용품이라고 답하는 정답이다.

(B) products-production의 유사 어휘 함정이다.

(C) products-sample의 의미 연상 함정이다.

**어휘**

office supplies 사무용품　factory 공장　try 써보다, 시도하다

## 7. 🎧 호 영

> Where's the sports complex located?
> **(A) Next to the convention center.**
> (B) Yes, I used to play golf at school.
> (C) We rented the whole complex.

**해석**

스포츠 종합 단지는 어디에 위치해 있나요?

**(A) 컨벤션 센터 바로 옆이요.**

(B) 네, 저는 학교에서 골프를 치곤 했어요.

(C) 우리는 종합 단지 전체를 빌렸어요.

**해설**

(A) 위치를 묻는 Where 의문문에 위치를 나타내는 next to라는 전치사로 답하는 정답이다.

(B) sports-golf의 의미 연상 함정이며 의문사 의문문에 Yes / No로 답할 수 없다.

(C) complex의 동어 반복 함정이다.

**어휘**

complex 복합 건물　located 위치한　next to ~의 바로 옆에

## 8. 🎧 미 미

> Do you need a copy of the manager's memo?
> **(A) No, I've already received one.**
> (B) A security upgrade.
> (C) The address is wrong.

**해석**

관리자의 회람이 한 부 필요하세요?

**(A) 아니요, 이미 받았어요.**

(B) 보안 업그레이드입니다.

(C) 주소가 틀렸어요.

**해설**

(A) 일반 의문문은 Yes / No로 답할 수 있다. 질문의 a copy of the manager's memo를 대명사 one으로 말하는 정답이다.

(C) memo(회람)-address(주소)의 의미 연상 함정이다.

**어휘**

copy 사본, 1부　manager 관리자　memo 회람　security 보안
address 주소

## 9. 🎧 영 미

> Would you like to see the proposed cover designs?
> (A) The print shop nearby.
> **(B) Sure, I'm free after lunch.**
> (C) It's for the travel industry.

**해석**

제안 받은 표지 디자인을 보시겠어요?

(A) 근처 인쇄소요.

**(B) 물론이죠, 점심 이후에 시간이 있어요.**

(C) 관광 산업을 위한 거예요.

**해설**

(A) designs-print의 의미 연상 함정이다.

(B) 제안 / 요청을 수락하는 Sure로 답한 뒤 추가 정보를 제시하는 정답이다.

**어휘**

propose 제안하다　cover 표지　print 인쇄　nearby 근처의
industry 산업

## 10. 🎧 미 미

> When will construction begin?
> (A) On the south side of the building.
> (B) The new office.
> **(C) After the budget is approved.**

**해석**

공사가 언제 시작되나요?

(A) 건물의 남쪽에서요.

(B) 새 사무실입니다.

**(C) 예산이 승인된 이후예요.**

해설

(A) construction-building의 의미 연상 함정이다.
(B) construction-office의 의미 연상 함정이다.
(C) 시간을 묻는 When 의문문에 시기로 답하는 정답이다.

어휘

construction 공사   budget 예산   approve 승인하다

---

**11.** 🎧 미 영

> How often do we have company retreats?
> (A) The company president is coming.
> (B) I'll treat you to some tea.
> **(C) Twice a year.**

해석

우리는 얼마나 자주 회사 야유회를 가나요?
(A) 사장님이 오고 계세요.
(B) 제가 차를 좀 대접할게요.
**(C) 1년에 두 번이요.**

해설

(A) company의 동어 반복 함정이다.
(B) retreats-treat의 유사 어휘 함정이다.
(C) How 의문문은 How 바로 뒤의 단어를 잘 들어야 한다. How often은 빈도를 묻는 질문이므로 빈도로 답한 정답이다.

어휘

retreat 야유회   treat A to B A에게 B를 대접하다   twice 두 번

---

**12.** 🎧 미 미

> Do you like driving your motorcycle or your car to work?
> **(A) I prefer my motorcycle.**
> (B) I drove him there.
> (C) Experienced marketing executives.

해석

오토바이로 출근하는 걸 좋아하세요, 차를 타고 출근하는 걸 좋아하세요?
**(A) 제 오토바이가 좋습니다.**
(B) 제가 그를 거기까지 태워다 줬어요.
(C) 경험이 풍부한 마케팅 중역들이에요.

해설

(A) 선택 의문문에서 제시된 두 가지 중 하나인 motorcycle로 답하는 정답이다.
(B) driving-drove의 유사 어휘 함정이다.

어휘

motorcycle 오토바이   prefer 선호하다, 좋아하다
experienced 숙련된, 경력이 많은   executive 중역, 이사

---

**13.** 🎧 호 미

> Who is in charge of cleaning the display case?
> (A) Use a soft cloth.
> **(B) Jonathan said he'd do it.**
> (C) Yes, five feet wide.

해석

누가 진열장 청소를 담당하죠?
(A) 부드러운 천을 사용하세요.
**(B) Jonathan이 자기가 하겠다고 했어요.**
(C) 네, 5피트 넓이예요.

해설

(A) display case(진열장)-soft cloth(부드러운 천)의 의미 연상 함정이다.
(B) Who 의문문에 Jonathan이라는 사람 이름으로 답한 정답이다.
(C) display case-five feet(5피트)의 의미 연상 함정이다. 의문사 의문문에 Yes / No로 답할 수 없다는 것도 기억하자.

어휘

be in charge of ~을 책임지다, ~을 담당하다
display case 진열장   feet (거리 단위) 피트

---

**14.** 🎧 미 미

> Are you going to apply for the management role?
> **(A) No, I don't think I'm qualified.**
> (B) She's an expert in her field.
> (C) Please apply one thin coat.

해석

관리자 직책에 지원하시나요?
**(A) 아니요, 저는 자격이 안 되는 것 같아요.**
(B) 그녀는 자기 분야에서 전문가예요.
(C) 코팅을 얇게 한 겹 해주세요.

해설

(A) Yes / No로 답할 수 있는 일반 의문문에 No로 답한 뒤 추가 정보를 제시하는 정답이다.
(B) management(경영)-expert(전문가)의 의미 연상 함정이다.
(C) apply의 동어 반복 함정이다.

어휘

apply for ~에 지원하다   management 경영, 관리
role 직책, 역할   qualified 자격을 갖춘   expert 전문가   field 분야
apply 바르다, 적용하다   coat 층, 코팅

---

**15.** 🎧 영 호

> Maybe you should include more evidence in your paper.
> (A) Was Kevin invited?
> **(B) I was thinking the same thing.**
> (C) You can store the photos on the computer.

해석

당신은 보고서에 더 많은 증거를 포함시켜야 할 것 같아요.

(A) Kevin이 초대되었나요?

**(B) 저도 같은 생각이었어요.**

(C) 컴퓨터에 사진을 저장할 수 있습니다.

해설

(B) 평서문에 맞장구를 치는 정답이다.

어휘

include 포함하다  evidence 증거  paper 보고서
store 보관하다, 저장하다

# UNIT 01 주제·목적을 묻는 문제

연습문제

**1.** (B)  **2.** (B)

## 1. 🎧 미 호

> W  Did you take a look at the new design I made for the interior of the bowling alley?
>
> M  I just got in.
>
> W  Well, I have it with me here, so let me show you.
>
> **What** are the speakers **mainly discussing**?
> (A) An e-mail
> (B) An interior design

해석

여  볼링장 인테리어를 위해 제가 한 새 디자인을 보셨나요?

남  저는 방금 들어왔어요.

여  음, 제가 여기 가지고 있으니 보여 드릴게요.

화자들은 주로 무엇에 관해 이야기하고 있는가?

(A) 이메일

**(B) 인테리어 디자인**

해설

주제, 목적 등을 묻는 질문이라는 것을 확인했다면 지문의 시작 부분을 주의해서 들어야 한다. 단서인 design, interior 등이 그대로 제시된 (B)가 정답이다.

어휘

take a look at ~을 한번 보다  bowling alley 볼링장

## 2. 🎧 미

> This is an announcement for all warehouse supervisors. An inspector from the fire department will visit and check the premises from 8 to 9 A.M. tomorrow.
>
> **What** is the **purpose** of the talk?
> (A) To introduce a new employee
> (B) To announce an upcoming inspection

해석

모든 창고 관리자들을 위한 공지입니다. 내일 오전 8시부터 9시까지 소방서의 검사관이 구내를 방문하여 점검할 예정입니다.

담화의 목적은 무엇인가?

(A) 새로운 직원을 소개하기 위해

**(B) 곧 있을 점검을 알리기 위해**

## 해설

지문의 announcement, inspector 등이 announce, inspection 등으로 조금씩 바뀌어 제시된 (B)가 정답이다.

## 어휘

announcement 공지, 발표   warehouse 창고
supervisor 감독관, 관리자   inspector 조사관, 검사자
fire department 소방서   premises 구내, 부지
upcoming 다가오는, 곧 있을   inspection 조사, 검사

# UNIT O2 화자·청자의 직업을 묻는 문제

### 연습문제

1. (B)   2. (B)

**1.** 🎧 미 호

> M   Lucy, I just found out our construction company won the bid to build the bridge over Garret River.
>
> W   Me too! It's great news. The bridge is the biggest project we've had in a while.

**What industry** do the **speakers work** in?
(A) Law
(B) Construction

## 해석

남   Lucy, 제가 방금 우리 건설 회사가 Garret 강 위에 다리를 건설하는 입찰을 따냈다는 것을 알았어요.

여   저도요! 굉장한 소식이에요. 그 다리는 우리가 한동안 해왔던 것 중 가장 큰 프로젝트예요.

화자들은 어떤 업계에서 일하는가?
(A) 법률
**(B) 건설**

## 해설

construction이라는 직접적인 단서뿐만 아니라 build, bridge 등의 간접적인 단서를 통해 (B)를 정답으로 고를 수 있다.

## 어휘

construction 건설, 건축   win the bid 입찰을 따내다
in a while 한동안

**2.** 🎧 미

> Hi, this is Morena from the Purchasing Office. I'm calling because we have to make a change in our production schedule for your factory.

**Which department** does the **speaker work** in?
(A) Sales
(B) Purchasing

## 해석

안녕하세요, 저는 구매부의 Morena입니다. 당신의 공장 생산 일정을 변경해야 해서 연락드렸습니다.

화자는 어떤 부서에서 근무하는가?
(A) 영업
**(B) 구매**

## 해설

purchasing이라는 단서가 그대로 쓰인 (B)가 정답이다.

## 어휘

purchase 구매하다   make a change 바꾸다
production 생산   factory 공장   sales 판매, 매출

# UNIT O3 장소를 묻는 문제

### 연습문제

1. (B)   2. (B)

**1.** 🎧 미

> Attention visitors to the City Art Museum. We are thrilled to announce that the construction of the garden on our property is complete.

**Where** is the announcement **taking place**?
(A) At a hotel
(B) At a museum

## 해석

시립 미술관 방문객들에게 알립니다. 저희 건물 구내의 정원 공사가 완료되었음을 알려 드리게 되어 기쁩니다.

공지는 어디에서 이루어지고 있는가?
(A) 호텔에서
**(B) 미술관에서**

## 해설

museum이라는 단서가 그대로 쓰인 (B)가 정답이다.

## 어휘

attention 주목하세요   art museum 미술관   thrilled 아주 신이 난
announce 알리다, 발표하다   construction 건축
property 부동산, 건물   complete 완료된

**2.** 🎧 영 미

> W   You've reached 8th Street Pharmacy. How may I help you?
>
> M   Hi. I'm taking a trip next month. So, I need to renew my prescription for allergy medication early.

**What** kind of **business** is the man **calling**?
(A) A travel agency
(B) A pharmacy

**해석**

여 8번가 약국입니다. 무엇을 도와드릴까요?

남 안녕하세요. 제가 다음 달에 여행을 가요. 그래서 알레르기 약을 받기 위한 제 처방전을 일찍 갱신해야 합니다.

남자는 어떤 종류의 업체에 전화하고 있는가?

(A) 여행사

**(B) 약국**

**해설**

전화 지문에서는 전화를 받는 사람, 즉 수신인이 처음 하는 인사말에서 업체의 종류를 파악할 수 있다.

**어휘**

You've reached ~로 전화를 거셨습니다   pharmacy 약국
take a trip 여행하다   renew 갱신하다   medication 약
financial 금융의   institution 기관

## UNIT 04 세부사항을 묻는 문제

**연습문제**

1. (B)    2. (A)

**1.** 🎧 영 미

> W Welcome to Bargain Business Suits. What can I do for you?
>
> M Hi. I wanted to buy a couple of suits for my new job.
>
> ---
>
> What does the man need a **suit** for?
> (A) A wedding
> (B) A new job

**해석**

여 Bargain Business Suits에 오신 것을 환영합니다. 무엇을 도와드릴까요?

남 안녕하세요. 새 직장 출근을 위해 정장 두어 벌을 사고 싶습니다.

남자는 무엇을 위해 정장이 필요한가?

(A) 결혼식

**(B) 새 직장**

**해설**

질문의 키워드는 suit이다. 지문에서 키워드가 나온 후 new job이라는 단서가 나왔는데, 단서가 선택지에서 그대로 쓰인 (B)가 정답이다.

**어휘**

a couple of 두어 개의   suit 정장

**2.** 🎧 호

> In the meantime, we're offering a complimentary voucher for a free coffee or soft drink at the cafeteria next to Gate 10.

> What kind of facility is next to Gate 10?
> (A) A cafeteria
> (B) A phone booth

**해석**

그러는 동안에, 10번 탑승구 옆 카페테리아에서 무료로 커피나 탄산음료를 드실 수 있는 무료 교환권을 드리겠습니다.

어떤 종류의 시설이 10번 탑승구 옆에 있는가?

**(A) 카페테리아**

(B) 전화 부스

**해설**

질문에 Gate 10과 같은 특정 어휘가 키워드로 나왔을 경우 그 어휘는 지문에서 그대로 나올 가능성이 높다.

**어휘**

in the meantime 그 동안에   offer 제공하다, 주다
complimentary 무료의   voucher 바우처, 쿠폰
next to ~의 옆에   facility 시설

## UNIT 05 패러프레이징 (1)

**연습문제**

1. (B)    2. (B)

**1.** 🎧 미 미

> W But I'm a little worried they'll be too expensive for me.
>
> M If that's your concern, you could make the payments in several installments to spread out the cost.
>
> ---
>
> What does the **man suggest** the woman do?
> (A) Call another branch
> (B) Pay in installments

**해석**

여 하지만 제게는 너무 비쌀까 봐 조금 걱정이 됩니다.

남 그 점이 걱정이시면, 비용이 분산되도록 여러 번 분납하는 식으로 지불하실 수 있어요.

남자는 여자에게 무엇을 하라고 제안하는가?

(A) 다른 지점에 전화하기

**(B) 분할하여 납부하기**

**해설**

남자의 말에 정답의 단서가 나온다. make the payments가 pay로, in several installments가 in installments로 간략하게 패러프레이징된 (B)가 정답이다.

**어휘**

concern 걱정, 우려   make a payment 지불하다
in installments 분납으로, 할부로   several 몇몇의, 여러 번의
spread out 분산하다, 넓히다   cost 비용   branch 지점

## 2. 🎧영

Oh, and if you're not busy, you're welcome to join me on **Thursday** to visit some commercial buildings that are possible sites for our new location.

What does the speaker invite the listener to do on **Thursday**?
(A) Attend a conference
(B) Look at some properties

해석
아, 그리고 바쁘지 않으시다면, 목요일에 저와 함께 우리 새로운 장소로 쓸 수 있는 몇몇 상업용 건물을 방문하셔도 좋습니다.

화자는 청자에게 목요일에 무엇을 해 달라고 요청하는가?
(A) 회의 참석하기
**(B) 몇몇 건물 살펴보기**

해설
질문의 키워드는 Thursday이며, 키워드가 나온 후 단서가 제시되었다. 지문의 visit, some commercial buildings 등이 look at, properties 등으로 각각 패러프레이징된 (B)가 정답이다.

어휘
join 가담하다   commercial 상업의   site 장소, 부지
location 장소, 위치   conference 회의, 콘퍼런스
property 부동산

## UNIT O6 패러프레이징 (2)

**연습문제**

**1.** (B)   **2.** (B)

### 1. 🎧호영

M But I'm leaving for a business trip in Washington this evening, and I won't be back until Thursday.

W In that case, you have a good reason to ask the manager to extend the deadline.

What does the **woman suggest** the man do?
(A) Cancel his business trip
(B) Ask for an extension

해석
남  하지만 전 오늘 저녁에 워싱턴 출장을 떠나요. 그리고 목요일이나 되어야 돌아올 거예요.
여  그런 경우라면, 관리자에게 마감일을 연장해 달라고 요청할 좋은 이유가 있네요.

여자는 남자에게 무엇을 하라고 제안하는가?
(A) 출장 취소하기
**(B) 연장 요청하기**

해설
여자의 말에 정답의 단서가 있다. 동사 extend를 명사 extension으로 패러프레이징한 (B)가 정답이다.

어휘
leave 떠나다, 출발하다   business trip 출장   case 경우
reason 이유   extend 연장하다, 확장하다   deadline 마감일
cancel 취소하다   ask for ~을 요구하다   extension 연장, 확장

### 2. 🎧미

I wanted to remind you all about the regional marathon, which is scheduled for **next week** ... uh ... on Saturday, the 11th of June.

According to the speaker, what will take place **next week**?
(A) A music festival
(B) A sports competition

해석
여러분 모두에게 다음 주... 어... 6월 11일 토요일로 예정된 지역 마라톤에 대해 상기시켜 드리고 싶었습니다.

화자에 따르면, 다음 주에 무슨 일이 일어날 것인가?
(A) 음악 축제
**(B) 스포츠 대회**

해설
질문의 키워드는 next week이며, 키워드의 앞뒤로 단서가 나온다. marathon이라는 스포츠의 한 종목을 sports competition이라는 상위 개념의 표현으로 패러프레이징한 (B)가 정답이다.

어휘
remind 상기시키다, 기억나게 하다   regional 지역의
be scheduled for ~로 예정되어 있다
take place 일어나다, 발생하다   competition 대회, 시합

## PART 3 TEST

**1.** (A)   **2.** (D)   **3.** (B)   **4.** (A)   **5.** (B)   **6.** (D)
**7.** (C)   **8.** (C)   **9.** (C)   **10.** (B)   **11.** (C)   **12.** (A)

**[1-3] 대화 🎧미영**
Questions 1-3 refer to the following conversation.

M Good morning. I'm calling from the [1]Paradise Dental Clinic. I just wanted to remind you that you're booked for an examination on Thursday at 9:30 A.M.

W Oh, that's right. I was actually going to call you today because I'm going out of town unexpectedly. I need to reschedule my appointment for next week.

M That's no problem. How about next Tuesday at 10 A.M.?

W  That works for me. And is there ²a cost to park at your site?

M  No, it's free. Let me take care of the change, but please wait a moment while I do so. We just got ³new software, so I'm still getting used to it.

1. **Where** does the **man work**?
   (A) At a dental clinic
   (B) At a business institute
   (C) At a hair salon
   (D) At a law firm

2. What does the **woman ask** about?
   (A) Registration costs
   (B) Transportation options
   (C) An invoice date
   (D) A parking fee

3. **According to the man**, what has the business **recently** done?
   (A) It raised the price of its services.
   (B) It updated its software.
   (C) It relocated to another building.
   (D) It changed a company policy.

해석

남  안녕하세요. ¹Paradise 치과에서 전화 드립니다. 목요일 오전 9시 반에 검진 예약이 있다는 것을 다시 알려드리려고 전화했습니다.

여  아, 맞아요. 제가 갑자기 시외에 나갈 일이 생겨서 사실 오늘 전화하려고 했어요. 예약을 다음 주로 변경해야 할 것 같아요.

남  문제 없습니다. 다음 주 화요일 오전 10시가 어떠세요?

여  좋아요. 그리고 치과에서 ²주차비를 따로 받나요?

남  아뇨, 무료예요. 예약을 변경하는 동안 잠시 기다려주세요. 최근에 ³새로운 소프트웨어를 설치해서 아직 익숙하지 않아서요.

1. 남자는 어디에서 일하고 있는가?
   **(A) 치과에서**
   (B) 경영 기관에서
   (C) 미용실에서
   (D) 법률 사무소에서

2. 여자는 무엇에 관해 질문하는가?
   (A) 등록비
   (B) 교통수단
   (C) 청구서 날짜
   **(D) 주차비**

3. 남자에 따르면, 그의 업체는 최근에 무엇을 했는가?
   (A) 서비스의 가격을 인상했다.
   **(B) 소프트웨어를 업데이트했다.**
   (C) 다른 건물로 이전했다.
   (D) 회사 정책을 수정했다.

해설

**1.** 남자의 직업을 묻는 문제이다. 전화를 거는 상황에서는 "I'm calling from ~"이라는 문장을 이용해 자신의 소속을 밝히는 경우가 많다. 남자는 자신이 속한 업체를 Paradise Dental Clinic이라고 소개했으므로 (A)가 정답이다.

**2.** 세부사항을 묻는 문제로서 여자의 말에 단서가 나온다. 지문의 a cost to park at your site(당신의 부지에 주차하는 비용)을 A parking fee로 패러프레이징한 (D)가 정답이다.

**3.** 남자가 하는 말을 묻고 있으므로 남자의 말에 집중해야 한다. 질문의 recently가 키워드가 되며, 지문에서 부사 just로 패러프레이징되었다. 지문의 new software를 들었다면 (B)를 정답으로 고를 수 있다.

어휘

dental clinic 치과 의원  remind 상기시키다, 알리다  book 예약하다  actually 사실은, 실제로는  unexpectedly 예상치 못하게  reschedule 일정을 다시 잡다  appointment 예약  work 유효하게 작용하다  cost 비용  site 장소, 부지  take care of ~을 처리하다  while ~하는 동안  get used to ~에 익숙해지다  business 경영, 영업, 사업  institute 기관, 협회  hair salon 미용실  law firm 법률 사무소  registration 등록  transportation 교통수단  option 선택권  invoice 청구서, 송장  recently 최근에  raise 올리다, 인상하다  update 업데이트하다, 갱신하다  relocate 이전하다  policy 방침, 정책

## [4-6] 대화 🎧 🇺🇸 🇺🇸

Questions 4-6 refer to the following conversation.

W  Thanks for making time for my visit, Mr. Riley. My company has recently released some ⁴haircare products that I think would be perfect for the customers at your ⁴salon.

M  This is the line of hot oil treatments, right?

W  That's right. After just one use, there is a noticeable improvement in the texture.

M  ⁵There's a hot oil brand that we always have in stock. We haven't changed it for years.

W  You might change your mind once you see how well it works. I'll leave some ⁶samples with you. Please ⁶give them a try to see if you like them.

4. **Where** most likely are the **speakers**?
   (A) At a hair salon
   (B) At a medical clinic
   (C) At a library
   (D) At a supermarket

5. What does the man imply when he says, "We haven't changed it for years"?
   (A) He thinks his business is not modern enough.
   (B) He does not plan to buy the products.

(C) He would like to adjust some contract terms.

(D) He has been the woman's loyal customer.

6. What does the **woman ask** the man to do?
(A) Watch a demonstration
(B) Sign a form
(C) Review a price list
(D) Try some samples

해석

여 저의 방문을 위해 시간 내 주셔서 감사합니다, Riley 씨. 저희 회사에서 귀하의 ⁴미용실 손님들에게 딱 맞을 것으로 보이는 ⁴모발 관리 제품을 최근에 출시했습니다.

남 이건 핫 오일 트리트먼트 제품이죠, 그렇죠?

여 맞아요. 한 번만 사용해도 감촉이 눈에 띄게 개선된답니다.

남 ⁵저희가 항상 구비해 놓는 핫 오일 브랜드가 있어요. 저희는 몇 년 동안 그걸 바꾸지 않았죠.

여 일단 이 제품이 얼마나 효과가 있는지 보시면 마음이 바뀌실지도 몰라요. 샘플 몇 개를 놓고 갈게요. ⁶한번 써 보시고 판단해 보세요.

4. 화자들은 어디에 있겠는가?
**(A) 미용실에**
(B) 병원에
(C) 도서관에
(D) 슈퍼마켓에

5. 남자는 "저희는 몇 년 동안 그걸 바꾸지 않았죠"라고 말할 때 무엇을 암시하는가?
(A) 그는 자신의 사업체가 충분히 현대적이지 않다고 생각한다.
**(B) 그는 그 제품을 구입할 계획이 없다.**
(C) 그는 몇 가지 계약 조건을 조정하고 싶어 한다.
(D) 그는 그 여자의 단골 고객이었다.

6. 여자는 남자에게 무엇을 해 달라고 요청하는가?
(A) 시연 보기
(B) 양식에 서명하기
(C) 가격표 검토하기
**(D) 샘플 사용해 보기**

해설

**4.** 대화가 일어나는 장소를 묻는 문제로서 haircare, salon 등의 단어를 들었다면 (A)를 정답으로 고를 수 있다.

**5.** 화자가 말한 의도를 묻는 문제는 바로 앞뒤에 단서가 있다. 평소 사용하는 핫 오일 브랜드가 있기 때문에 여자의 제품을 쓸 생각이 없다고 간접적인 의사를 전달하는 표현이므로 (B)가 정답이다. 의도를 묻는 문제는 문맥을 이해해야 풀 수 있는 고난도 문제에 속한다.

**6.** 세부사항을 묻는 문제로서 여자의 말에 정답의 단서가 나온다. give them a try를 동사 try로 패러프레이징한 (D)가 정답이다.

어휘

make time 시간을 내다 release 출시하다 haircare 모발 관리 customer 고객 salon 상점, 미용실 line 제품(군) noticeable 뚜렷한, 현저한 improvement 개선 texture 질감, 감촉 have

in stock 재고가 있다 for years 수년간 leave 놓다, 두다 give a try 시도해 보다 hair salon 미용실 medical clinic 병원 modern 현대적인 adjust 조절하다, 조정하다 contract 계약 term 조건, 조항 loyal 충실한, 단골의 demonstration 시연 form 서식, 양식 review 검토하다 price list 가격표

[7-9] 3인 대화 🎧 🇦🇺 🇺🇸

Questions 7-9 refer to the following conversation with three speakers.

M1 Welcome to Simpson ⁷Antiques. How may I help you?

W Hi. I heard that you do free appraisals. I brought in this ⁸wooden jewelry box from the Victorian Era, and I'd like to find out ⁸how much it is worth.

M1 The store manager, Douglas, can assist you with that.

M2 Hi, ⁹I'm Douglas. Let's see, based on the markings, I can identify the approximate age, but I'll do a little research to get an accurate value. Do you keep this item in storage?

W No, I usually have it sitting on a shelf in my living room.

M2 In that case, you should use a special ⁹furniture polish to protect the exterior. I'll show you the one we recommend.

7. **Where** are the **speakers**?
(A) At an art supply store
(B) At a computer repair shop
(C) At an antique shop
(D) At a clothing store

8. **Why** did the **woman visit** the **business**?
(A) To apply for a job
(B) To deliver some samples
(C) To check an item's value
(D) To return a faulty item

9. What will **Douglas show** to the woman?
(A) A pamphlet
(B) A business card
(C) A furniture polish
(D) A storage container

해석

남1 Simpson ⁷Antiques에 오신 것을 환영합니다. 무엇을 도와드릴까요?

여 안녕하세요. 무료 감정을 하신다고 들었습니다. 빅토리아 시대의 이 ⁸목재 보석함을 가져왔는데, ⁸이게 얼마의 가치가 있는지 알고 싶습니다.

남1 그건 우리 상점의 매니저, Douglas가 도와드릴 겁니다.

남2 안녕하세요, <sup>9</sup>제가 Douglas입니다. 한번 볼게요, 이 무늬를 기반으로 거의 정확한 생산 연도를 확인할 수 있지만 정확한 가치를 알기 위해 간단한 조사를 할 겁니다. 이 물품을 창고에 보관하시나요?

여 아니요, 보통 저희 거실에 있는 선반에 놓여 있어요.

남2 그 경우에, 외관을 보호하기 위해 특수 <sup>9</sup>가구 광택제를 사용하셔야 해요. 저희가 추천하는 것을 보여드리죠.

**7.** 화자들은 어디에 있는가?
(A) 미술 용품 상점에
(B) 컴퓨터 수리점에
**(C) 골동품 상점에**
(D) 의류 상점에

**8.** 여자는 왜 업체를 방문했는가?
(A) 취업 지원을 위해
(B) 몇몇 샘플을 전달하기 위해
**(C) 물품의 가치를 확인하기 위해**
(D) 하자가 있는 물품을 반품하기 위해

**9.** Douglas는 여자에게 무엇을 보여줄 것인가?
(A) 팸플릿
(B) 명함
**(C) 가구 광택제**
(D) 보관 용기

해설
**7.** 화자들이 있는 장소를 묻는 문제로서 상호의 일부인 Antiques가 정답의 단서가 된다. 정답은 (C).
**8.** 세부사항을 묻는 문제로서 여자의 말에 단서가 나온다. "I'd like to find out how much it is worth."를 패러프레이징한 (C)가 정답이다.
**9.** 세부사항을 묻는 문제로서 질문의 Douglas는 두 번째 남자이다. furniture polish라는 표현을 들었다면 (C)를 정답으로 고를 수 있다.

어휘
antique 골동품  appraisal 감정, 평가  jewelry 보석  era 시대
worth 가치가 있는  assist 돕다  base on ~를 기반으로
marking 무늬, 표시  identify 확인하다, 알아보다
approximate 거의 정확한  accurate 정확한  value 가치
item 물품, 품목  storage 창고  shelf 선반  in that case 그런 경우에는, 그렇다면  polish 광택제  exterior 외관  recommend 추천하다  art 미술, 예술  supply 공급  repair 수리  apply for ~에 지원하다  check 확인하다  item 물품, 품목  value 가치
faulty 결함이 있는, 불량의  business card 명함  storage 보관, 저장  container 용기

**[10-12] 대화와 신청서** 🎧 영 호
Questions 10-12 refer to the following conversation and request form.

W Jimmy, I didn't see Mr. Norton on the list of new members. I know he was excited about <sup>10</sup>taking lessons **here at our** <sup>10</sup>golf club. Did he change his mind?

M He hasn't paid yet. Actually, I called him this morning, and it seems there was an error in filling out his bank transfer form.

W Let's see... here's the form.

M Right. He wrote the <sup>11</sup>wrong branch number. I've corrected it now.

W Great. I suppose that may take a few days to process. I'll **call down to reception** and ask them to prepare a <sup>12</sup>pass for Mr. Norton in case he wants to visit the site sooner than that.

M Thanks. I'll let him know.

─────────────

**10. According to the woman**, what is Mr. Norton excited about doing?
(A) Starting a new job
(B) Taking golf lessons
(C) Joining a tournament
(D) Meeting new people

─────────────

계약 이체 신청서:
송금자 정보

1. 이름  조지노턴
2. 주소  워커가 181번지, 디트로이트, 미시건주 48219
3. 은행명  오세오은행
<sup>11</sup>4. 지점 번호    054
5. 계좌 번호   420532947

**11.** Look at the graphic. Which line contained an error?
(A) Line 2
(B) Line 3
(C) Line 4
(D) Line 5

**12.** Why does the **woman** plan to **call the reception desk**?
(A) To request a pass for Mr. Norton
(B) To get Mr. Norton's contact details
(C) To report a computer error
(D) To schedule a tour

해석
여 Jimmy, 신규 회원 명단에 Norton 씨가 보이지 않았어요. 그가 이곳 우리 <sup>10</sup>골프 클럽에서 강습을 듣게 되어 신나 했던 것으로 알아요. 그가 마음을 바꾸었나요?

남 그분은 아직 요금을 지불하지 않았어요. 실은, 제가 오늘 아침에 그분에게 전화했는데, 그분의 계좌 이체 서식을 기입하는 데 오류가 있었던 것 같아요.

여 어디 볼게요... 여기 서식이 있어요.

남 맞네요. 그분은 <sup>11</sup>잘못된 지점 번호를 적었어요. 제가 지금 그것을 고쳤어요.

여 잘하셨어요. 그것은 처리되는 데 며칠 걸릴 수도 있을 것 같아요. Norton 씨가 그것보다 빨리 현장을 방문하기를 원할 경우에 대비해서, 제가 접수처를 불러서 [12]Norton 씨를 위한 출입증을 준비하라고 [12]요청할게요.

남 고마워요. 제가 그에게 알려 줄게요.

**10.** 여자에 따르면, Norton 씨는 무엇을 하는 것에 대해 신나 하는가?
(A) 새 일을 시작하는 것
**(B) 골프 강습을 받는 것**
(C) 토너먼트 대회에 나가는 것
(D) 새로운 사람들을 만나는 것

**11.** 시각 자료를 보시오. 어느 줄에 오류가 있는가?
(A) 2행
(B) 3행
**(C) 4행**
(D) 5행

**12.** 여자는 왜 접수처를 부를 계획인가?
**(A) Norton 씨를 위한 출입증을 요청하기 위해**
(B) Norton 씨의 연락처를 얻기 위해
(C) 컴퓨터 오류를 보고하기 위해
(D) 견학 일정을 잡기 위해

해설

**10.** 세부사항을 묻는 문제로서 여자의 말에 단서가 있으며, excited가 키워드가 된다. 지문에서 taking lessons, golf club 등을 들었다면 (B)를 정답으로 고를 수 있다.
**11.** PART 3, 4에서 두 번째 세 번째 문제로 나오는 그래픽 문제는 문맥을 이해해야 하고 도표도 확인해야 하는 최고 난도의 문제에 속한다. branch number가 잘못되었다고 했으므로 4번째 줄에 오류가 있다.
**12.** call the reception desk가 키워드가 되며, 여자의 말에 단서가 나온다. pass, Norton 등의 단서를 통해 (A)를 정답으로 고를 수 있다. ask는 request로 패러프레이징되었다.

어휘

take lessons 수업을 받다  fill out 기입하다, 작성하다  bank transfer 계좌 이체  form 양식, 서식  branch 지점  correct 수정하다, 바로잡다  suppose 생각하다, 추정하다  process 처리하다  reception 접수처, 리셉션  pass 출입증  in case ~의 경우에 대비하여  join 합류하다  tournament 토너먼트  contain 포함하다, 들어 있다  contact 연락처  detail 세부 정보  report 보고하다, 알리다  schedule 일정을 잡다

---

| 1. (A) | 2. (D) | 3. (D) | 4. (B) | 5. (C) | 6. (D) |
|--------|--------|--------|--------|--------|--------|
| 7. (B) | 8. (B) | 9. (D) | 10. (D) | 11. (B) | 12. (B) |

**[1-3] 광고** 🎧 📘
Questions 1-3 refer to the following advertisement.

Are you looking for an affordable way to take high-quality pictures? Whether you're an amateur or a professional photographer, you'll love the new Nexson-7 [1]digital camera from Harmon Tech. Our customers have consistently given the product excellent reviews. And we're so sure that you'll love it that if you're not fully satisfied for any reason, [2]you can get a full refund. That's our promise to you. We're also running a limited-time offer. **Customers** who buy the camera **this week** can get a free [3]spare battery!

**1.** **What** is being **advertised**?
(A) A digital camera
(B) A laptop computer
(C) A security system
(D) A power tool

**2.** What **benefit** of the **product** does the speaker mention?
(A) It does not need to be recharged often.
(B) It can be used with a smartphone application.
(C) It has a lightweight design.
(D) It comes with a money-back guarantee.

**3.** What can customers receive **this week**?
(A) Some coupons
(B) Free shipping
(C) A membership discount
(D) An extra battery

해석

고품질의 사진을 저렴하게 찍을 수 있는 방법을 찾고 계십니까? 여러분이 아마추어 사진작가든 전문 사진작가든, Harmon Tech의 새로운 Nexson-7 [1]디지털 카메라가 마음에 드실 겁니다. 저희 고객들은 그 제품에 일관되게 좋은 평가를 해 오셨습니다. 그리고 그 제품을 여러분이 사랑하실 거라고 확신하는 바, 어떤 이유로든 만족스럽지 않으시면 [2]전액 환불을 받을 수 있습니다. 그게 저희가 여러분께 드리는 약속입니다. 저희는 또한 기간 한정 판매도 하고 있습니다. 이번 주에 카메라를 구입하시는 고객들은 [3]여분의 배터리를 무료로 받으실 수 있습니다!

**1.** 무엇이 광고되고 있는가?
**(A) 디지털 카메라**
(B) 노트북 컴퓨터
(C) 보안 장치

(D) 전동 공구

**2.** 화자가 언급하는 제품의 이점은 무엇인가?
(A) 자주 충전할 필요가 없다.
(B) 스마트폰 애플리케이션으로 사용할 수 있다.
(C) 경량 설계가 되어 있다.
**(D) 환불 보증이 딸려 있다.**

**3.** 고객들이 이번 주에 받을 수 있는 것은 무엇인가?
(A) 쿠폰
(B) 무료 배송
(C) 회원 할인
**(D) 여분의 배터리**

### 해설

**1.** 지문에서 digital camera라는 단어를 들었다면 (A)를 정답으로 고를 수 있다. take high-quality pictures, photographer 등의 단어도 정답의 단서가 된다.
**2.** PART 3에서는 화자가 두 명이기 때문에 문제에 the man, the woman, 또는 the speakers가 쓰였다면, PART 4에서는 화자가 한 명이기 때문에 the speaker와 the listener(s)가 쓰인다. 따라서 청자가 누구인지를 묻는 문제를 제외하면 모두 한 명의 화자에 대해 묻는 질문이 된다. 여기서는 full refund가 정답의 단서가 되는데, 선택지에서는 비슷한 의미의 money-back guarantee로 패러프레이징되었다.
**3.** customers, this week 등이 키워드가 된다. 마지막 문장에 this week가 나오고, 그 뒤에 단서가 나오는데, extra battery가 spare battery로 패러프레이징되었다.

### 어휘

**affordable** (가격 등이) 알맞은, 저렴한 **amateur** 아마추어의, 취미로 하는 **professional** 전문적인 **photographer** 사진작가 **consistently** 일관되게 **for any reason** 어떤 이유로든 **full refund** 전액 환불 **limited-time offer** 기간 한정 판매 **spare** 여분의, 예비용의 **advertise** 광고하다 **security** 보안 **benefit** 혜택, 이득 **recharge** 재충전하다 **application** 애플리케이션 **lightweight** 경량의 **come with** ~이 딸려 있다 **money-back guarantee** 환불 보증 **shipping** 배송 **membership** 회원 (자격), 회원권 **discount** 할인 **extra** 여분의

**[4-6] 전화 메시지** 🎧 📺
Questions 4-6 refer to the following telephone message.

Hi, **this is** Robin from Elliot [4]Painting. I've checked on the paint that you wanted for the exterior of your home. **Originally,** [5]I told you it would cost 24 pounds per can. However, I've just found out from the supplier that it has recently increased to 28. I think this is still worth it, though, as it's the best quality on the market. Please call me back to let me know whether you still want to go forward with the project. I'd like to get **confirmation as soon as possible** so I can place the order. [6]This paint is very popular, so it could sell out quickly.

**4.** What kind of **business** does the **speaker work** for?
(A) An art gallery
(B) A painting company
(C) A cleaning service
(D) A power company

**5.** **What** does the speaker say has **changed**?
(A) A design
(B) A delivery date
(C) A price
(D) A brand name

**6.** Why does the speaker want **confirmation soon**?
(A) A crew is busier than usual.
(B) A promotion is nearly over.
(C) A storm is approaching.
(D) A product is in high demand.

### 해석

안녕하세요, Elliot [4]Painting의 Robin입니다. 당신이 집의 외벽에 칠하기를 원했던 페인트를 확인해 봤습니다. [5]원래 한 캔당 24파운드라고 말씀드렸죠. 근데 방금 공급처로부터 그것이 28파운드로 인상됐다는 것을 알게 됐습니다. 시중에 있는 것 중에 품질이 최고이니까 저는 그래도 가치가 있다고 생각해요. 이 프로젝트를 계속 진행하길 원하시는지 제게 전화해서 알려주세요. 제가 주문할 수 있도록 최대한 빨리 확인 부탁드려요. [6]이 페인트는 매우 인기가 많아서 빨리 품절될 수 있어요.

**4.** 화자는 어떤 종류의 업체에서 근무하는가?
(A) 미술관
**(B) 페인트 업체**
(C) 청소 업체
(D) 전력 회사

**5.** 화자는 무엇이 변했다고 하는가?
(A) 디자인
(B) 배송 날짜
**(C) 가격**
(D) 브랜드 이름

**6.** 화자는 왜 확인을 빨리 받고 싶어 하는가?
(A) 작업반이 평소보다 바쁘다.
(B) 할인이 거의 끝난다.
(C) 폭풍우가 다가온다.
**(D) 제품의 수요가 많다.**

### 해설

**4.** 화자의 직업을 묻는 문제로서, 전화 메시지에서는 보통 "This is 사람 이름 from 업체 이름"의 형태로 자신의 이름과 소속을 밝힌다. 업체 이름이 Elliot Painting이라고 했으므로 (B)가 정답이다.
**5.** 비용이 24파운드에서 28파운드로 늘었다고 했으므로 (C)가 정답이다. 지문에는 질문의 키워드인 changed가 나오지 않지만, 지문의 Originally는 무언가가 바뀌었다는 것을 나타내는 부사이기

때문에 키워드 역할을 한다.

**6.** 질문의 키워드인 confirmation이 지문에서 나온 후 'this paint is very popular'라고 했으므로 페인트의 인기가 높다는 것을 알 수 있다. paint를 product로, popular를 in high demand로 각각 패러프레이징한 (D)가 정답이다.

어휘

check 확인하다, 점검하다  exterior 외관  originally 원래, 애초에  cost 비용이 들다  supplier 공급자, 공급처  recently 최근에  worth it 그만한 가치가 있는  quality 품질  go forward 진행하다  confirmation 확인  place an order 주문하다  sell out 품절되다  business 업체  crew 작업반  than usual 평소에 비해  promotion 판촉; 승진  storm 폭풍우  approach 접근하다  in high demand 수요가 많은

## [7-9] 방송 🎧 📱

Questions 7-9 refer to the following broadcast.

Now for your local news report. After receiving a lot of pressure from the public, city council members are finally starting to address the traffic issues in the Englewood neighborhood. Since the new ⁷athletic stadium opened there in **March**, there has been an increase in visitors to the area. **Residents** have **complained** that ⁸traffic jams and delays have become more frequent, especially on Redmond Road. The **city council** is looking into adding another lane to the road. They will **meet** with ⁹financial consultants **tomorrow** to examine whether or not this is possible with the current budget. This is a closed meeting, but residents are encouraged to express their opinions on the city's online feedback forum.

**7.** According to the broadcast, what happened in **March**?
(A) A road was repaired.
(B) A sports stadium opened.
(C) A city election was held.
(D) A new law was passed.

**8.** What have **residents** made **complaints** about?
(A) A lack of public parking
(B) An increase in traffic congestion
(C) Safety issues on roadways
(D) Noise disturbances from construction

**9.** Who will meet with city council members **tomorrow**?
(A) Transportation authorities
(B) Structural engineers
(C) Health experts
(D) Financial advisors

해석

지역 뉴스 보도를 시작하겠습니다. 대중으로부터 많은 압력을 받은 후, 시의회는 드디어 잉글우드 근교의 교통 문제에 대처하기 시작했습니다. 새로운 ⁷체육 경기장이 3월에 ⁷개장된 이후로, 그 지역을 찾는 방문객이 증가했습니다. 주민들은 특히 Redmond 도로를 중심으로 ⁸교통 체증과 지연이 잦아졌다고 불평했습니다. 시의회는 도로에 다른 차선을 추가하는 것을 검토하고 있습니다. 그들은 현재 예산으로 이것이 가능할지 검토하기 위해 내일 ⁹재정 자문위원들을 만날 것입니다. 이것은 비공개 회의지만, 주민들이 온라인 피드백 포럼에 의견을 표명하는 것은 권장되고 있습니다.

**7.** 방송에 따르면, 3월에 무슨 일이 일어났는가?
(A) 도로가 수리되었다.
**(B) 경기장이 개장했다.**
(C) 시 선거가 있었다.
(D) 새로운 법이 통과되었다.

**8.** 주민들은 무엇에 대한 불평을 했는가?
(A) 공영 주차 공간 부족
**(B) 교통체증 증가**
(C) 도로 안전 문제
(D) 공사로 인한 소음 공해

**9.** 누가 내일 시의회 의원들을 만날 것인가?
(A) 교통 당국
(B) 구조 공학자들
(C) 건강 전문가들
**(D) 재무 자문가들**

해설

**7.** 질문의 March는 단서가 나오는 시점을 알려 주는 키워드이다. 지문에서 March가 나온 문장에서 athletic stadium opened 라고 했으므로 athletic stadium이 sports stadium으로 패러프레이징된 (B)가 정답이다.

**8.** 질문의 키워드는 residents와 complaints이다. 지문에서 complaints의 동사형인 complained가 나온 후 등장하는 단서인 traffic jams and delays가 traffic congestion으로 패러프레이징된 (B)가 정답이다.

**9.** 질문의 meet, city council, tomorrow 등이 키워드가 된다. 지문의 financial consultant가 financial advisor로 패러프레이징된 (D)가 정답이다.

어휘

pressure 압박, 압력  public 대중  city council 시의회  address 대처하다, 착수하다  traffic 교통  issue 문제, 이슈  neighborhood 인근, 이웃  since ~ 이후로  resident 주민  complain 불평하다  traffic jam 교통 체증  frequent 잦은  add 더하다, 추가하다  lane 차선, 도로  financial 재무의, 재정의  consultant 상담가, 자문위원  examine 검토하다, 검사하다  current 현재의  budget 예산  closed 닫은, 비공개의  feedback 의견, 피드백  repair 수리하다  election 투표  make a complaint 항의를 제기하다  lack 부족  congestion 혼잡  safety 안전성, 안전  disturbance 방해, 소란  transportation 교통  authorities 당국, 관계자  structural 구조의  expert 전문가  advisor 자문가, 고문

Questions 10-12 refer to the following talk and map.

I'd like to welcome you all to the grand opening of Newbury Park. ¹⁰I'm Dean Murray, the director of the Parks and Recreation Department. This project would not have been possible without support from Mayor Collins and residents like you. We'll be serving a **picnic** lunch at noon at the **sports field** ¹¹between Willis Pond and the playground. This is available for free to all attendees. Also, I'm looking for a few **volunteers** to help ¹²pick up trash from the area after this event. Please speak to me if you have time to help. We don't want to leave behind a mess for future park users.

---

**10.** **Who** is the **speaker**?
(A) The city's mayor
(B) A reporter
(C) A tour guide
(D) A department head

**11.** Look at the graphic. Which **sports field** will be used for a **picnic**?
(A) Sports Field 1
(B) Sports Field 2
(C) Sports Field 3
(D) Sports Field 4

---

**12.** Why are **volunteers** needed for the **site**?
(A) To plan ongoing activities
(B) To clean up an area
(C) To hang up signs
(D) To take care of plants

해석
Newbury 공원 개장식에 오신 여러분 모두를 환영합니다. ¹⁰저는 공원 및 위락 시설 관리국의 책임자인 Dean Murray입니다. 이 프로젝트는 Collins 시장님과 여러분과 같은 주민들의 지원이 없었다면 불가능했을 것입니다. 우리는 정오에 ¹¹Willis 연못과 놀이터 사이에 있는 운동 경기장에서 소풍 도시락을 제공할 것입니다. 이는 모든 참석자에게 무료로 제공됩니다. 또한, 저는 이 행사 후에 ¹²그 지역에서 쓰레기 수거를 도울 몇 명의 자원봉사자를 찾고 있습니다. 도울 시간이 있으면 제게 말씀하세요. 우리는 향후 공원 사용자들을 위해 엉망인 상태로 남겨 두고 싶지 않습니다.

**10.** 화자는 누구인가?
(A) 도시의 시장
(B) 기자
(C) 관광 가이드
**(D) 부서장**

**11.** 시각 자료를 보시오. 어느 운동 경기장이 사용될 것인가?
(A) 제1 운동 경기장
**(B) 제2 운동 경기장**
(C) 제3 운동 경기장
(D) 제4 운동 경기장

**12.** 현장에 자원봉사자들이 필요한 이유는 무엇인가?
(A) 진행 중인 활동을 계획하기 위해
**(B) 지역을 청소하기 위해**
(C) 표지판을 걸기 위해
(D) 식물을 돌보기 위해

해설
**10.** 화자는 본인을 the director of the Parks and Recreation Department라고 했는데, 맨 끝의 department를 놓치지 않고 들으면 (D)를 정답으로 고를 수 있다. director of the department가 department head로 패러프레이징되었다.
**11.** PART 3, 4에서 두 번째나 세 번째 문제로 나오는 그래픽 문제는 문맥을 이해해야 하고 도표도 확인해야 하는 최고 난도의 문제에 속한다. between Willis Pond and the playground(Willis 연못과 놀이터 사이)라는 조건을 충족시키는 것은 (B)이다.
**12.** 질문의 키워드는 volunteers, site 등이다. 지문의 후반부에 volunteers가 나오고 pick up trash from the area라는 단서가 나오는데, 그것이 패러프레이징된 (B)가 정답이다.

어휘
grand opening 개업, 개장   director 책임자, 관리자   support 지지, 도움   mayor 시장   resident 주민, 거주자   serve 제공하다   sports field 운동 경기장   playground 놀이터, 운동장   available 이용 가능한   attendee 참석자   volunteer 자원봉사자   pick up 정리 정돈하다, 치우다   trash 쓰레기   mess 엉망인 상태   leave behind ~을 두고 떠나다   volunteer 자원봉사자   site 현장, 부지   ongoing 진행 중인   activity 활동   hang up 내걸다   sign 표지판   take care of ~을 보살피다

# RC PART 5

## 출제 경향 및 전략

해석

- **문법 유형 1-1**: 마틴 씨의 발표는 그녀의 경험 부족에도 불구하고 경영진에 강한 인상을 주었다.
- **문법 유형 1-2**: 로빈슨 씨는 임대하는 데 관심 있는 창고의 추가 이미지들을 요청했다.
- **문법 유형 2**: 고객들은 품질에 대한 헌신 때문에 수십 년 동안 Mantique Furniture를 신뢰해 왔다.
- **문법 유형 3**: 영수증 실물을 원하는지 전자 버전을 원하는지 지정하십시오.
- **어휘 유형**: 완제품은 출시 전에 반드시 모든 품질 기준을 만족시켜야 한다.

### 문법 진단 TEST

| | | | | | |
|---|---|---|---|---|---|
| **1.** (A) | **2.** (A) | **3.** (B) | **4.** (B) | **5.** (A) | **6.** (A) |
| **7.** (A) | **8.** (A) | **9.** (B) | **10.** (B) | **11.** (A) | **12.** (B) |
| **13.** (A) | **14.** (A) | **15.** (A) | **16.** (B) | | |

**1.** (A) construction
해설 빈칸이 관사 뒤, be동사 앞에 있으므로 명사 자리이다. 정답은 '건설, 공사'를 뜻하는 (A) construction이다. construct는 동사로 '건설하다'라는 뜻이다.
해석 공사가 순조롭게 진행되고 있다.
어휘 progress 진행하다 smoothly 순조롭게

**2.** (A) permission
해설 빈칸이 타동사와 전치사구 사이에 있으므로 명사 자리이다. 정답은 '허가'를 뜻하는 (A) permission이다. permit은 동사와 명사로 모두 쓰이지만 명사로 쓰일 때는 셀 수 있는 명사이므로 앞에 관사가 붙거나 복수가 되어야 한다.
해석 직원들은 우선 상사로부터 허가를 얻어야 한다.
어휘 obtain 획득하다 supervisor 상사

**3.** (B) their
해설 빈칸은 뒤에 오는 형용사+명사를 수식할 수 있는 한정사가 와야 한다. (A) them은 목적격 대명사이고 (B) their는 소유한정사다.
해석 직원들은 매주 금요일에 자신의 주간 보고서를 제출해야 한다.
어휘 submit 제출하다

**4.** (B) himself
해설 by himself는 '혼자서, 도움을 받지 않고'라는 뜻의 관용 표현이다.
해석 윌슨 씨는 그 새로운 로고 디자인을 혼자서 끝냈다.

**5.** (A) opened
해설 문장에 과거시제를 나타내는 표현(last week)이 있으므로 과거시제 (A) opened가 정답이다.
해석 우체국 옆의 그 가게는 지난주에 문을 열었다.
어휘 next to ~ 옆의

**6.** (A) repair
해설 repair service는 복합명사로서 두 개의 명사가 결합하여 하나의 명사처럼 쓰인다.
해석 그 회사는 24시간 수리 서비스를 제공한다.
어휘 provide 제공하다 repair 수리; 수리하다

**7.** (A) are included
해설 include는 타동사다. 빈칸 뒤에 목적어에 해당하는 명사가 없으므로 수동태가 되어야 한다.
해석 당신이 설치하는 데 필요한 모든 구성품은 패키지 안에 포함되어 있습니다.
어휘 component 구성 요소, 부품 installation 설치 (install 설치하다)

**8.** (A) regional
해설 빈칸 뒤에 오는 명사 goods를 수식하려면 형용사가 와야 한다.
해석 Orvis Bros는 폭넓은 지역 상품으로 유명하다.
어휘 be known for ~으로 알려져 있다 a wide range of 폭넓은 regional 지역의

**9.** (B) has worked
해설 문장에 'since 2017'이 있으므로 2017년부터 계속된 일정한 기간을 나타낸다. 따라서 계속을 나타내는 현재완료시제가 정답이다.
해석 그녀는 2017년 이후로 디자이너로 일해 왔다.

**10.** (B) completely
해설 빈칸이 be동사와 과거분사 사이에 있으므로 과거분사를 수식하는 부사 자리다.
해석 그 박물관은 지난봄에 완전히 개조되었다.

**11.** (A) while
해설 빈칸 뒤에 완전한 문장을 이루는 절이 있으므로 접속사 자리다. during은 전치사이기 때문에 뒤에 명사가 온다.
해석 로비를 페인트칠하는 동안 뒷문만 이용해 주세요.

**12.** (B) whether
해설 빈칸 뒤에 절이 있으므로 접속사 자리다. 'be sure whether...'은 '...인지 아닌지 확신하다'라는 뜻이다.
해석 젠킨스 씨는 그 CFO 자리가 그에게 맞을지 확신하지 못했다.

**13.** (A) who
해설 빈칸 앞에 사람 명사(employee)가 있고 뒤에는 주어가 없는

불완전한 절이 있으므로 주격관계대명사 who 자리다.

해석 그는 휴가 중인 직원의 임시 대체자이다.

어휘 temporary 임시의  replacement 대체, 교체, 후임자

**14.** (A) which
해설 빈칸 앞에는 사물 명사(estimate)가 있고 뒤에는 목적어가 빠진 불완전한 절이 있으므로 목적격관계대명사 which 자리다.

해석 그는 Cary Furniture가 제공한 견적서를 꼼꼼히 검토했다.

어휘 carefully 주의 깊게  estimate 견적서, 추정(치)

**15.** (A) because of
해설 알맞은 전치사를 고르는 문제다. because of는 '~ 때문에', besides는 '~외에'의 뜻이다.

해석 악천후로 인해 모든 뉴욕 행 비행기가 지연되었다.

어휘 delay 연기하다

**16.** (B) entering
해설 빈칸은 앞에 오는 사람 명사(personnel)를 수식하며, '공사 구역에 들어가는 직원들'의 의미가 되어야 하므로 능동태의 현재분사가 정답이다. (all personnel who enter the construction zone)

해석 공사구역에 들어가는 모든 직원은 헬멧을 착용해야 한다.

어휘 wear ~을 쓰다[입다, 신다, 착용하다]  personnel 인원, 직원들

# CHAPTER 01 토익 문법 기초 다지기

## UNIT 01 문장 구조와 문장 성문

**1.** The **estimate** is good for 30 days.
해설 〈주어＋동사＋주격보어〉의 구조이므로 밑줄은 주어가 될 수 있는 명사가 들어가야 한다.

해석 견적서는 30일 동안 유효하다.

어휘 estimate 견적서; 추산하다  good 유효한

**2.** Ms. Ellis was very **helpful** in completing company projects.
해설 밑줄은 be동사 뒤의 주격보어 자리에 해당하며, 앞에 있는 부사(very)의 수식을 받고 있고 관사가 없으므로 형용사 자리다.

해석 엘리스 씨는 회사 프로젝트를 완성하는 데 매우 도움이 되었다.

어휘 be helpful in doing ~하는 데 도움이 되다

**3.** Visitors should not take **photographs** in the restricted areas.
해설 밑줄은 타동사(take)의 목적어 자리이므로 명사가 와야 한다.

해석 방문객들은 제한 구역에서 사진을 찍어서는 안 됩니다.

어휘 take a photograph 사진을 찍다
restricted areas 제한구역

**4.** Mr. Martin sent me the **proposal** this morning.
해설 밑줄은 직접목적어에 해당하는 자리이며 명사가 와야 한다.

해석 마틴 씨는 나에게 오늘 아침 그 제안서를 보냈다.

어휘 proposal 제안 (propose 제안하다)

**5.** She found teaching very **rewarding**.
해설 'find＋목적어＋목적보어'의 구조이므로 밑줄은 목적보어 자리다. 밑줄 앞에 very라는 부사가 있으므로 부사의 수식을 받는 형용사 rewarding이 정답이다.

해석 그녀는 가르치는 것이 매우 보람 있다고 생각했다.

**6.** **Hiring** temporary employees can save time and money.
해설 Hiring temporary employees가 주어, can save가 동사, time and money가 목적어 역할을 한다. 주어에는 명사 역할을 할 수 있는 품사가 와야 하므로 동명사 hiring이 정답이다.

해석 임시직원을 고용하는 것은 시간과 돈을 절약할 수 있다.

## UNIT 02 명사, 대명사

**1.** Because of transportation delays, some **participants** may arrive late.
해설 participant는 '참석자', participation은 '참석'이므로 뒤에 오는 동사 arrive와 어울리는 것은 participants다.

해석 교통 지연 때문에 몇몇 참가자들이 늦게 도착할 수도 있다.

**2.** Employees must obtain **approval** to work from home.
해설 타동사 obtain의 목적어 자리이므로 명사 approval이 정답이다.

해석 직원들은 재택근무를 하기 위해서는 승인을 받아야 한다.

**3.** All **requests** will be handled within 72 hours.
해설 밑줄 앞에 한정사 All이 있고 뒤에 조동사가 있으므로 주어 자리다. request는 동사뿐만 아니라 '요청'이라는 뜻의 명사로도 쓰이며, all 뒤에 셀 수 있는 명사가 올 경우 복수로 쓰이기 때문에 requests가 되어야 한다.

해석 모든 요청은 72시간 내에 처리될 것입니다.

어휘 handle 처리하다

**4.** Mr. Brent attended the conference with **his** manager.
해설 밑줄 앞에는 전치사가 있고 뒤에는 명사가 있으므로 소유한정사 자리다.

해석 브렌트 씨는 그의 매니저와 컨퍼런스에 참석했다.

어휘 attend ~에 참석하다

## UNIT 03 형용사, 부사

**1.** After **careful** consideration, we have decided to switch to a new supplier.

해설 빈칸은 뒤에 오는 명사를 수식하는 자리이며, 명사를 수식할 수 있는 것은 형용사이므로 careful이 정답이다.

해석 신중한 고려 후에, 우리는 새로운 공급자로 바꾸기로 했다.

어휘 switch to ~으로 바꾸다   supplier 공급자

**2.** We are looking for an **experienced** technician.

해설 빈칸은 technician이라는 명사를 꾸며주는 자리다. 현재분사 experiencing은 '경험하는'이라는 뜻이 되므로 적절하지 않으며, '숙련된'이라는 뜻을 지닌 형용사 experienced가 정답이다. 참고로, inexperienced는 '경험이 부족한, 미숙한'이라는 뜻이 된다.

해석 우리는 숙련된 기술자를 찾고 있습니다.

어휘 look for ~을 찾다

**3.** At Quisco Ltd., trainees work **closely** with assigned mentors.

해설 밑줄 앞에 work라는 자동사가 있으므로 동사를 수식하는 부사 closely가 정답이다.

해석 Quisco Ltd.에서는 연습생은 배정된 멘토와 긴밀하게 협력한다.

어휘 closely 긴밀하게   assign 배정하다

**4.** The concert is **completely** sold out.

해설 빈칸이 be동사와 과거분사 사이에 있으므로 과거분사를 수식할 수 있는 부사 completely가 정답이다.

해석 그 콘서트는 완전히 매진되었다.

어휘 sold out 매진된

**5.** Mr. Garcia has been tasked with **carefully** reviewing all budgets.

해설 reviewing은 동명사이지만 동사의 속성을 그대로 가지고 있으므로 부사 carefully의 수식을 받는다.

해석 가르시아 씨는 모든 예산을 꼼꼼하게 검토하는 임무를 부여받았다.

어휘 task someone with something ~에게 과업을 맡기다 (수동태: someone was tasked with something)

## UNIT 04 동사의 수 일치, 시제, 태

**1.** Several properties on this street **are** for sale.

해설 주어는 복수명사인 properties이므로 are가 정답이다.

해석 이 거리의 몇몇 부동산이 매물로 나와 있다.

어휘 property 재산, 부동산, 건물   for sale 팔려고 내놓은

**2.** The restaurants on Main Street usually **open** early on Fridays.

해설 부사 usually는 현재시제와 함께 쓰이므로 현재시제가 정답이다.

해석 Main Street에 있는 식당들은 보통 금요일마다 일찍 문을 연다.

어휘 on Fridays 금요일마다

**3.** The market for minivans **has grown** exponentially for the past three years.

해설 전치사구 for the past~가 있으므로 현재완료시제가 정답이다.

해석 소형 승합차 시장이 지난 3년간 기하급수적으로 성장했다.

어휘 exponentially 기하급수적으로 (exponential 기하급수적인)

**4.** Fresh Fridays **was founded** six years ago.

해설 과거시제의 부사구 six years ago가 있으므로 과거시제가 쓰여야 한다. 또한 found는 '설립하다'라는 뜻의 타동사이므로 수동태가 되려면 was founded가 되어야 한다.

해석 Fresh Fridays는 6년 전에 설립되었다.

## UNIT 05 접속사, 관계대명사

**1.** Please call 555-1230 to receive further information or **to schedule** an appointment.

해설 등위접속사 or 앞뒤로 to부정사가 대등하게 연결되어야 하므로 to schedule이 정답이다.

해석 더 많은 정보를 받거나 예약 일정을 잡으시려면 555-1230으로 전화주세요.

**2.** A lot of luggage looks similar, **so** please check the ID tag.

해설 앞 문장과 뒤에 이어지는 문장이 인과관계이므로 so가 정답이다.

해석 많은 가방들이 유사하게 생겼으므로 ID 태그를 확인하세요.

**3.** Their request for more funding was rejected **because** the project was too risky.

해설 주절과 종속절이 인과관계에 있으므로 because가 정답이다.

해석 그 프로젝트가 너무 위험하기 때문에 그들의 더 많은 자금 요청이 거부당했다.

어휘 funding 자금   reject 거부하다, 거절하다

**4.** All customers **who** complete a survey will be offered a discount voucher.

해설 밑줄 앞에 사람이 있고 뒤에는 동사가 나오므로 주격관계대명사 who가 정답이다.

해석 설문조사를 완료하는 모든 고객들은 할인쿠폰을 받게 될 것입니다.

어휘 complete a survey 설문조사 작성을 완료하다

# UNIT O6 to부정사, 동명사, 분사

**1.** Cavendish Conference Centre is the perfect place **to hold** corporate events.

해설 밑줄 앞에 명사가 있고 동사(hold)가 명사(place)를 수식하는 구조이므로 to부정사의 형용사적 용법이다.

해석 Cavendish Conference Center는 기업 행사를 열기에 완벽한 장소다.

어휘 corporate 기업의

**2.** The project is expected **to create** more than 200 new jobs.

해설 expect someone to do가 수동태로 전환되면 be expected to do가 되므로 to부정사가 정답이다.

해석 그 프로젝트는 200개 이상의 새로운 일자리를 창출할 것으로 예상된다.

**3.** Ms. Lopez had to work late to finish **drawing** up the budget.

해설 finish는 동명사를 목적어로 취한다.

해석 로페즈 씨는 예산안 작성을 끝내기 위해 늦게까지 일해야 했다.

어휘 draw up ~을 작성하다 budget 예산, 예산안

**4.** All employees **wishing** to take time off must submit their requests one week in advance.

해설 밑줄은 명사를 뒤에서 수식하는 분사 자리다. 밑줄 앞의 명사 employees와 wish to take는 능동의 관계이므로 현재분사 wishing이 정답이다. (= All employees who wish to take...)

해석 휴가를 쓰고자 하는 모든 직원들은 일주일 전에 요청서를 제출해야 한다.

어휘 take time off 휴가를 쓰다

## 기초 문법 마무리 TEST

| 1. (B) | 2. (B) | 3. (A) | 4. (B) | 5. (B) | 6. (B) |
|--------|--------|--------|--------|--------|--------|
| 7. (A) | 8. (A) | 9. (B) | 10. (A) | | |

**1. (B) appointment**
해설 빈칸은 전치사구(of ~ Securities)의 수식을 받고 있는 주어 자리이므로 명사가 들어가야 한다.

해석 SN증권의 새로운 최고재무책임자의 임명이 오늘 발표되었다.

어휘 appointment 임명 (appoint 임명하다)

**2. (B) successful**
해설 빈칸은 부사(increasingly)의 수식을 받고 있고 주어의 상태를 설명하는 보어 자리이므로 형용사가 정답이다.

해석 그 회사는 해를 거듭할수록 점점 더 성공을 거두었다.

어휘 over the years 여러 해에 걸쳐, 해를 거듭하여

**3. (A) attendees**
해설 attendee는 '참석자', attendance는 '참석'을 뜻한다.

해석 참석자에게는 저녁으로 무료 뷔페가 제공될 것이다.

어휘 complimentary 무료의

**4. (B) their**
해설 빈칸 앞에는 동사, 뒤에는 명사가 왔으므로 명사를 수식하는 소유한정사가 정답이다.

해석 Brymark Promotions는 지역의 회사들이 자사의 브랜드를 광고하는 것을 돕는다.

어휘 advertise 광고하다

**5. (B) easily**
해설 빈칸이 be동사 뒤, 형용사 앞에 있으므로 형용사를 수식하는 부사 자리다.

해석 시애틀은 차나 기차로 쉽게 갈 수 있다.

어휘 accessible 접근 가능한, 다가가기 쉬운

**6. (B) additional**
해설 빈칸 앞에는 정관사, 뒤에는 명사가 있으므로 명사를 수식하는 형용사 자리다.

해석 그 선물 가방 옵션은 추가 비용을 들일 가치가 있다.

어휘 worth ~할 가치가 있다

**7. (A) introduced**
해설 문두에 last year가 있으므로 과거시제가 정답이다.

해석 작년에 Avery Automobiles는 여섯 대의 새로운 소형차를 선보였다.

어휘 compact car 소형차

**8. (A) proposed**
해설 놀이공원은 제안하는 주체가 아니라 누군가에 의해 제안된 대상이다. 즉, '제안하는' 놀이공원이 아니라 '제안된' 놀이공원이 되어야 하므로 과거분사가 정답이다.

해석 제안된 놀이공원은 도심 지역의 상업을 증가시킬 것이다.

어휘 commerce 상업, 무역

**9. (B) be held**
해설 빈칸에 타동사 hold가 들어가려면 목적어가 필요하다. 빈칸 뒤에 목적어가 없으므로 수동태가 정답이다.

해석 그 마케팅 컨퍼런스는 해밀턴에서 열릴 것이다.

어휘 hold ~을 열다

**10. (A) who**
해설 빈칸 앞에 사람 명사(employees)가 있고 뒤에는 동사가 있으므로 주격관계대명사 who 자리다.

해석 기금모금 행사에 참여하기를 원하는 직원들은 델 씨에게 연락하셔야 합니다.

어휘 attend ~에 참석하다 fund-raiser 기금모금 행사 contact ~에게 연락하다

# CHAPTER 02 토익 문법 빈출 패턴 30

## 빈출 패턴 01 대표 기출 유형

**정답** (B) completion

**해설** 빈칸 앞에 정관사가 있고 뒤에는 전치사구(of its airport)가 있으므로 명사 (B) completion이 정답이다.

**해석** 공항이 완공되면서 푼타 섬의 관광 경제는 급격히 개선되었다.

**어휘** completion 완성 (complete 완료하다; 완벽한)

### 연습문제

**1.** (B) amendment

**해설** 빈칸 앞에 정관사 the가 있고 뒤에 전치사구(to~)가 있으므로 명사 (B) amendment가 정답이다.

**해석** 시의회 의원들은 안전 규정 개정안을 표결에 부쳤다.

**어휘** amendment 수정, 개정 (amend 수정하다, 개정하다)
safety regulation 안전 규정

**2.** (A) reminder

**해설** 빈칸 앞에 관사가 있고 뒤에 전치사구(to~)가 있으므로 명사 (A) reminder가 정답이다.

**해석** 이것은 전 직원에게 6월 28일까지 지출 보고서를 제출할 것을 상기시킵니다.

**어휘** remind 상기시키다 reminder (약속이나 해야 할 일 등을) 상기시켜 주는 편지[메모]

## 빈출 패턴 02 대표 기출 유형

**정답** (A) transfer

**해설** 빈칸 앞에 소유격이 있고 뒤에는 전치사구가 있으므로 빈칸은 명사 자리이다.

**해석** 그들은 10월 말까지 플린 씨의 전근을 연기해야 했다.

**어휘** postpone 연기하다, 미루다 transfer 전근, 이적; 옮기다

### 연습문제

**1.** (A) manufacturer

**해설** 빈칸 앞에 형용사가 있고 뒤에 전치사구가 있으므로 명사 (A) manufacturer가 정답이다.

**해석** Electronix Ltd.는 이제 스마트 시계의 선두 기업이다.

**어휘** leading 선두의, 가장 중요한

**2.** (B) productivity

**해설** 빈칸 앞에 소유격이 있으므로 명사 (B) productivity가 정답이다.

**해석** 자동화에의 투자가 회사의 생산성을 증대하는 데 도움이 되었다.

**어휘** invest in ~에 투자하다 automation 자동화
productive 생산적인 productivity 생산성

## 빈출 패턴 03 대표 기출 유형

**정답** (B) notification

**해설** 빈칸은 타동사 receive의 목적어 자리이므로 명사인 (B) notification이 정답이다.

**해석** Mr. Meyers는 자신의 로고 디자인이 회사 중역들에게 좋은 반응을 얻었다는 얘기를 들어서 기분이 좋았다.

**어휘** notification 알림, 통고, 통지

### 연습문제

**1.** (B) Acceptance

**해설** 빈칸부터 internship까지가 문장의 주어자리에 해당하는 명사구이며, depend는 동사다. 따라서 빈칸은 주어에 해당하는 명사 (B) acceptance가 정답이다.

**해석** 그 로펌의 인턴십 합격 여부는 대학 성적표, 면접 능력, 추천서에 달려 있다.

**어휘** depend on ~에 달려 있다 transcript 성적 증명서
recommendation 권고, 추천, 추천장

**2.** (A) help

**해설** 빈칸은 타동사 needs의 목적어 자리이므로 명사인 (A) help가 정답이다.

**해석** 새로운 인턴사원은 3층에 있는 복사기에 대해 도움을 필요로 한다.

**어휘** intern 인턴사원 copier 복사기 helpful 도움이 되는

## 빈출 패턴 04 대표 기출 유형

**정답** (B) inspection

**해설** 빈칸 앞에는 전치사 for가 있고 뒤에도 전치사구가 있기 때문에 빈칸은 명사 자리이다.

**해석** 식당 주인들은 주방이 항상 점검을 위해 준비되어 있도록 해야 한다.

**어휘** make sure 반드시 (…하도록) 하다, (…을) 확실히 하다, (…임을) 확인하다 at all times 항상

### 연습문제

**1.** (B) operation

**해설** 빈칸 앞에 전치사 in이 있으므로 빈칸에는 전치사의 목적어 역할을 할 수 있는 명사가 들어가야 한다. 따라서 (B) operation이 정답이다.

**해석** 운영 1년 만에 커프 모터스는 이미 기록적인 수익을 내고 있다.

**어휘** in operation 운영하는, 가동하는 turn profits 수익을 내다
record 기록적인; 기록; 기록하다, 녹음하다

**2.** (B) suggestions

**해설** 빈칸 앞에 전치사가 있고 뒤에도 전치사구가 있으므로 빈칸에는 명사가 들어가야 한다.

해석 컨설턴트의 제안에 기초하여, Durley & Co. Ltd.는 TV 광고를 중단하기로 결정했다.

어휘 commercial (텔레비전·라디오의) 광고 (방송)

## 빈출 패턴 05 대표 기출 유형

정답 (A) participants

해설 teach someone something은 'someone에게 something을 가르치다'라는 뜻으로 쓰이며, 빈칸은 '~에게'에 해당하는 자리이므로 사람 명사인 (A) participants(참가자)가 정답이다.

해석 Fleming Institute의 시간 관리 세미나는 참가자들에게 시간을 생산적으로 쓰는 방법을 알려 준다.

### 연습문제
본문 p.000

**1. (B) assistance**

해설 형용사(technical)와 전치사구 사이 명사 자리다. assistant는 '조수, 보조원', assistance는 '도움, 원조, 지원'이라는 뜻이다.

해석 그들은 전화로 24시간 기술 지원 서비스를 제공한다.

어휘 by telephone 전화로  assistance 도움, 지원 (assist 돕다)

**2. (A) applicants**

해설 빈칸은 동사 interview의 목적어 자리이며, 면접 대상은 사람이어야 하므로 '지원자들'을 뜻하는 (A) applicants가 정답이다.

해석 닐리 씨는 5월 14일부터 관리직 지원자들을 면접 볼 것이다.

어휘 position 일자리; 직위  application 지원(서); 응용 (apply 지원하다; 적용하다)

## 빈출 패턴 06 대표 기출 유형

정답 (B) safety

해설 safety regulations(안전 규정)는 두 개의 명사로 이루어진 복합명사다.

해석 직원들은 일터에서의 사고를 방지하기 위해 모든 안전 규정을 따라야 한다.

어휘 prevent 막다  workplace 일터

### 연습문제

**1. (B) expiration**

해설 북미에서는 유통기한을 an expiration date, 영국에서는 an expiry date라고 한다.

해석 식당 관리자들은 주방에 재료를 다시 채울 때 항상 유통기한을 확인해야 한다.

어휘 restock (사용하거나 팔린 물건을 자리에 새로운 것들을) 다시 채우다[보충하다]

**2. (A) charge**

해설 service charge(서비스 요금)는 하나의 복합명사로 쓰인다. delivery service(배달 서비스), customer service(고객 서비스), service route(노선), delivery charge(배송료), parking charge(주차 요금) 등도 함께 외워두도록 하자.

해석 위탁 수하물이 25kg 이상이면 상당한 서비스 요금이 부과된다.

어휘 check (비행기 등을 탈 때 수하물을) 부치다

## 빈출 패턴 07 대표 기출 유형

정답 (B) him

해설 elect는 타동사, as 이하는 목적보어이므로 빈칸에는 인칭대명사의 목적격이 와야 한다.

해석 위원회는 그를 그들의 대표로 선출했다.

어휘 elect 선출하다  representative 대표

### 연습문제

**1. (A) he**

해설 빈칸은 동사 will fly 앞의 주어 자리이므로 주격 대명사인 (A) he가 정답이다.

해석 퍼킨스 씨가 런던에 갈 때, 그는 일등석을 탈 것이다.

어휘 first class 일등석

**2. (B) us**

해설 동사 give는 [give+간접목적어+직접목적어] 구조로 목적어를 두 개 취하는 동사이다. 빈칸 뒤에 직접목적어(the new schedule)가 있는 것으로 보아 빈칸은 간접목적어 자리이므로 목적격 대명사인 (B) us가 정답이다.

해석 부서장이 여름 시즌을 위한 새 스케줄을 우리에게 줄 겁니다.

## 빈출 패턴 08 대표 기출 유형

정답 (B) your

해설 빈칸 앞에 전치사 for가 있고 뒤에는 명사 stay가 있으므로 빈칸에는 명사를 수식하는 단어가 들어가야 한다. 따라서 소유한정사인 (B) your가 정답이다.

해석 Faraway Travel에서는 귀하가 머물 다양한 숙소를 호텔이든 호스텔이든 예약해 드릴 수 있습니다.

어휘 accommodation 거처, 숙소  stay 머무름

### 연습문제

**1. (B) ours**

해설 빈칸은 were의 주격 보어 자리이므로 소유대명사인 (B) ours가 정답이다. 여기서 ours는 our files를 의미한다.

해석 모든 파일들이 뒤섞여 우리는 그것들이 우리의 것인지 확인해야 했다.

어휘 mix up ~을 뒤죽박죽으로 만들다, ~을 뒤섞다
check 확인하다 whether ~인지 아닌지

**2.** (A) their

해설 빈칸 앞에 접속사가 있고 뒤에는 명사가 있으므로 빈칸에는 명사를 수식하는 말이 들어가야 한다. 따라서 소유한정사인 (A) their가 정답이다.

해석 발표자들은 그들의 슬라이드가 컬러가 아닌 흑백으로 되어 있어서 놀랐다.

어휘 presenter 발표자 black and white 흑백

## 빈출 패턴 **O9** 대표 기출 유형

정답 (B) herself

해설 빈칸이 없어도 완전한 문장이 성립되므로 빈칸은 재귀대명사 자리이다.

해석 케이 씨는 할당된 모든 일을 스스로 일주일 만에 끝냈다.

어휘 assign 할당하다, 배당하다

### 연습문제

**1.** (B) herself

해설 빈칸 앞에 [주어(Ms. Shaw)+동사(finished)+목적어(the assignment)] 구조의 완전한 문장이 있으므로 빈칸에는 생략해도 문장이 성립할 수 있는 말이 들어가야 한다. 따라서 재귀대명사인 (B) herself가 정답이다.

해석 Ms. Shaw는 근무 시간 후에도 남아서 직접 업무를 마쳤다.
어휘 work hours 근무 시간 assignment 과제, 업무

**2.** (B) themselves

해설 빈칸은 동사 organize의 목적어 자리이다. 문맥상 빈칸에 들어갈 말이 주어 workers와 동일한 대상이므로 재귀대명사 (B)가 정답이다.

해석 팀 단합 활동에서 직원들은 4인 1조로 편성하도록 요청받았다.

어휘 organize 조직하다, 구성하다; 준비하다, 정리하다

## 빈출 패턴 **10** 대표 기출 유형

정답 (B) Those

해설 빈칸 뒤에 주격 관계대명사 who가 오므로 those(~하는 사람들)가 정답이다.

해석 일주일 이상 휴가를 쓰는 사람들은 반드시 자신의 일이 동료들에 의해 대신 처리되도록 해야 한다.

어휘 take a vacation 휴가를 쓰다 cover (자리를 비운 사람의 일을) 대신하다

### 연습문제

**1.** (B) those

해설 빈칸은 주격 관계대명사절(who ~ demonstration)의 수식을 받는 자리이다. 따라서 선택지 중 관계대명사절의 수식을 받을 수 있는 (B) those가 정답이다. 'those ~ demonstration'은 ask의 간접목적어에 해당한다.

해석 크롤 씨는 제품 시연회에 참석하고자 하는 사람들은 쿡 씨에게 직접 연락하라고 요청했다.

어휘 ask someone to do ~에게 ~하라고 요청하다 attend 참석하다 product demonstration 제품 시연

**2.** (B) anyone

해설 빈칸 뒤에 주격 관계대명사 who가 있으며, who 뒤에 이어지는 동사가 단수(is)이므로 (B) anyone이 정답이다.

해석 Tierra Bistro는 10분 이상 늦는 분의 예약을 취소할 수 있습니다.

어휘 bistro (편안한 분위기의) 작은 식당 reservation 예약

## 빈출 패턴 **11** 대표 기출 유형

정답 (B) those

해설 빈칸 뒤에 produce의 과거분사 produced가 있으므로 빈칸은 those(~된 것들)가 정답이다. those produced... = those (which were) produced...

해석 오늘날 판매되는 대부분의 배터리는 10년 전에 생산된 것들보다 훨씬 더 오래 갈 것이다.

어휘 available 이용 가능한 last 지속되다

### 연습문제

**1.** (B) those

해설 빈칸 뒤에 discuss의 과거분사인 discussed가 있으므로 빈칸은 those(~된 것들)가 정답이다. already는 과거분사 discussed를 앞에서 수식해 주고 있다.
beyond those already discussed
= beyond those (which were) already discussed

해석 오늘 회의에서 이미 논의된 것들 이외의 불만사항이 있는 경우 메디나 씨에게 알려 주세요.

어휘 inform someone of something ~에게 ~을 알려주다

**2.** (B) Those

해설 빈칸 뒤에 interest의 과거분사(interested)가 있으므로 빈칸은 Those(~한 사람들)가 정답이다. 'Those ~ seminar'가 문장의 주어에 해당한다.
Those interested in taking...
= Those (who are) interested in taking...

해석 재무 세미나를 듣는 데 관심 있는 분들은 온라인으로 그 과정에 등록할 수 있습니다.

어휘 be interested in ~에 관심이 있다 take a seminar 세미나를 듣다 enroll 등록하다

## 빈출 패턴 12 대표 기출 유형

정답 (A) Every

해설 빈칸 뒤에는 명사가 단수이므로(bouquet) 단수를 수식하는 every가 정답이다. all 뒤에 셀 수 있는 명사가 올 때는 복수가 되어야 한다. 'Every ~ $20'가 문장의 주어에 해당한다.

해석 20달러 이상의 부케는 생화 수명 연장제를 함께 드립니다.

어휘 bouquet 꽃다발  price 값을 매기다[정하다]  come with 제품이 ~과 함께 제공되다

### 연습문제

**1. (A) Each**

해설 빈칸 뒤에 단수 명사가 있고 동사도 단수(receives)이므로 each가 정답이다. some 뒤에는 가산명사와 불가산명사가 모두 올 수 있는데, 가산명사가 올 때는 복수가 되어야 한다.

해석 각 카드 소지자는 구매할 때마다 보너스 포인트를 받는다.

어휘 cardholder 카드 소지자  make a purchase 구매하다

**2. (A) Every**

해설 주어가 단수(vehicle)이므로 단수를 수식하는 every가 정답이다. 'Every used vehicle'이 주어이며 includes가 동사에 해당한다.

해석 Underwood Auto Sales에서 판매되는 모든 중고차는 일년 보증서를 포함한다.

어휘 used vehicle 중고차량  warranty 품질 보증서


## 빈출 패턴 13 대표 기출 유형

정답 (B) objective

해설 빈칸 앞에 부정관사 an이 있고 뒤에는 명사 assessment가 있으므로 빈칸은 명사를 수식하는 형용사 자리이다. 따라서 (B) objective가 정답이다.

해석 그 조사를 수행하기 위해 외부 회사를 고용하는 것은 객관적인 평가를 보장하는 데 도움이 될 것이다.

어휘 inspection 조사  assessment 평가  objective 객관적인 (objection 이의, 반대)

### 연습문제

**1. (B) exceptional**

해설 빈칸 앞에는 관사가 있고 뒤에는 명사구가 있으므로 빈칸은 형용사가 정답이다.

해석 직원들은 러스킨 씨에 의해 제공되는 탁월한 업무 지도에 감사한다.

어휘 appreciate 감상하다, 감사하다  exceptional 이례적일 정도로 우수한, 특출한 (exception 예외)

**2. (B) instructional**

해설 빈칸 앞에 관사가 있고 뒤에는 명사(video)가 있으므로 빈칸은 명사를 수식하는 형용사 자리이다.

해석 신입 직원들은 그 장치를 조립하는 방법에 관한 교육 비디오를 시청할 것이다.

어휘 assemble 조립하다; 모으다, 집합시키다  device 장비, 장치  instructional 교육의 (instruct 지시하다, 가르치다)


## 빈출 패턴 14 대표 기출 유형

정답 (B) strongly

해설 빈칸 앞에 주어 Ms. Wheeler가 있고 뒤에는 타동사 encourage가 있으므로 빈칸은 부사 자리이다. 따라서 strongly가 정답이다.

해석 Ms. Wheeler는 팀원들이 그 기술 세미나에 참석하도록 적극 독려했다.

어휘 encourage someone to do ~을 ~하도록 독려하다

### 연습문제

**1. (B) finally**

해설 빈칸 앞에는 주어가 있고 뒤에는 동사(agree)가 있으므로 빈칸은 부사가 정답이다.

해석 Salazar 씨는 마침내 시카고 지점에 영업부 대리를 고용하기로 동의했다.

어휘 agree to do ~하기로 동의하다  hire 고용하다

**2. (B) personally**

해설 빈칸은 조동사(will)와 동사(sign) 사이의 부사 자리이므로 부사인 personally가 정답이다.

해석 낭독이 끝나고 나서 작가는 팬들을 위해 자신의 새 소설에 직접 사인해 줄 것이다.

어휘 personally 직접, 개인적으로


## 빈출 패턴 15 대표 기출 유형

정답 (B) easily

해설 빈칸이 be동사와 과거분사 사이에 있으므로 부사 easily가 정답이다.

해석 그 히터의 온도는 리모컨으로 쉽게 조정된다.

어휘 adjust ~을 조정하다

### 연습문제

**1. (B) clearly**

해설 빈칸은 be동사(is)와 과거분사(stated) 사이의 부사 자리이므로 선택지 중 부사인 (B) clearly가 정답이다.

해석 그 가게의 환불 정책은 웹사이트에 분명하게 명시되어 있다.

어휘 refund policy 환불 정책  state 명시하다

**2.** (B) significantly

해설 have와 과거분사(increased) 사이에 빈칸이 있으므로 부사가 정답이다.

해석 새로운 장비가 설치되어서 Jake 사의 생산성이 상당히 향상되었다.

어휘 now that 이제 ~해서, ~이므로   productivity 생산성   significantly 상당히 (significant 중요한, 커다란)

## 빈출 패턴 16 대표 기출 유형

정답 (B) dramatically

해설 rise는 자동사이고 빈칸 뒤에는 마침표가 있으므로 부사가 정답이다.

해석 Raven Gear Co.의 신상품들의 판매 증가는 회사의 주식이 급등하도록 도왔다.

어휘 help something V ~가 ~하도록 돕다

### 연습문제

**1.** (B) collaboratively

해설 빈칸은 자동사(work)를 수식하는 자리이므로 부사인 collaboratively가 정답이다.

해석 이 프로젝트는 팀 리더가 모든 사람이 협력하여 일하게 해야만 성공할 수 있을 것이다.

어휘 collaboratively 협력하여 (collaborate 협력하다)

**2.** (B) promptly

해설 빈칸 앞에는 동사가 있고 뒤에는 전치사구가 있으므로 빈칸은 부사가 정답이다.

해석 내일 약속에 늦지 않게 9시 정각에 도착해 주세요.

어휘 appointment (특히 업무 관련) 약속   promptly 정확히 제 시간에, 시간을 엄수하여, 지체 없이 (prompt 즉각적인)

## 빈출 패턴 17 대표 기출 유형

정답 (B) remarkably

해설 빈칸 앞에서는 전치사가 있고, 뒤에는 명사 processing을 꾸며주는 형용사(fast)가 있으므로 형용사를 꾸며주는 부사가 정답이다.

해석 그 새로운 태블릿은 엄청나게 빠른 처리로 아주 사용하기 쉽다.

어휘 brand-new 새로운   remarkably 놀랍도록 (remark 발언/말/논평/언급; 발언하다, remarkable 놀랄 만한)

### 연습문제

**1.** (B) partly

해설 빈칸은 형용사 successful을 수식하는 자리이므로 부사인 (B) partly가 정답이다.

해석 야외 행사는 날씨 문제로 인해 부분적으로만 성공적이었다.

어휘 outdoor 야외의   partly 부분적으로 (part 부분; 나누다, 가르다)   successful 성공한, 성공적인   due to ~ 때문에

**2.** (B) fairly

해설 빈칸 앞에는 자동사 go의 과거형인 went가 있고 뒤에는 부사(smoothly)가 있으므로 빈칸은 부사를 수식하는 부사 (B) fairly가 정답이다.

해석 그녀의 인턴 첫째 날은 매우 순조롭게 지나갔다.

어휘 go smoothly 순조롭게 진행되다

## 빈출 패턴 18 대표 기출 유형

정답 (B) more closely

해설 빈칸 뒤에 than이 있으므로 빈칸에는 비교급이 들어가야 한다.

해석 새로운 대표 체제 하에 부서장들은 전보다 더 면밀하게 지출을 감시하고 있다.

어휘 ownership 소유(권)   monitor 추적 관찰하다, 감시하다   spending 지출   closely 유심히

### 연습문제

**1.** (A) higher

해설 빈칸은 are의 주격 보어 자리이며 빈칸 뒤에 비교 대상을 나타내는 전치사 than이 있으므로 형용사의 비교급이 들어가야 한다. 따라서 high의 비교급인 (A) higher가 정답이다.

해석 이곳 직원들은 자존감이 높아서 생산 수준이 평균보다 높다.

어휘 valued 존중되는, 귀중한   productivity 생산성

**2.** (B) larger

해설 빈칸 뒤에 than이 있으므로 빈칸에는 비교급이 와야 한다. much는 '훨씬'의 뜻으로 비교급을 강조하는 부사다.

해석 최근에 출시된 Voyager Prime Phone은 5년 된 동종 기기보다 훨씬 더 크다.

어휘 newly 최근에, 새로   release 출시하다   counterpart (동일한 지위의) 상대편, 대응물

## 빈출 패턴 19 대표 기출 유형

정답 (B) invited

해설 문장 끝에 과거에 해당하는 last Friday가 있으므로 과거 시제가 정답이다.

해석 한 씨는 지난 금요일에 투자자들을 자신의 새 사무실로 초대했다.

어휘 investor 투자자   invite someone to do ~에게 ~하도록 요청하다

**1.** (B) expected

해설 빈칸 뒤에 과거시제와 어울려 쓰이는 표현(last month)이 있으므로 과거시제인 (B) expected가 정답이다.

해석 Diesel Motors는 지난달 콜로라도에 새 공장을 열 것으로 예상했으나 인력난에 직면했다.

어휘 face 직면하다　labor 인력, 노동　shortage 부족

**2.** (B) relocated

해설 문장 맨 뒷부분에 several months ago가 있으므로 과거시제 (B) relocated가 정답이다.

해석 브라이슨 자동차는 몇 달 전에 본사를 베를린으로 이전했다.

어휘 relocate 이전시키다　central office 본사, 본점

## 빈출 패턴 20 대표 기출 유형

정답 (B) will be hosting

해설 문두에 미래에 해당하는 표현(next week)이 있으므로 미래진행형 시제인 (B)가 정답이다.

해석 다음주에 Jack's Hardware는 10주년 기념 특별 행사를 열 것이다.

어휘 hardware 철물, 기재, 장비

**1.** (B) will be volunteering

해설 Starting next month의 시간 부사구를 통해 미래의 일임을 알 수 있다.

해석 다음 달부터는 리치몬드 사의 직원들이 지역 자선 단체에서 봉사 활동을 할 것이다.

어휘 charity 자선 단체

**2.** (B) will be interviewing

해설 문두에 미래를 나타내는 표현(later today)이 있으므로 미래진행형 시제인 (B)가 정답이다.

해석 오늘 오후 베이커 씨는 회계직 지원자들을 면접 볼 것이다.

어휘 applicant 지원자　accountant 회계원, 회계사

## 빈출 패턴 21 대표 기출 유형

정답 (B) has assisted

해설 지난 6개월 동안(over the past six months), 즉 6개월 전부터 현재까지 계속 돕고 있다는 것을 나타내야 하므로 현재완료 시제가 적절하다. 따라서 (B) has assisted가 정답이다.

해석 우리의 고객 서비스 센터는 지난 6개월 동안 거의 3천 명의 고객을 도왔다.

**1.** (B) has improved

해설 문장 맨 끝의 시간 부사구 since February of last year의 since(~ 이래로 쭉)를 보자마자 현재완료형이 정답임을 알 수 있다.

해석 베일리 스포츠웨어는 작년 2월 이래로 직원 훈련 프로그램을 개선해 왔다.

**2.** (B) has decreased

해설 over the past year는 '작년 한 해에 걸쳐'라는 기간을 뜻하므로 현재완료형이 정답이다.

해석 신문 구독자의 수가 작년 동안 15% 감소해 왔다.

어휘 subscriber 구독자　decrease 감소하다

## 빈출 패턴 22 대표 기출 유형

정답 (A) approves

해설 빈칸이 있는 절은 접속사 before가 이끄는 시간 부사절인데, 시간이나 조건을 나타내는 부사절에서는 현재 시제가 미래시제를 대신하므로 현재시제인 approves가 정답이다.

해석 샌더슨 씨는 지출 요청서를 승인하기 전에 예산에 남은 돈을 계산할 것이다.

어휘 calculate 계산하다　budget 예산　approve 승인하다, 인가하다　expense request 지출 요청(서)

**1.** (B) return

해설 빈칸 뒤에 미래시제와 어울려 쓰이는 표현(next week)이 있지만 시간 부사절에서는 미래시제 대신 현재시제를 쓰므로 (B) return이 정답이다.

해석 Mr. Grantham은 직원들이 다음 주에 겨울 휴가에서 돌아오면 좋은 소식을 발표할 예정이다.

어휘 announce 발표하다, 알리다　break 휴가, 휴식

**2.** (A) will be canceled

해설 조건 부사절의 시제가 현재 시제(includes)이므로 주절은 현재나 미래 시제로 써야 한다. 따라서 (C) will be canceled가 정답이다. 참고로 주절을 현재 시제로 쓰면 보편적이고 일반적인 현재 사실을 나타내고, 미래 시제로 쓰면 if절에 제시된 조건이 맞을 경우 일어날 가능성이 높은 일을 나타낼 수 있다.

해석 수채화 수업은 등록 인원이 열 명 미만이면 취소될 것이다.

어휘 registration 등록

## 빈출 패턴 23 대표 기출 유형

정답 (B) was created

해설 create는 타동사이지만 빈칸 뒤에 목적어가 없으므로 수동태가 정답이다. with ~ in mind는 전치사구로 된 부사구다.

해석 이 새로운 태블릿은 디지털 아티스트들의 요구를 염두에 두고 만들어졌다.

**1.** (B) be introduced
해설 빈칸 뒤에 목적어가 없고 by(~에 의해서)가 있으므로 수동태가 정답이다.
해석 신재생에너지협약 기조연설자는 의장에 의해 소개될 것이다.
어휘 keynote speaker 기조 연설자

**2.** (B) will be sent
해설 수여동사 send가 수동태로 바뀌면서 직접목적어 a cost estimate가 동사 뒤에 그대로 남아 있다.
해석 소비자들은 전문가가 리모델링할 주방을 확인한 다음 견적을 받게 될 것이다.
어휘 a cost estimate 비용 견적


## 빈출 패턴 24 대표 기출 유형

정답 (B) maintaining
해설 전치사 뒤에 빈칸이 있으므로 빈칸에는 동명사가 들어가야 한다.
해석 공장 감독관들은 안전한 작업 환경을 유지하는 데 책임이 있다.
어휘 be responsible for ~에 책임이 있다  maintain ~을 유지하다

**1.** (A) leaving
해설 빈칸 앞에 전치사 before가 있고, 빈칸 뒤에는 명사가 있으므로 목적어를 이끄는 동명사가 정답이다.
해석 사무실을 떠나기 전에 모든 전등과 컴퓨터를 꺼 주세요.
어휘 make sure ~을 확실히 하다, ~을 확인하다  shut off 끄다

**2.** (B) working
해설 prior to는 '~하기 전에'라는 뜻의 전치사이므로 빈칸에는 동명사가 와야 한다.
해석 Marlin Fisheries에서 일하기 전에 Eric Lewis는 Stoddard, Inc.에서 일했다.
어휘 employ 고용하다


## 빈출 패턴 25 대표 기출 유형

정답 (B) to increase
해설 aim은 to부정사를 목적어로 취한다.
해석 Mr. Jang에 의해 세워진 그 전략 계획은 15퍼센트의 매출 증대를 목표로 한다.
어휘 strategic 전략적

**1.** (B) to broaden
해설 plan은 to부정사를 목적어로 취한다.
해석 케냐에서 호평을 받은 Moussa TV는 동아프리카 전역으로 방송 범위를 넓힐 계획이다.
어휘 acclaim 찬사; 칭송하다  coverage 범위, 보급, 보도

**2.** (B) to meet
해설 빈칸 앞에 are expected가 있으므로 to부정사가 나와야 한다.
해석 Sanwa, Inc.의 핸드북에는 직원들이 매일 충족해야 하는 높은 기준이 요약되어 있다.
어휘 meet the standards 기준을 충족하다


## 빈출 패턴 26 대표 기출 유형

정답 (A) Besides
해설 빈칸 뒤에 동명사 teaching이 있으므로 전치사가 정답이다.
해석 Mr. Liu는 대학에서 재무를 가르치는 것 외에도 지역 신문사에 주간 칼럼을 기고한다.
어휘 finance 재원, 자금, 재무

**1.** (B) Owing to
해설 빈칸 뒤에 명사구가 나오므로 전치사구인 owing to(~으로 인해)가 정답이다. provided that은 '~을 조건으로'라는 뜻의 접속사이므로 뒤에 절이 온다.
해석 재료 부족으로 인해 그 보수 공사는 원래 마감일자까지 끝나지 못할 것이다.
어휘 shortage 부족  completion date 마감일

**2.** (B) prior to
해설 빈칸 뒤에 동명사가 있으므로 전치사가 정답이다. because는 접속사로서 뒤에 절을 이끈다.
해석 그랜드 힐 아파트 입주자들은 입주 전에 환불 가능한 보증금을 내야 한다.
어휘 tenant 세입자, 입주자  refundable 환불 가능한  security deposit 임대 보증금


## 빈출 패턴 27 대표 기출 유형

정답 (A) required
해설 빈칸 앞에는 타동사, 뒤에는 명사가 오므로 빈칸은 분사(형용사) 자리다. maintenance(유지관리)는 요구하는 주체가 아니라 '요구되는' 대상이므로(maintenance is required) 빈칸에는 과거분사가 와야 한다.

해석 요구되는 유지관리를 수행하기 위해 건물 내의 모든 엘리베이터는 오전 10시부터 한 시간 동안 중단된다.

어휘 out of service 사용할 수 없는　perform 수행하다

**1. (B) proposed**

해설 빈칸 뒤의 명사(sculpture)를 수식하는 분사 / 형용사 자리다. sculpture(조각상)은 '제안되는' 대상이 되므로 빈칸에는 과거분사가 와야 한다.

해석 시장은 제안된 100피트짜리 조각상이 그 도시로 관광객들을 끌어 모을 것이라고 믿는다.

어휘 mayor 시장　attract 끌어들이다　propose 제안하다

**2. (A) departing**

해설 빈칸 뒤에 오는 passengers(승객들)은 출발하는 주체이므로 빈칸에는 능동의 현재분사가 와야 한다.

해석 출국하는 여행객들은 보안 검사를 완료해야 탑승할 수 있습니다.

어휘 depart 출발하다　security check 보안 검사　fly 비행기를 타고 가다

## 빈출 패턴 28 대표 기출 유형

정답 (B) containing

해설 spreadsheet가 데이터를 포함하는 것이므로 빈칸은 능동태의 현재분사가 되어야 한다

The spreadsheet containing data...

= The spreadsheet which contains data...

해석 4사분기 동안의 소매 판매에 대한 데이터를 포함하는 스프레드시트가 첨부되어 있다.

어휘 retail 소매　quarter 분기　attach 첨부하다

**1. (A) providing**

해설 주어에 해당하는 Guard Corp.는 빈칸 뒤에 오는 private security services를 제공하는 업체이므로 능동의 관계이다. 따라서 현재분사가 정답이다.

an agency providing private security services

= an agency who provides private security services

해석 연예인들에게 사설 경호 서비스를 제공하는 기관인 Guard Corp.는 자격을 갖춘 지원자들을 고용하고 있다.

어휘 agency 대행사　celebrity 유명 인사　hire 고용하다　qualified 자격을 갖춘

**2. (B) listed**

해설 합병안(merger) 안에 '포함된' 조건들(conditions)이므로 과거분사가 정답이다.

the conditions (which are) listed in the proposed merger

해석 심지어 회사 변호사들도 합병안에 들어 있는 몇 가지 조건에 대해 혼란스러워했다.

어휘 condition 조건　list 목록; 리스트에 포함시키다, 열거하다　propose 제안하다　merger 합병(안)

## 빈출 패턴 29 대표 기출 유형

정답 (A) Even though

해설 빈칸 뒤에 온전한 절(some materials가 주어, arrived가 동사)이 있으므로 접속사가 정답이다.

해석 일부 자재가 늦게 도착했음에도 불구하고, 도급업자는 수리를 예정보다 일찍 마칠 수 있었다.

어휘 contractor 계약자, 도급업자　ahead of schedule 예정보다 일찍

**1. (A) unless**

해설 빈칸 뒤에 온전한 절이 있으므로(주어＋동사＋명사절 목적어) 접속사가 정답이다.

해석 강사가 괜찮다고 하지 않는 한 다음 단계로 진행하지 마십시오.

어휘 go on to the next step 다음 단계로 나아가다　instructor (특정한 기술이나 운동을 가르치는) 강사[교사]　unless ~하지 않는 한

**2. (A) before**

해설 빈칸 뒤에 완전한 절(they ~ ones)이 오므로 빈칸에는 접속사가 들어가야 한다.

해석 수영장 장비를 적절하게 유지 관리하면 사소한 문제가 주요 문제가 되기 전에 발견될 수 있습니다.

어휘 proper 적절한　ensure 보장하다　minor 사소한　major 주요한, 중대한, 심각한

## 빈출 패턴 30 대표 기출 유형

정답 (A) who

해설 빈칸 앞에 사람 명사 patrons가 있고 뒤에는 동사(fail)가 있으므로 주격관계대명사 who가 정답이다.

해석 기한까지 물건을 반납하지 못한 도서관 이용객에게는 수수료가 부과된다.

어휘 patron 고객　fail to do ~하지 못하다

**1. (A) who**

해설 빈칸 앞에 사람 명사 manager가 있고 뒤에는 동사(will be...)가 있으므로 주격관계대명사가 정답이다.

해석 Mr. Jun은 신입사원 채용을 담당할 관리자이다.

어휘 be in charge of ~을 담당하다

**2. (B) which**

해설 주격 관계대명사

빈칸 앞에는 사물 명사 material이 있고 뒤에는 동사 (resists)가 있으므로 주격 관계대명사 which가 정답이다.

해석 우리 안경은 스크래치에 강한 재료로 만들어진다.

어휘 be made of ~으로 만들어지다  resist 저항하다, 견디다  scratch 긁힌 자국; 긁다

## 실전 TEST ❶

| | | | | | |
|---|---|---|---|---|---|
| 1. (A) | 2. (C) | 3. (D) | 4. (C) | 5. (B) | 6. (B) |
| 7. (D) | 8. (A) | 9. (D) | 10. (C) | 11. (A) | 12. (B) |
| 13. (D) | 14. (A) | 15. (D) | 16. (D) | | |

**1. (A) approval**

해설 목적어 자리 명사

빈칸 앞에 타동사(obtain)가 있는 것으로 보아 빈칸은 목적어 자리이므로 명사인 (A) approval이 정답이다.

해석 인턴들은 퇴근하기 전에 자신들에게 배정된 멘토에게 승인을 얻어야 한다.

어휘 obtain 얻다, 획득하다, 입수하다  approval 승인  assign (일, 책임 등을) 맡기다, 배정하다  leave the office 퇴근하다

**2. (C) subscribers**

해설 사람 명사 vs. 추상 명사

빈칸에는 The majority of와 결합하여 문장의 주어 역할을 할 수 있는 말이 들어가야 한다. 선택지 중 명사는 (C) subscribers와 (D) subscriptions인데, 문맥상 주어가 소식지를 받는 주체이므로 '구독자'를 뜻하는 (C) subscribers가 정답이다.

해석 다수의 구독자가 이메일로 소식지를 받는 걸 선호한다고 말했다.

어휘 majority of 다수의  subscriber 구독자  prefer ~을 (더) 선호하다  newsletter 소식지  subscribe 구독하다  subscription 구독(료)

**3. (D) result**

해설 주격 보어 자리 명사

빈칸 앞에 be동사 is가 있으므로 빈칸은 주격 보어 자리이며, 관사 the와 전치사구(of ~ campaign)의 수식을 받는 자리이므로 명사인 (D) result가 정답이다.

해석 3/4분기의 성공은 공격적인 마케팅 캠페인의 결과다.

어휘 quarter 사분기, 4분의 1  result 결과; (~의) 결과로 발생하다  aggressive 공격적인  resultant 그 결과로 생긴, 그에 따른

**4. (C) gratitude**

해설 소유한정사 + [명사]

빈칸은 소유한정사 her의 수식을 받는 자리이므로 명사인 (C) gratitude가 정답이다.

해석 이 씨는 시상식을 주최할 기회를 가진 것에 대해 감사를 표했다.

어휘 express 표현하다  gratitude 감사  opportunity to do ~할 기회  host 주최하다  awards ceremony 시상식  grateful 고마워하는  gratify 기쁘게 하다

**5. (B) they**

해설 인칭대명사 주격

빈칸은 동사 are submitted 앞의 주어 자리이므로 주격 대명사인 (B) they가 정답이다. (A) it과 (C) each는 단수 대명사이므로 빈칸에 들어갈 수 없다. (D) others는 복수 대명사이지만 '다른 것들'을 의미하기 때문에 문맥상 적절하지 않으므로 오답이다.

해석 대회 출품작들은 마감일 이후에 제출되면 접수되지 않을 것이다.

어휘 contest 경연 대회  entry 출품작; 응모권  accept 받아들이다  submit 제출하다  deadline 마감일

**6. (B) them**

해설 인칭대명사 목적격

빈칸은 동사 need의 목적어 자리이며, 문맥상 의자가 더 필요하면 옆방에서 가져다 쓰라는 내용이 되는 게 자연스러우므로 '그것들(의자들)'을 의미하는 목적격 대명사 (B) them이 정답이다. (A) us와 (C) you는 사람을 가리키는 목적격 대명사이고, (D) their는 소유격이므로 오답이다.

해석 의자들이 필요하면 옆방에 있는 여분의 의자들을 이용하실 수 있습니다.

어휘 additional 추가의  available 이용 가능한

**7. (D) those**

해설 지시대명사 [those] + 주격 관계대명사절

빈칸은 주격 관계대명사절(who ~ event)의 수식을 받는 자리이다. 또한 who 뒤에 동사 want가 복수이므로 복수명사가 와야 한다. 따라서 people을 의미하는 (D) those가 정답이다.

해석 지금은 셔틀버스가 운행하지 않아서 그 행사장까지 셔틀버스를 타고 가길 원하는 분들은 그렇게 하실 수 없습니다.

어휘 unavailable 이용할 수 없는; 획득할 수 없는  get a ride (차 등을) 타다

**8. (A) she**

해설 인칭대명사 주격

빈칸 앞에 접속사 so가 있고 뒤에는 동사 needs가 있는 것으로 보아 빈칸은 주어 자리이다. 따라서 선택지 중 주격 대명사인 (A) she가 정답이다.

해석 페레즈 씨는 결국 학회에 참석할 것이므로 숙소가 필요하다.

어휘 attend 참석하다  conference 학회  after all 결국  accommodation 숙소, 숙박 시설

**9. (D) himself**

해설 재귀대명사

빈칸 앞에 [주어(The CEO)+동사(gives)+간접목적어(new employees)+직접목적어(a building tour)] 구조의 완전한 문장이 있으므로 빈칸에는 생략해도 문장이 성립할 수 있는 말이 들어가야 한다. 따라서 재귀대명사인 (D) himself가 정답이다.

해석 Stockton Tech의 대표는 보통 신규 입사자들에게 직접 건물 이곳저곳을 보여 준다.

어휘 give ~ a tour ~에게 구경을 시켜 주다

**10.** (C) they

해설 인칭대명사 주격

빈칸은 생략된 that이 이끄는 명사절의 주어 자리이다. 선택지 중 주격 대명사는 (A) it과 (C) they인데, 문맥상 지칭하는 대상이 복수 명사(electrical issues)이고 빈칸 뒤에 be동사 복수형인 were가 있으므로 (C)가 정답이다.

해석 사무실에 전기 문제가 있었는데, 전기 기술자는 그것이 어젯밤의 폭풍우 때문이라고 생각했다.

어휘 electrical 전기의  issue 문제  electrician 전기 기술자

**11.** (A) their

해설 소유한정사

빈칸 앞에 명사절 접속사 that이 있고 뒤에는 명사구 best-selling product가 있으므로 빈칸에는 명사를 수식하는 말이 들어가야 한다. 따라서 소유격인 (A) their가 정답이다.

해석 많은 문구점은 자신들의 베스트셀러 상품이 덴들 문구사의 색연필 세트라고 전했다.

어휘 stationery store 문구점  report 보고하다; 보고

**12.** (B) excess

해설 관사 + [명사] + 전치사구

빈칸 앞에 관사가 있고 뒤에는 전치사구가 있으므로 빈칸은 명사 자리이다. 따라서 선택지 중 명사인 (B) excess가 정답이다.

해석 예상치 못한 경쟁으로 인해 그 가게에는 재고로 남은 텔레비전이 아직도 100대 이상 있었다.

어휘 unexpected 예상 밖의, 뜻밖의  in stock 재고로  excess 초과량, 과잉

**13.** (D) producer

해설 사람 명사 vs. 추상 명사

빈칸 앞에 형용사 최상급이 있고 뒤에는 전치사구가 있으므로 빈칸은 명사 자리이며, 문맥상 그 나라의 최대 생산업체라고 하는 게 자연스러우므로 '생산자, 제작자'를 뜻하는 (D) producer가 정답이다.

해석 Grenadine's Fabrics는 그 나라에서 가장 큰 직물 생산업체임에도 불구하고 수익이 지속적으로 감소해 왔다.

어휘 textile 직물  steady 꾸준한, 지속적인  decline 감소, 하락  profit 수익, 이익

**14.** (A) comfort

해설 전치사 + [명사]

빈칸 뒤에 접속사 and로 명사 size가 연결되어 있다. 등위 접속사는 품사가 같은 단어를 연결하기 때문에 빈칸에는 size와 같은 품사인 명사가 들어가야 한다. 따라서 (A) comfort가 정답이다.

해석 그 새로운 리클라이너 디자인은 편안함과 전반적인 크기에 중점을 두고 있다.

어휘 be focused on ~에 중점을 두다  comfort 편안함, 안락함  overall 전반적인

**15.** (D) equipment

해설 복합명사

빈칸 앞에 명사 office가 있고 뒤에는 조동사 will이 있으므로 빈칸은 문장의 주어 역할을 할 수 있는 명사 자리이다. 또한 office와 결합하여 복합 명사를 이룰 수 있는 명사가 들어가야 한다.

해석 이사를 위해 로즈힐 가에서 모든 사무기기가 트럭에 실릴 것이다.

어휘 office equipment 사무기기  load 싣다

**16.** (D) yours

해설 소유대명사

빈칸은 전치사 than의 목적어 자리다. my schedule과 비교가 되어야 하므로 your schedule을 가리키는 소유대명사 yours가 와야 한다.

해석 제 일정이 귀하의 일정보다 더 탄력적이므로 우리는 언제든 귀하가 편한 시간에 만날 수 있습니다.

어휘 flexible 탄력적인

---

## 실전 TEST ❷

| 1. (D) | 2. (C) | 3. (A) | 4. (B) | 5. (B) | 6. (A) |
|--------|--------|--------|--------|--------|--------|
| 7. (C) | 8. (C) | 9. (B) | 10. (D) | 11. (A) | 12. (C) |
| 13. (C) | 14. (C) | 15. (B) | 16. (D) | | |

**1.** (D) those

해설 지시대명사 [those] + 과거분사

빈칸의 뒤에는 과거분사가 있으므로 과거분사의 수식을 받아 '~된 것들'이라는 뜻이 될 수 있는 those가 정답이다.

해석 온라인에서 발급받은 것들을 포함해 잭스의 모든 쿠폰은 12월 31일에 만료될 것이다.

어휘 issue 발급하다  expire 만료되다

**2.** (C) each

해설 [each] + 단수 명사

빈칸 뒤에 단수 명사(step)가 있으므로 each가 정답이다. many, all, those 뒤에는 복수 명사가 온다.

해석 이 문서에는 새 고객 계정을 만드는 각 단계가 나열되어 있다.

어휘 list (특정한 순서로) 열거하다, 목록에 포함시키다  account 계정

**3.** (A) Every

해설 [every] + 단수 명사

빈칸 뒤에 단수 명사(business)가 있으므로 every가 정답이다. other과 a few 다음에는 복수 명사가 온다.

해석 크든 작든, 모든 온라인 사업체는 안전한 결제 페이지를 가지고 있어야 한다.

어휘 business 사업, 사업체  checkout page 웹사이트에서의 결재 페이지

**4.** (B) considerable

해설 관사 + [형용사] + 명사

빈칸 앞에 관사, 뒤에는 명사가 있으므로 형용사가 정답이다.

해석 Fish Company는 그 지역 경제에 상당한 영향력을 끼친다.

어휘 considerable 상당한  impact 영향 (have an impact on ~에 영향을 끼치다)

**5. (B) excellent**

해설 관사 + [형용사] + 명사

빈칸 앞에 부정관사, 뒤에는 명사(relationship)가 있으므로 형용사가 정답이다.

해석 Keller's Medical Supplies는 보스턴에 있는 대부분의 병원들과 아주 좋은 관계를 맺고 있다.

어휘 medical 의학의  supplies 보조재료, 비품  relationship 관계  excellent 훌륭한, 탁월한

**6. (A) excessive**

해설 [형용사] + 명사

빈칸은 동사 reduce와 명사 spending 사이의 형용사 자리이므로 (A) excessive가 정답이다.

해석 과도한 지출을 줄이기 위해 대량 구매 전에는 모두가 승인을 요청할 것을 부탁드리는 바입니다.

어휘 excessive 지나친, 과도한

**7. (C) safely**

해설 주어 + [부사] + 동사

빈칸은 타동사 moved를 수식하는 자리이므로 부사인 (C) safely가 정답이다.

해석 지게차 운전자들이 높은 선반에 있는 대형 상자들을 바닥으로 안전하게 운반했다.

어휘 forklift 지게차  safely 안전하게  shelf 선반  safety 안전(성)

**8. (C) easily**

해설 조동사 + [부사] + 동사

빈칸은 조동사 can과 동사 check 사이의 부사 자리이므로 (C) easily가 정답이다.

해석 은행의 스마트폰 애플리케이션을 이용하여 고객들은 계좌 잔고를 쉽게 확인할 수 있다.

어휘 balance 잔고; 지불 잔액; 균형, 조화

**9. (B) actively**

해설 have + [부사] + pp

밑줄은 조동사 has와 과거분사 pursued 사이의 부사 자리이므로 actively가 정답이다.

해석 대학 졸업 이후 Mr. Shaw는 영화 산업에서 적극적으로 경력을 쌓았다.

어휘 actively 적극적으로  pursue 추구하다, 밀고 나가다

**10. (D) personally**

해설 be + [부사] + pp

빈칸이 be동사와 분사 사이에 있으므로 부사 자리이다. 따라서 (D) personally가 정답이다.

해석 웹사이트에 대한 개선은 IT 부서의 책임자에 의해 직접 이루

어졌다.

어휘 make improvements 개선하다, 개량하다  personally 개인적으로, 직접  director 관리자, 이사

**11. (A) completely**

해설 be + [부사] + doing

빈칸은 be동사 is와 현재분사 changing 사이의 부사 자리이므로 (A) completely가 정답이다. (B) completeness는 명사, (C) complete는 동사 또는 형용사, (D) completed는 동사 또는 과거분사이므로 오답이다.

해석 Stimson Automotive는 정규직 직원들의 판매 수수료 체계를 전면 변경하고 있습니다.

어휘 sales commission 판매 수수료  plan 방침, 방안, 계획  completely 완전히 (complete 완료하다, 끝마치다; 완벽한, 완전한)

**12. (C) significantly**

해설 자동사 + [부사]

빈칸은 자동사 increased를 수식하는 부사 자리이므로 (C) significantly가 정답이다.

해석 지난해 이래로 참가 업체 수가 상당히 늘었다.

어휘 participate 참가하다  significantly 상당히; 의미 있게, 중요하게

**13. (C) comparatively**

해설 [부사] + 형용사

빈칸은 형용사 brief를 수식하는 부사 자리이므로 (C) comparatively가 정답이다.

해석 저널리즘 콘퍼런스의 다른 강연들이 비교적 짧았던 반면, 기조연설은 2시간 동안 계속되었다.

어휘 talk 강연, 연설  comparatively 비교적  brief 짧은, 간단한  keynote speech 기조연설  last 계속되다, 지속되다

**14. (C) healthier**

해설 [비교급] + than

빈칸은 주격 보어 자리이므로 형용사가 들어가야 한다. 또한 빈칸 뒤에 비교 대상을 나타내는 전치사 than이 있으므로 healthy의 비교급인 (C) healthier가 정답이다.

해석 Heath Catering은 바뀐 메뉴들이 이전 메뉴들보다 더 건강에 좋다고 말한다.

어휘 claim (사실이라고) 말하다, 주장하다  revise 변경하다, 수정하다  previous 이전의

**15. (B) decorated**

해설 과거 시제 + 과거 부사어

빈칸이 속한 문장 끝에 yesterday가 있으므로 빈칸에 과거 시제가 와야 함을 알 수 있다.

해석 연말 파티가 몇 주 남았지만 접수 담당자는 어제 사무실을 장식했다.

어휘 holiday party (주로 회사에서 한 해를 마무리하기 위해 여는) 연말 파티  receptionist 접수 담당자

**16. (D) will review**

해설 미래 시제 + 미래 부사어

Darren Wilson은 주어, the head of the security team는 주어와 동격, 빈칸 뒤는 목적어이므로 빈칸은 동사 자리다. 문장 맨 끝에 next Wednesday라는 미래 시제를 나타내는 시간 부사구가 있으므로 정답은 미래 시제인 (D) will review다.

해석 보안팀장인 대런 윌슨 씨는 다음 주 수요일에 우리의 비상 처리 절차를 검토할 것이다.

어휘 security 보안, 경비   procedure 절차, 순서

---

**실전 TEST ❸**

| 1. (C) | 2. (D) | 3. (A) | 4. (D) | 5. (A) | 6. (D) |
|--------|--------|--------|--------|--------|--------|
| 7. (A) | 8. (C) | 9. (B) | 10. (C) | 11. (C) | 12. (A) |
| 13. (C) | 14. (B) | 15. (D) | 16. (D) | | |

---

**1. (C) has created**

해설 완료 시제 + over the past ~

문장 끝에 기간을 나타내는 over the past five years가 있으므로 현재완료 시제가 정답이다.

해석 Frieda Studios는 지난 5년 넘게 고급 패션 시장에서 여러 유명한 상품들을 제작해 왔다.

어휘 luxury 고급, 사치, 호화로움

**2. (D) has been working**

해설 완료 시제 + for 기간

빈칸이 속한 문장 끝에 현재완료시제와 어울려 쓰이는 표현(for over 30 years)이 있으므로 현재완료시제가 쓰여야 한다. 빈칸이 포함된 'who ------- for Melon Technologies for over 30 years'는 Mr. Schmidt를 수식하는 주격 관계대명사절이며, 주격관계대명사의 선행사인 Mr. Schmidt가 3인칭 단수이므로 (D)가 정답이다.

해석 Mr. Schmidt의 은퇴 파티가 다음 주에 열리는데, 그는 Melon Technologies에서 30년 넘게 일해 왔다.

어휘 retirement 은퇴

**3. (A) starts**

해설 시간과 조건 부사절의 시제

주절이 미래 시제이지만(is going to) 종속절의 접속사가 시간의 접속사인 Before이므로 현재 시제를 쓴다.

해석 그 관리자는 워크숍을 시작하기 전에 각 세션의 목표를 요약해 줄 것이다.

어휘 summarize 요약하다

**4. (D) is based**

해설 수동태

base는 '기반/기준/근거를 ~에 두다'라는 뜻으로 〈base something on something〉의 구조로 쓰이거나 수동태(be based on)로 쓰인다.

해석 최우수 직원상 수상자의 선정은 성과와 태도를 근거로 한다.

어휘 be based on ~에 기반을 두다, ~을 기반으로 하다   performance (업무의) 성과; (음악 등의) 공연   attitude 태도

**5. (A) will be offered**

해설 수여동사 수동태 + 목적어

빈칸 뒤에 목적어가 있으므로 능동태를 고려할 수 있으나 offer가 목적어를 두 개 취하는 수여동사라는 점에 주목해야 한다. offer는 수동태가 되어도 직접목적어가 뒤에 남는다. 여기에서는 a complimentary cup of coffee or tea가 직접목적어에 해당한다.

해석 회원들에게는 카페에서의 식사와 함께 무료 커피 또는 차가 제공될 것입니다.

어휘 complimentary 무료의

**6. (D) entering**

해설 전치사 + [동명사]

빈칸 앞에 전치사 of가 있고 뒤에는 명사구 new customer data가 이어지므로 빈칸에는 명사구를 목적어로 취할 수 있는 동명사가 들어가야 한다. 따라서 (D) entering이 정답이다.

해석 아널드 씨는 컴퓨터 시스템에 새 고객 데이터를 입력하는 과정에 있다.

어휘 in the process of ~하는 중인, ~하는 과정에 있는   enter 입력하다

**7. (A) to recruit**

해설 aim + [to부정사]

빈칸은 동사 aims의 목적어 자리이며, aim은 to부정사를 목적어로 취해 aim to do(~하는 것을 목표로 하다) 형태로 쓰이므로 (A) to recruit가 정답이다. 동명사인 (C) recruiting이 aim의 목적어로 쓰이려면 aim at이 되어야 하기 때문에 답이 될 수 없다.

해석 내년까지 조이스 워터스는 시간제 근무 직원들을 최소한 20명 더 채용하는 것을 목표로 하고 있다.

어휘 recruit 채용하다   at least 최소한, 적어도

**8. (C) to wash**

해설 be reminded + [to부정사]

동사 remind는 to부정사를 목적격 보어로 취한다. 또한 〈주어 +remind+목적어+목적격 보어(to부정사)〉 문장이 수동태 문장으로 바뀌면 〈목적어+be reminded+목적격 보어(to부정사)〉가 되므로 to부정사인 (C) to wash가 정답이다. remind A to do는 be reminded to do와 같이 수동태 표현으로도 자주 쓰이며 '~하라고 주지받다'를 뜻한다.

해석 모든 주방 직원들은 근무 중에 주기적으로 손을 씻으라는 주의를 받는다.

어휘 regularly 정기적으로   while ~ 동안

**9. (B) Due to**

해설 [전치사] + 명사

빈칸 뒤에 명사(damage)가 있으므로 빈칸은 전치사 자리이다.

---

해석 지난주의 거센 폭풍우로 인한 피해 때문에 Rainbow Coffee Shop은 앞으로 2주간 문을 닫을 예정입니다.

어휘 damage 피해 severe 심한 storm 폭풍우

## 10. (C) manufactured

해설 [과거분사] + 명사

빈칸 앞에 관사, 뒤에는 명사가 있으므로 빈칸은 분사(또는 형용사) 자리이다. '제조하는(manufacturing)' 물품이 아니라 '제조되는 (manufactured)' 물품이 되어야 하므로 수동의 의미를 뜻하는 과거분사가 정답이다.

해석 공장 검사관은 제조된 물품들을 하나하나 주의 깊게 검사했다.

어휘 manufacture 제조하다, 제작하다

## 11. (C) cooperating

해설 현재분사 + 명사

빈칸은 명사 partner를 수식하는 형용사 자리이므로 분사가 와야 하며, '협력되는' 업체가 아니라 '협력하는' 업체가 되어야 하므로 현재분사 (C) cooperating이 정답이다.

해석 협력 파트너는 필요할 때 행정적 지원과 같은 도움을 제공해야 한다.

어휘 cooperate 협력하다, 협조하다 administrative 행정상의, 관리의 support 지원, 지지; 지원하다, 지지하다

## 12. (A) confirming

해설 명사 + [현재분사]

빈칸은 빈칸 앞의 message를 수식해 주는 형용사 자리이다. 따라서 형용사 역할을 하는 현재분사 (A)와 과거분사 (C)가 정답후보. 빈칸 뒤의 the deposit을 목적어로 취하여 '입금을 확인해 주는 메시지'라는 능동의 의미가 되어야 자연스러우므로 (A) confirming이 정답이다.

해석 일단 거래가 완료되면, 이체를 요청한 사람이 입금 확인 문자를 받게 될 것이다.

어휘 transaction 거래, 매매 complete 완료된, 완전한 transfer 이체 deposit 예금, 입금

## 13. (C) interested

해설 대명사 + [과거분사]

빈칸에는 Anyone(누구든)을 뒤에서 수식할 수 있는 말이 들어가야 한다. 선택지 중 현재분사인 (B) interesting과 과거분사인 (C) interested가 정답후보인데, Anyone (who is) interested in...에서 who is가 생략된 형태이므로 (C) interested가 정답이다.

해석 기고에 관심 있는 누구든 편집자에게 연락 부탁드립니다.

어휘 be interested in ~에 관심이 있다 contribute 기고하다, 기부하다 contact ~에게 연락하다.

## 14. (B) whether

해설 [명사절 접속사] + 절

빈칸은 specify의 목적어인 명사절을 이끄는 접속사가 들어갈 자리이며, 문맥상 종이 영수증을 원하는지 전자 영수증을 원하는지 명시하라는 내용이 되는 게 자연스러우므로 '~인지 아닌지'를 뜻하는 (B) whether가 정답이다.

해석 종이 영수증을 원하는지 전자 영수증을 원하는지 명시하십시오.

어휘 specify (구체적으로) 명시하다 physical 물질의, 물질적인 electronic 전자의 receipt 영수증

## 15. (D) who

해설 사람 명사 + [주격 관계대명사 who] + 동사

빈칸 뒤의 관계사절에 주어가 없으므로 빈칸에는 주격 관계대명사가 들어가야 하며, 빈칸 앞에 사람(individuals)을 뜻하면 명사가 있으므로 (D) who가 정답이다. (A) how는 관계부사, (B) whose는 소유격 관계대명사, (C) whom은 목적격 관계대명사이기 때문에 오답이다.

해석 해외로 여행할 계획인 사람들은 자신의 여권이 여행 기간 동안 유효한지 확인해야 한다.

어휘 individual 개인 plan to do ~할 계획이다 travel abroad 해외로 여행하다 make sure 확인하다, 확실히 하다 valid (법적으로) 유효한

## 16. (D) which

해설 사물 명사 + [주격 관계대명사 which] + 동사

빈칸 뒤에 주어 없이 바로 동사가 이어지는 것으로 보아 빈칸은 주격 관계대명사 자리이다. 빈칸 앞에 사물 선행사 the north door가 있으므로, 사물 선행사를 취하는 주격 관계대명사인 (D) which가 정답이다.

해석 새크라멘토 가에 위치해 있는 북문을 통해 건물에 들어오세요.

어휘 enter ~에 들어가다

### 빈출 패턴 마무리 TEST

| 패턴 01 | (B) completion |
| 패턴 04 | (B) inspection |
| 패턴 06 | (B) safety |
| 패턴 08 | (B) your |
| 패턴 10 | (B) Those |
| 패턴 12 | (A) Every |
| 패턴 13 | (B) objective |
| 패턴 15 | (B) easily |
| 패턴 17 | (B) remarkably |
| 패턴 18 | (B) more closely |
| 패턴 19 | (B) invited |
| 패턴 21 | (B) has assisted |
| 패턴 22 | (A) approves |
| 패턴 23 | (B) was created |
| 패턴 24 | (B) maintaining |
| 패턴 25 | (B) to increase |
| 패턴 26 | (A) Besides |
| 패턴 27 | (A) required |
| 패턴 28 | (B) containing |
| 패턴 30 | (A) who |

# CHAPTER 03 어휘 문제

## UNIT 01 명사 빈출 어휘

**연습문제**

**1.** (A)　**2.** (B)　**3.** (A)　**4.** (B)

**1.** (A) locations 지점
해석 Laird Plastics는 그 나라에서 가장 큰 플라스틱 제조사로 전국에 열다섯 개의 지점이 있다.
어휘 manufacturer 제조사　nationwide 전국적으로　region 지역

**2.** (B) experience 경험
해석 인터뷰 동안 각 지원자는 자신들의 이전 경력을 설명하도록 요청받았다.
어휘 candidate 후보, 지원자　describe 설명하다, 묘사하다　previous 이전의　guidance 안내, 지도

**3.** (A) benefit 혜택
해석 Tate Publishing에서 일하는 것의 한 가지 이점은 원하는 만큼 휴가를 낼 수 있다는 것이다.
어휘 take time off 휴가를 내다　unlimited 제한 없는, 무한한　improvement 개선, 향상

**4.** (B) supplier 공급업자
해석 Tonya Coats는 일 년도 안 되어 의료복과 의료장비의 주요 공급 업체가 되었다.
어휘 leading 주요한, 가장 중요한　feature 특징

## UNIT 02 형용사 빈출 어휘

**연습문제**

**1.** (A)　**2.** (B)　**3.** (A)　**4.** (B)

**1.** (A) Eligible 자격이 되는
해석 출장 중에 발생된 합당한(=지급 조건을 갖춘) 숙박비는 환급됩니다.
어휘 accommodation 숙소, 숙박 시설　expense (보통 복수형) 경비, 비용　incur (손해 등을) 입다, (비용을) 발생시키다　reimburse 환급하다　eligible (자격·연령 등의 조건이 맞아서) …을 가질[할] 수 있는　prominent 중요한, 유명한; 눈에 띄는

**2.** (B) additional 추가의
해석 Aunt Patty's Restaurant는 서비스에 대한 수요가 계속 증가하면 직원을 추가로 고용할 것이다.
어휘 demand 수요, 요구　continue 계속되다　approximate 근사치의; 대강의

**3.** (A) mandatory 의무적인
해석 신입 사원들은 업무 배정을 받기 전에 교육 프로그램을 의무로 이수해야 한다.
어휘 recruit 신입 사원　assign someone a task/role/duty ~에게 임무/역할 등을 맡기다　duty 업무; 직무, 임무　determined 단호한, 완강한

**4.** (B) favorable 호의적인
해석 유명 음식 평론가의 호평을 받은 후에 그 식당은 수익이 30% 증가했다.
어휘 critic 비평가, 평론가　rise (높은 위치, 수준 등으로) 오르다　growing 증가하는

## UNIT 03 부사 빈출 어휘

**연습문제**

**1.** (B)　**2.** (A)　**3.** (B)　**4.** (A)

**1.** (B) carefully 주의 깊게
해석 회사 웹사이트에 게시하기 전에 첨부된 이미지를 꼼꼼하게 검토하십시오.
어휘 post 게시하다　subjectively 주관적으로

**2.** (A) significantly 상당히
해석 장비를 업그레이드하면 우리 사무실 직원들의 편의가 크게 증진될 것이다.
어휘 equipment 도구, 장비　convenience 편의, 편리; 편의 시설　formally 공식적으로; 정중하게

**3.** (B) completely 완전히
해석 이번 주말은 공휴일이어서 모든 기차표가 매진되었다.
어휘 book 예약하다　basically 기본적으로

**4.** (A) promptly 신속하게
해석 모든 고객 문의에 신속하게 답변해 드릴 것을 약속합니다.
어휘 inquiry 문의, 질문 (answer an inquiry 질문에 답하다)　finally 마침내; 마지막으로

## UNIT 04 동사 빈출 어휘

**연습문제**

**1.** (B)　**2.** (B)　**3.** (A)　**4.** (B)

**1.** (B) obtain 획득하다
해석 열쇠를 분실한 경우에 직원들은 경비실에서 예비 열쇠를 받을 수 있다.
어휘 replacement 교체(품); 후임자　in the event (that) ~할 경우에　select 선발하다, 선택하다

**2.** (B) requested (request 요청하다)

해석 Ms. Sweeney는 회사가 매입할 계획인 건축 부지 사진을 추가로 요청했다.

어휘 additional 추가의  building site 건축 부지  inform 알리다, 통지하다

**3.** (A) assigned (assign 배정하다)

해석 지역 사회 행사에서 자원봉사자는 각기 다른 음식 판매대를 배정받을 것이다.

어휘 stall 노점, 진열대  confront (문제, 곤란한 상황 등에) 맞서다, 직면하다

**4.** (B) demonstrate 시연하다

해석 판매원들은 자신이 판매하는 제품이 어떻게 작동하는지를 시연하고 질문에 자신감 있게 답해야 한다.

어휘 with confidence 자신감 있게  fulfill (요구 조건을) 충족시키다, (목표나 의무를) 달성하다

---

## 실전 TEST

| | | | | | |
|---|---|---|---|---|---|
| **1.** (C) | **2.** (C) | **3.** (A) | **4.** (C) | **5.** (D) | **6.** (C) |
| **7.** (A) | **8.** (C) | **9.** (C) | **10.** (A) | **11.** (A) | **12.** (A) |
| **13.** (C) | **14.** (A) | **15.** (C) | **16.** (D) | | |

---

**1.** (C) convenience 편의

해석 투숙객의 편의를 위해 Corvin Hotel은 얼리 체크인과 다과가 있는 대기실을 제공합니다.

어휘 waiting lounge 대기실  refreshments (항상 복수형) 다과  balance 균형, 조화; 잔고, 잔액  purpose 목적, 의도  consideration 고려 사항; 숙고

**2.** (C) selection 선정된 것들[사람들]

해석 다음 달에 투자자들은 우리의 엄선된 신상 단백질 셰이크를 시음할 기회를 갖게 될 것이다.

어휘 sample 맛보다, 시음[시식]하다  nutrition 영양  referral 위탁; 소개(서), 추천(서)  platform 플랫폼; 연단, 강단

**3.** (A) demand 수요

해석 Jerico Detailing은 증가된 수요를 맞추기 위해 제품 생산 규모를 두 배로 늘렸다.

어휘 double 두 배로 만들다  meet demand 수요를 맞추다  shipping (특히 배를 이용한) 배송, 운송  awareness 인식  costs (항상 복수형) 경비, 비용

**4.** (C) maintenance 유지 관리

해석 Apple Hill 자치 위원회는 다음 주에 Kirsch Library에서 정기적인 유지 보수를 수행할 계획을 발표했다.

어휘 routine 정기적인; 일상적인  management 경영(진)  alliance 동맹, 연합  alignment 정렬

**5.** (D) superior 우수한, 뛰어난

해석 Mr. Payton의 뛰어난 편집 실력은 그의 경력에 큰 자산이 될 것이다.

어휘 asset (가장 중요한) 장점, 이점; 자산, 재산  superficial 깊이 없는, 피상적인  nominal 명목상의  external 외부의

**6.** (C) accurate 정확한

해석 회사의 수익성을 예상하려면 재무 예측이 가능한 한 정확해야 한다.

어휘 projection 추정, 추산  lengthy 장황한, 지루한  incidental 부수적인  efficient 능률적인, 효율적인

**7.** (A) substantial 상당한

해석 그 회사는 저자에게 상당한 인세를 지불했다.

어휘 amount 총액, 액수  royalty (책의) 인세, (음악 등의) 저작권 사용료  costly 많은 돈이 드는; 대가가 큰  reputable 평판이 좋은  known 알려진

**8.** (C) reassuring 안심시키는

해석 직원들의 당초 우려는 인사부서에서 직원들을 안심시키기 위한 발표를 한 후 가라앉았다.

어휘 initial 처음의, 초기의  calm 진정시키다  comparable 비교할 만한  lucrative 수익성이 좋은  fortunate 운 좋은

**9.** (C) properly 제대로

해석 Mr. Roberts는 그 팀에게 설치 지시만 잘 따르면 새로운 소프트웨어 업데이트는 순조롭게 진행될 거라고 장담했다.

어휘 assure A that + 주어 + 동사 A에게 ~라는 걸 확신시켜 주다  smoothly 순조롭게; 부드럽게  installation 설치  direction 지시; 방향  randomly 무작위로  hastily 급하게  frequently 자주

**10.** (A) previously 이전에

해석 Leicester Art Show는 이전에 선보인 적 없었던 예술가들의 작품만 받는다.

어휘 work 작품  lastly 마지막으로, 끝으로  rapidly 빠르게, 급속히  shortly 얼마 안 되어, 곧

**11.** (A) temporarily 일시적으로

해석 시스템 정기 점검 때문에 그 데이터베이스는 일시적으로 사용할 수 없다.

어휘 unavailable 이용할 수 없는; 획득할 수 없는  due to ~ 때문에  routine 정기적인; 일상적인  maintenance (건물, 기계 등의) 유지  perfectly 완벽하게  evenly 공평하게; 고르게, 골고루  securely (안전하도록) 단단하게, 확실하게

**12.** (A) highly 매우, 많이

해석 그 호텔의 보수 공사 시행을 위해 Bethany Interior Design이 몇몇 사람에 의해 적극 추천되었다.

어휘 recommend 추천하다; 권고하다  carry out ~을 수행[실행]하다  renovation 개조  indefinitely 무기한으로  patiently 참을성 있게  vibrantly 활기차게; (빛, 색 등이) 밝게

**13.** (C) ensure 보장하다

해석 양질의 서비스를 보장하기 위해 모든 제품 상담은 예약제로만 이루어진다.

어휘 quality 질 좋은; 우수함 consultation 상담 appointment 약속, 예약 warrant 정당화하다; (사실임을) 약속하다 confirm 확인하다; 확정하다 justify 합리화하다

**14.** (A) recognized (recognize 인정하다)

해석 우리 Morgan Financial은 Logan County's Account Council의 신뢰할 수 있는 멤버로 인정받은 것을 자랑스럽게 생각한다.

어휘 be proud to do ~해서 자랑스럽다 suit 잘 맞다, (잘 맞아서) 편리하다 allot (시간, 돈, 공간 등을) 할당하다 achieve 달성하다, 성취하다

**15.** (C) invited (invite 초대하다)

해석 다음 주에 있을 Mr. Vogel의 은퇴식에 전 직원이 초대된다.

어휘 retirement 은퇴 celebrate 기념하다 promise 약속하다 consider 여기다, 간주하다

**16.** (D) establish 수립하다

해석 Mr. Diaz는 회사 차량 사용에 관한 안전 정책을 수립하는 것이 중요하다고 언급했다.

어휘 note 주목하다, 언급하다 regarding ~에 관하여 multiply 곱하다; (양이) 크게 증가하다 delegate 위임하다 estimate 견적을 내다

### PART 5 TEST

| | | | | | |
|---|---|---|---|---|---|
| **1.** (B) | **2.** (C) | **3.** (B) | **4.** (A) | **5.** (A) | **6.** (D) |
| **7.** (C) | **8.** (B) | **9.** (B) | **10.** (A) | **11.** (C) | **12.** (B) |
| **13.** (D) | **14.** (C) | **15.** (A) | **16.** (A) | **17.** (B) | **18.** (D) |
| **19.** (C) | **20.** (C) | **21.** (C) | **22.** (C) | **23.** (B) | **24.** (C) |
| **25.** (A) | **26.** (C) | **27.** (B) | **28.** (C) | **29.** (D) | **30.** (C) |

**1.** (B) developers

해설 사람 명사 vs. 추상 명사
빈칸이 정관사 뒤에 있고, 빈칸 뒤에는 동사가 있으므로 명사 자리이다. (B), (C) 모두 명사인데, 작업을 재개하는(resume) 주체는 개발업자이므로 (B)가 정답이다.

해석 날씨가 좋아지면 개발업자들은 Queen Park 지역에 대한 작업을 재개할 것이다.

어휘 developer 개발업자 (develop 개발하다, development 개발)

**2.** (C) prompted (prompt 촉발하다)

해석 수익 감소가 Liang Industries로 하여금 마케팅 예산을 늘리게 했다.

어휘 license 허가하다 restock (사용하거나 팔린 물건들 자리에 새로운 것들을) 다시 채우다, 보충하다 outline (간략히) 설명하다

**3.** (B) arrives

해석 시간 부사절의 [현재시제]
주절이 미래시제이더라도 시간 부사절에서는 현재가 미래시제를 대신한다.

해석 경영 자문이 도착하자마자 회의가 시작할 것이다.

어휘 management consultant 경영 자문

**4.** (A) handle 처리하다

해석 플린 씨가 캔버라에서 돌아오기 전까지는 루이스 씨가 장비 요청서를 처리할 것이다.

어휘 acquire 획득하다 attract 끌어들이다 invite 초대하다

**5.** (A) following 그 다음의

해설 the + [형용사] + 명사
빈칸 앞에 정관사, 뒤에 명사구가 있으므로 형용사가 정답이다.

해석 오후 3시 이후 결제는 다음 영업일에 처리됩니다.

어휘 payment 지불, 지급, 결제

**6.** (D) who

해설 사람 + [주격관계대명사(who)] + 동사
빈칸 앞에 사람 명사(engineers)가 있고 뒤에는 동사가 있으므로 주격관계대명사인 who가 정답이다.

해석 Connecticut Water Treatment는 우수한 분석 기술을 가진 엔지니어를 고용한다.

어휘 hire 고용하다 superior 우수한 analytical 분석적인

**7.** (C) charge 요금; 책임, 담당

해석 드라이클리닝 업체가 필라델피아 시 경계 내에서 배송을 할 경우 추가 요금이 발생하지 않습니다.

어휘 make a delivery 배달하다 pressure 압력, 압박 provider 제공자, 제공 기관 area 지역; 구역

**8.** (B) changing

해설 전치사 + [동명사]
빈칸이 전치사 뒤에 있으므로 명사 또는 동명사가 정답이다. 명사 역할을 하는 동시에 빈칸 뒤의 the company policy를 목적어로 취하는 타동사가 필요하므로 동명사가 정답이다.

해석 병가 3일을 더 포함하도록 회사 방침을 바꾸는 것에 반대하는 주장은 없는 것 같다.

어휘 argument 논쟁, 논거, 주장 company policy 회사 정책 sick day 병가

**9.** (B) defects 결함

해석 그 박물관은 구조적 결함이 수리될 때까지 대중에게 개방될 수 없다.

어휘 public 대중; 대중의, 공공의 structural 구조적인 repair 수리하다 definition 정의, 의미 communication 의사소통 uncertainty 불확실성

**10.** (A) Although

해설 접속사

접속사 뒤에 주어(snow)와 be동사(was)가 생략된 형태다 (Although snow was lighter than predicted,...). Although, While, When, Before 등 일부 종속접속사 뒤에서는 주절의 주어와 종속절의 주어가 동일할 경우 주어와 be동사가 생략될 수 있다.

해석 눈이 예상보다 적게 내리긴 했지만 출근 시간 내내 교통 체증을 빚었다.

어휘 predict 예측하다, 예견하다  delay 지연, 지체  refund 환불  route 길, 노선  suggestion 제안

**11. (C) Those**

해설 [those] + who + 동사

빈칸 뒤에 주격관계대명사 who와 동사(wish)가 이어지므로 people을 뜻하는 those가 정답이다. whoever는 선행사를 필요로 하지 않는다.

해석 카모나 씨의 퇴임 저녁 식사에 참석하고자 하는 분들은 테일러 씨에게 연락하셔야 합니다.

어휘 wish to do ~하기를 원하다  attend ~에 참석하다  retirement 퇴임  contact ~에게 연락하다

**12. (B) massive** 엄청나게 많은[큰]; 거대한

해설 시장은 폭풍이 지나간 후에 도시의 공원들을 청소하기 위한 대규모 협력에 대해 자원봉사자들에게 감사를 표했다.

어휘 coordinate 조직하다, 조정하다  factual 사실에 입각한  objective 객관적인  original 원래[본래]의; 독창적인

**13. (D) concerning** ~에 관하여

해설 Ferise Industrial은 지난주 특허 침해와 관련해 주요 경쟁사와 분쟁을 해결했다.

어휘 settle ~을 해결하다  dispute 분쟁  competitor 경쟁사  patent infringement 특허 침해  alongside ~와 함께

**14. (C) discarded**

해설 한정사 + [과거분사] + 명사

빈칸 앞에는 한정사, 뒤에는 형용사+명사(files)가 있으므로 형용사, 분사가 올 수 있다. 빈칸의 수식을 받는 files는 '버려지는' 것이므로 동사의 과거분사가 와야 한다. 따라서 (C) discarded가 정답이다.

해석 폐기된 모든 기밀 파일은 수집되어 위층 방에서 분쇄됩니다.

어휘 discard 폐기하다  confidential files 기밀 파일  collect 모으다  shred 분쇄하다

**15. (A) directly** 직접, 바로

해설 Riddell Dairy Farm은 지역 레스토랑에 직접 우유를 공급하여 비용을 낮게 유지한다.

어휘 supply 공급하다  local 지역의  cost 비용  neatly 깔끔하게  hardly 거의 ~ 않는  unusually 대단히, 몹시; 평소와 달리

**16. (A) they**

해설 인칭대명사 주격(they)

빈칸 뒤의 that절은 indicated의 목적어에 해당하는 명사절이다. 명사절 안에 주어가 빠져 있으므로 인칭대명사의 주격인 (A) they가 정답이다.

해석 발표자들이 시간 충돌이 있었다고 지적했기 때문에 세미나 일정이 변경될 것입니다.

어휘 reschedule 일정을 다시 잡다  presenter 발표자  conflict 충돌

**17. (B) temporarily** 일시적으로, 임시로

해설 4층에서 내부 수리가 진행되는 동안 영업 부서는 임시로 5층으로 옮겨질 것이다.

어휘 sales department 영업부  move 옮기다  renovate 개조하다, 보수하다; 혁신하다  faintly 희미하게  sincerely 진심으로  competitively 경쟁적으로, 경쟁력 있게

**18. (D) as well as** ~뿐만 아니라

해설 Wonder Studios는 경험 있는 사진작가뿐만 아니라 아무추어 사진작가들을 위한 팁을 제공한다.

어휘 offer 제공하다  photographer 사진작가  those with experience 경험 있는 사람들  so that ~하기 위해서  in case 만약 ~하는 경우에 대비해서

**19. (C) sharply**

해설 [부사] + 한정사

빈칸 뒤의 less는 명사 wheat를 수식하는 한정사이며, 빈칸은 한정사 less(더 적은)를 수식할 수 있어야 하므로 부사 자리다.

해석 지난해, 평균 이상의 기온과 평균 이하의 강우로 인해 전반적으로 들판의 밀 수확량이 급격히 감소했다.

어휘 cause something to do ~이 ~하게 만들다  yield (농작물 등을) 내다/산출하다/생산하다  overall 대체로  sharply 급격하게, 뚜렷이

**20. (C) operations**

해설 목적어 자리 [명사]

'keep + [ ] + running'은 '타동사 + 목적어 + 목적보어'의 구조다. 목적어는 명사이어야 하므로 (C) operations가 정답이다.

해석 공장장은 공장이 원활하게 운영되도록 한다.

어휘 floor manager 공장 관리자, 점장, 무대 감독 등 조직에서 특정 부서의 전반적인 운영을 관리하는 사람  operation 운영 (operate 운영하다, 작동되다, 가동시키다)  run 작동하다, 운행하다  smoothly 순조롭게

**21. (C) substantial** 상당한

해설 새 소프트웨어가 설치되기 전에는 직원들은 고객 계정을 업데이트하는 데 상당한 시간을 소비했다.

어휘 install 설치하다  spend time doing ~하는 데 시간을 쓰다  account 계정  consecutive 연속의  direct 직접적인; 직행의  visible 눈에 보이는

**22. (C) to keep**

해설 주 + 동 + 목 + [to부정사]

빈칸 앞에 '주어+동사+목적어'로 구성된 완전한 문장이 있으므로 뒤에는 이를 부가적으로 수식해 줄 수 있는 부사구가 적절하다. (C) to keep은 '~하기 위해서'라는 뜻의 부사적 용법이므로 정답이다.

해석 Pete's Paninis는 식당 손님들이 계속 메뉴에 관심을 유지할 수 있도록 메뉴를 주기적으로 바꾼다.

**23.** (B) extensive 광범위한; 대규모의
해석 관리 경험이 풍부한 입사 지원자는 채용될 가능성이 높다.
어휘 applicant 지원자   management 경영(진), 운영, 관리
have a good chance of doing ~할 가능성이 높다
straight 곧은, 똑바른   compact 소형의, 간편한
attentive 주의를 기울이는; 배려하는, 신경 쓰는

**24.** (C) advertising
해설 복합 명사 (advertising firm)
'광고'를 뜻하는 명사 advertising과 회사를 뜻하는 명사 firm이 함께 어울려 '광고 회사'라는 복합 명사를 이루고 있다.
해석 Phoenix Corporation은 신제품을 출시할 계획에 관해 몇몇 광고회사들과 논의 중에 있다.
어휘 in discussions with ~와 논의 중인   advertise 광고하다
advertising 광고   advertiser 광고주

**25.** (A) Although
해설 [접속사] + 절
빈칸 뒤에 절이 있으므로 접속사 자리다. 따라서 전치사인 (B)와 (C)는 소거. 문맥상 공사가 더디지만 일정대로 오픈한다고 했으므로 although가 가장 적절하다.
해석 웨스트필드 스퀘어는 공사가 더디게 진행되고 있지만, 여전히 다음 달에 개장할 예정이다.
어휘 proceed 진행하다
be scheduled to do ~하기로 예정되어 있다

**26.** (C) noticeably 두드러지게, 현저히
해석 Clotherly Fashion은 경쟁사들보다 현저히 더 부드러운 면 티셔츠를 생산한다.
어휘 produce 생산하다   competitor 경쟁자, 경쟁사
hurriedly 급하게   respectively 각자, 각각
closely 면밀히; 밀접하게

**27.** (B) consistently
해설 have + [부사] + pp
빈칸 앞에 have가 있고, 뒤에는 pp가 있으므로 부사 자리다.
해석 지난 7년간 인도 공장에서의 고무 생산량은 꾸준히 증가했다.
어휘 rubber 고무   output 생산량   consistent 꾸준한
(consistently 꾸준히, consistency 일관성)
consist (in) ~에 존재하다

**28.** (C) within ~이내에
해석 물건이 5일 이내에 도착하지 않으면 배송 부서에 전화해 주세요.

어휘 distribution 배송, 유통   shipment 수송, 수송품, 적하물

**29.** (D) unexpectedly 예기치 않게, 뜻밖에
해석 사무장 Charles Yarger가 Ms. Arlow에게 갑작스레 회의를 요청해서 그녀는 일정을 조정해야 했다.
어휘 adjust 조정하다   commonly 흔히, 보통
indefinitely 무기한으로   nearly 거의

**30.** (C) installation
해설 정관사 + [명사] + 전치사구
빈칸 앞에는 정관사, 뒤에는 전치사구가 있으므로 명사 자리다. 명사인 (C) installation이 정답.
해석 소프트웨어 업데이트 설치를 시작하기 전에 응용 프로그램을 닫아 주세요.
어휘 application 응용 프로그램   begin ~을 시작하다
install 설치하다 (installation 설치)

## 출제 경향 및 전략

### 131-134 회람

> 우리 생산 시설에서 새로운 안전 기록을 달성한 것을 축하합니다! 이번 분기에는 부상 건수가 하나도 보고되지 않았습니다. <sup>131</sup>**그림에도 불구하고** 우리는 계속해서 모든 안전 규칙을 주의 깊게 따를 필요가 있습니다. 이러한 이유로 우리는 월례 <sup>132</sup>**교육 프로그램**을 시작할 것입니다. 이것은 Carmen Riley가 고안했으며, 그는 개선 분야를 찾아 우리의 운영을 <sup>133</sup>**면밀히** 관찰해 왔습니다. 업계의 모범 사례에 대한 학습을 통해 여러분은 모든 사람에게 긍정적인 작업 환경을 만드는 데 일조할 수 있습니다. <sup>134</sup>**교육 날짜는 다음 주에 발표될 것입니다.** 그동안 계속해서 열심히 해 주시길 바랍니다!

어휘 Congratulations on ~에 대해 축하하다  safety 안전(성)  record 기록  production 생산, 제조  facility 시설  injury 부상  quarter 분기  safety rule 안전 규칙[규정]  launch 시작하다, 출시하다  closely 면밀히, 자세히  operation 운영  look for ~을 찾다  area 분야, 영역  improvement 개선  industry 업계  best practice 모범 사례  ensure 보장하다  positive 긍정적인  environment 환경

**131.** (D)
(A) Rather 차라리
(B) Otherwise 그렇지 않으면
(C) Even if 비록 ~일지라도
**(D) Nevertheless 그럼에도 불구하고**

**132.** (A)
**(A) training 훈련, 교육**
(B) voucher 상품권, 할인권, 쿠폰
(C) exercise 운동 연습
(D) treatment 치료

**133.** (C) closely
해설 have + [부사] + pp
동사의 과거분사인 observed를 수식할 수 있는 것은 부사밖에 없다.

**134.** (C)
(A) 우리 상품에 대한 수요가 증가하고 있습니다.
(B) 등록 마감일을 연장하기로 결정했습니다.
**(C) 교육 날짜는 다음 주에 발표될 것입니다.**
(D) 기본 응급 처치 키트는 본사에 구비되어 있습니다.

해설 빈칸 앞에서 안전 교육의 도입 배경에 대해 이야기하였으므로 교육 일정에 대한 언급이 이어지는 것이 가장 자연스럽다.

## UNIT 01 접속부사

### 1 공지

> 공연 티켓을 처음 교환할 때는 수수료가 부과되지 않습니다. <sup>1</sup>**그러나** 그 다음 교환 시에는 티켓당 7달러의 수수료가 부과됩니다.

어휘 exchange 교환하다  performance 공연  charge 청구하다  subsequent 그 다음의, 차후의  incur 발생하다, 초래하다

**1.** (B)
(A) Additionally 추가적으로
**(B) However 그러나**
(C) In other words 다른 말로 하자면
(D) Therefore 따라서

### 2 공지

> 1월 27일 월요일, 사무실 출입이 불가합니다. 건물 내 전기는 오전 9시 30분에 차단되고 그날 저녁 중으로 다시 복구될 예정입니다. 정전 중에는 비상 조명 시스템이 설치될 것입니다. <sup>2</sup>**더 구체적으로는**, 건물이 최신 규정에 충족되도록 눈에 띄는 출구 표지판과 예비 발전기가 추가될 예정입니다.

어휘 outage 정전  shut off (가스·수돗물·전기 등을) 차단하다  turn on 켜다  prominent 눈에 띄는  backup 예비  generator 발전기  meet the codes 규정을 충족하다

**2.** (A)
**(A) More specifically 더 구체적으로**
(B) Likewise 마찬가지로
(C) In that case 그 경우에는
(D) Lately 따라서

### 3 기사

> 뉴욕 (7월 18일)—WM Publishing이 Sumner Media로의 매각 완료를 확인해 주었다. 이번 매각은 Sumner Media가 저변을 확장하려는 계획의 일환이다. WM Publishing의 직원들은 일자리를 유지할 뿐만 아니라 사내 승진 기회도 있을 것이다. <sup>3</sup>**게다가** Sumner Media는 직원들을 지원하기 위해 WM Publishing 지사의 사무실을 개선할 계획이다.

어휘 finalization 완결, 마무리  move 조치, 움직임  expand 넓히다, 확장하다  reach 범위, 구역

**3.** (C)
(A) For example 예를 들어
(B) Similarly 마찬가지로
**(C) Additionally 추가적으로**
(D) Consequently 결과적으로

덱스터 펫 스토어는 지역에서 동물 관련 용품을 가장 많이 보유하고 있는 것을 자랑합니다. 2002년 이래로 저희 가게는 고객님들의 반려동물이 행복하고 건강할 수 있는 고품질의 상품과 전문적인 조언을 제공해 왔습니다. 많은 고심 끝에 저희는 가족과 더 많은 시간을 보내고 싶다고 결심을 내렸습니다. <sup>4</sup>**따라서** 저희는 이번 달 말에 가게를 정리할 계획입니다. 저희는 9월 30일 토요일에 마지막 영업을 할 예정입니다. <sup>5</sup>**그 사이에** 주저하지 말고 상점을 방문하셔서 모든 품목에서 상당한 할인 기회를 이용하시기 바랍니다.

어휘 boast 자랑하다, 뽐내다  merchandise (집합 명사) 상품  expert 전문적인; 전문가  consideration 고려, 숙고  don't hesitate to do 주저하지 말고 ~하다  take advantage of ~을 이용하다  substantial 상당한 (=considerable)

**4.** (A)
**(A) As a result 결과적으로, 따라서**
(B) Fortunately 다행히
(C) Moreover 무엇보다도
(D) Instead 대신

**5.** (D)
(A) Besides 게다가
(B) Subsequently 그 뒤에
(C) If possible 가능하다면
**(D) In the meantime 그 동안에, 그 사이에**

해설 빈칸의 앞 문장에서 9월 30일에 가게가 마지막 영업을 한다고 했으므로, 지금부터 마지막 영업일 사이에(in the meantime) 가게에 방문해 달라는 흐름이 자연스럽다.

# UNIT O2 문법, 어휘, 문맥에 맞는 문장 고르기

### 1-4 공지

수신: 레이크랜드 주민 여러분
발신: 레이크랜드 시청
제목: 프로젝트 관련 최신 정보
날짜: 3월 4일

레이크랜드 시청에서 아래와 같이 2번가 프로젝트에 대한 최신 정보를 전해 드리고자 합니다.

3월 2일, 2번가 신규 작은 쇼핑몰 건축 허가증을 <sup>1</sup>**받았습니다.** 최근에 시민들을 설문한 결과 레이크랜드에 소매상점이 더 많았으면 하는 요구가 있는 것으로 나타났습니다. 크래프튼 건설사가 시공사로 선정되었습니다. TC 자산 관리에서 그 공간의 임대를 <sup>2</sup>**처리할 것입니다.**

그 건물은 30개 이상의 상점과 식당을 수용할 것입니다. 건물은 내년 12월까지 완공되기로 되어 있습니다. 그 지역의 다른 상점들은 공사 기간 동안 문을 <sup>3</sup>**계속 열 것입니다.** <sup>4</sup>**그 지역의 쇼핑객 분들과 점원 분들은 소음의 증가에 신경이 쓰일 수 있습니다.** 하지만 공사 인부들은 소음을 최소화하기 위해 최선을 다할 것

---

입니다.

어휘 as below 아래와 같이  permit 허가증  grant 승인하다  retail business 소매점  construct 건설하다  rent out ~을 임대하다  be supposed to do ~할 예정이다  minimize ~을 최소화하다  disruption 혼란

**1.** (D)
해설 주어는 A permit(허가증)이므로 수동태가 되어야 한다. 상단의 Date를 보면 메모가 작성된 날짜가 March 4이고, 허가증을 받은 것은 March 2이므로 과거시제가 정답이다.

**2.** (B)
(A) resume 재기하다
**(B) handle 처리하다**
(C) observe 관찰하다
(D) delay 미루다

해설 바로 앞 문장에서는 어떤 회사가 건설사로 선정되었는지 언급했으므로 이어서 건물 분양을 처리할(handle) 회사가 소개되는 것이 흐름상 적합하다.

**3.** (A)
해설 빈칸이 들어 있는 문장 앞뒤의 문맥을 통해 시제를 파악해야 한다. 현재는 공사 허가가 떨어진 상태이고 공사는 앞으로 일어날 일이므로 미래 시제가 정답이다.

**4.** (C)
(A) 관광 수익은 그 변화로 증가할 것입니다.
(B) 안전 규정은 최근에 더 엄격해졌습니다.
**(C) 그 지역의 쇼핑객 및 점원 분들은 소음의 증가에 신경이 쓰일 수 있습니다.**
(D) 그 지역을 홍보할 다른 프로젝트들도 고려되고 있습니다.

해설 빈칸 뒤의 However를 통해 빈칸 뒤의 내용과 반대되는 내용이 빈칸에 와야 함을 유추할 수 있다. 소음을 최소화하기 위해 노력하겠다는 내용과 반대되는 선택지는 소음에 신경이 쓰일 수 있다는 내용의 (C)이다.

### 5-8 이메일

수신: 전 직원
발신: 미셸 윈
날짜: 3월 15일
제목: 업무 경비

임직원 분들께,

우리 회사는 비용을 더 잘 관리 감독할 방법을 찾는 중입니다. 이런 상황을 감안하여, 새로운 환급금 관련 정책이 4월 1일부터 <sup>5</sup>**시행될 것입니다.** 그날부터는 업무 경비에 대해 인사팀으로부터 승인을 받아야 합니다. <sup>6</sup>**구매 전에 케이티 로페즈에게 요청서를 보내 주세요.** 가능하다면 최소한 일주일 전에 미리 해 주시기를 바랍니다.

출장의 경우에는 면대면 방문이 7**꼭 필요한지** 생각해 보시기 바랍니다. 직원들은 가능한 한 화상 회의 시스템을 사용하시길 권해 드립니다. 8**이는** 시간과 비용 모두 줄이는 데 도움이 될 겁니다. 이 사안에 대해 협조해 주셔서 감사합니다.

미셸 원

어휘 monitor 감독하다, 관찰하다  in light of ~을 감안하여, ~을 고려하여  reimbursement 상환, 환급, 배상  implement 시행하다  get approval for ~에 대한 승인을 얻다  We ask that you 동사원형... ~할 것을 요청합니다  in-person visit 직접 방문

## 5. (D)

해설 implement는 타동사인데 뒤에 목적어가 없으므로 수동태가 되어야 한다. 향후 있을 새로운 정책에 대해 소개하고 있으며, 이메일이 작성된 날짜는 March 15인데 April 1에 일어날 일을 이야기하고 있으므로 미래 시제인 (D) will be implemented가 정답이다.

## 6. (A)

**(A) 구매 전에 케이티 로페즈에게 요청서를 보내 주세요.**
(B) 관리팀은 일 년간의 평균 지출을 검토했습니다.
(C) 그 부서는 신규 직원을 채용하는 업무를 책임지고 있습니다.
(D) 이 변화는 장비가 제대로 작동하도록 보장해 줄 것입니다.

해설 빈칸 바로 뒤 문장으로 미루어 보아 빈칸에는 환급 절차와 관련하여 요청하는 내용이 나와야 한다. (A)의 send requests to Katie Lopez before the expected purchase가 빈칸 다음 문장에서 do so로 간략하게 표현되었다. 'before the expected purchase(예상되는 구매 전에)'는 '무언가를 구매할 예정이 있다면 그 전에'를 뜻한다.

## 7. (C)

(A) timely 시기적절한
(B) exceptional 극히 예외적인, 특출한
**(C) necessary 꼭 필요한**
(D) valid 유효한

해설 빈칸 앞에서는 경비를 줄이기 위한 정책에 대해 설명하고 있고, 뒷문장에서는 경비를 줄이기 위한 방법으로 화상 회의를 권장하는 내용이 나온다. 즉, 출장이 꼭 필요한지(necessary) 따져보고 그렇지 않으면 화상회의로 대체하라는 흐름이 된다.

## 8. (D)

해설 빈칸은 주어 자리이며 바로 앞문장의 내용을 가리키는 단어가 들어가야 하므로 This가 정답이다.

## PART 6 TEST

| | | | | | |
|---|---|---|---|---|---|
| 1. (A) | 2. (B) | 3. (B) | 4. (D) | 5. (C) | 6. (A) |
| 7. (A) | 8. (B) | 9. (C) | 10. (A) | 11. (D) | 12. (D) |
| 13. (C) | 14. (D) | 15. (B) | 16. (B) | | |

### 1-4 이메일

수신: 전 직원 〈allstaff@qit.com〉
발신: 멜리사 펙 〈m.peck@qit.com〉
제목: 도움의 손길
날짜: 5월 8일

전 직원들은 주목해 주세요.

저는 최근 자선 단체인 Helping Hands(도움의 손길)로부터 연락을 받았으며, 여러분께 전해 드릴 좋은 소식이 있습니다. 그들과 함께 일함으로써 1**자원봉사를 하고** 이곳 플래츠버그 지역 사회를 도울 기회를 여러분에게 알려 드리게 되어 기쁩니다. Helping Hands는 거동이 불편한 분들에게 봉사를 제공합니다. 2**그들이 용무를 보는 데 도움을 줄 더 많은 사람들이 필요합니다.**

구체적인 3**업무**는 신청을 하는 사람들에게만 할당됩니다. 여러분의 봉사에 대해 대가가 지급되지 않을 것입니다. 4**하지만**, 회사는 참여자들에게 매주 반차를 승인할 것입니다. 보다 자세한 정보를 원하시면 제게 연락 주세요.

멜리사 펙
QIT 인사팀 부장

어휘 recently 최근에  contact 연락하다  charity 자선 (단체)  pass on to ~에게 전달하다  inform A of B A에게 B를 알리다  have trouble doing ~하는 데 어려움을 겪다  get around 돌아다니다  grant 허락하다, 승인하다  a half day off work 반차 (take off work 연차를 쓰다)  details ((보통 복수형)) 세부 정보

## 1. (A)

해설 명사 + [to부정사]
빈칸 이하가 명사 opportunity를 뒤에서 수식하는 구조가 되어야 하므로 형용사 역할을 할 수 있는 to부정사인 (A) to volunteer가 정답이다. (an opportunity to volunteer 자원봉사를 할 기회)

## 2. (B)

(A) 여러분의 운전면허증을 갱신하시기 바랍니다.
**(B) 그들이 용무를 보는 데 도움을 줄 더 많은 사람들이 필요합니다.**
(C) 그 단체는 국가적인 관심을 끌어냈습니다.
(D) 여러분의 도움에 매우 감사드립니다.

해설 빈칸 앞에서 도움의 손길이라는 단체는 거동이 불편한 분들에게 봉사를 한다고 했다. 따라서 빈칸에는 봉사 활동을 할 때 여러 잡다한 일을 도와줄 사람이 더 필요하다는 내용이 들어가는 게 적절하므로 (B)가 정답이다.

어휘 renew 갱신하다  run an errand 볼일을 보다  draw attention 관심을 끌다  appreciate 감사하다

## 3. (B)

(A) associations 협회, 제휴
**(B) tasks 업무**
(C) groceries 식료품
(D) routes 길, 노선

해설 빈칸 앞에 있는 형용사 Specific의 수식을 받고 동사 are

assigned와 어울려 가장 자연스럽게 의미가 통하는 명사를 골라야 한다. 따라서 '업무'라는 의미의 (B) tasks가 정답이다.

**4. (D)**
(A) Likewise 마찬가지로
(B) Meanwhile 그동안
(C) Moreover 게다가
**(D) However 하지만**

해설 빈칸 앞에서 봉사 대가가 지급되지 않는다고 했는데, 뒤에서는 회사에서 반차를 제공한다고 했으므로 앞뒤 내용이 서로 대조적이다. 따라서 대조적인 두 문장을 의미적으로 자연스럽게 연결해 주는 접속부사 (D) However(하지만)가 정답이다.

**5-8 이메일**

받는 사람: Sharon Devi
보낸 사람: Justin Kumar
날짜: 3월 8일
제목: 지연에 대한 보상

Ms. Devi께,

3월 1일 오후 10시 5분 출발 예정이었던 Bluestar Air 754편에 대한 귀하의 불만을 접수했습니다. 비행기가 **⁵연착된 것**에 대해 사과드립니다. Bluestar Air가 이로 인해 발생한 문제에 대해 보상해 드릴 것입니다. 원래 티켓 가격의 50%를 귀하의 계좌로 **⁶환불해** 드리겠습니다. 비행기 연착으로 인해 어쩔 수 없이 **⁷묵어야 했던 호텔**로부터 받은 확인 가능한 영수증 사본을 첨부하여 이 이메일에 답장해 주실 수 있다면, 호텔 방의 전체 가격 또한 환급해 드리겠습니다. **⁸환불이 완료되기까지 영업일 기준 3일을 기다려 주십시오.**

이해해 주셔서 감사합니다.

Justin Kumar

Bluestar Air 고객 서비스

어휘 complaint 불만  depart 출발하다  apologize that... ~한 것에 대해 사과하다  compensate 보상하다  verifiable 입증할 수 있는  be forced to do 어쩔 수 없이 ~하다  reimburse 환급하다

**5. (C)**
해설 앞뒤의 문맥상 비행기가 연착된 것은 과거의 일이므로 과거시제가 사용되어야 하며, delay는 '연착시키다'는 타동사로 쓰이므로 수동태가 되어야 한다. 따라서 정답은 (C)다.

**6. (A)**
**(A) refund 환불하다**
(B) allocate 할당하다
(C) secure 확보하다
(D) discount 할인하다

해설 이미 구매한 티켓 가격의 50%를 되돌려주겠다는 내용이 되어야 하므로 refund가 정답이다.

**7. (A)**
해설 관계대명사 which는 빈칸 앞에 있는 hotel을 가리킨다. hotel이 which 관계대명사 절의 끝에 있는 stay의 대상이 되려면 'stay at + 명사(~에 묵다)'의 구조가 되어야 하므로 which 앞에는 at이 와야 한다. (the hotel at which you were forced to stay 당신이 묵어야만 했던 호텔)

**8. (B)**
(A) 즐거운 여행이 되길 바랍니다.
**(B) 환불이 완료되기까지 영업일 기준 3일을 기다려 주십시오.**
(C) 귀하의 불만 사항이 경영진에게 전달되었습니다.
(D) 귀하의 개선 제안에 감사드립니다.

해설 빈칸 앞에서 비행기표 가격 및 숙박비 환불에 관해 얘기했으므로 환불이 언제까지 이루어질 수 있다는 내용이 이어지는 것이 적절하다.

어휘 clear 빚이나 대출을 모두 갚다

**9-12 기사**

텍사스 주, 보몬트 (4월 20일)—우리 도시의 역사를 기념하는 행사의 일환으로, 센테니얼 홀에서 우리 지역 작곡가인 에밀리아 오욜라의 작품을 선보이는 오케스트라 연주회를 ⁹**주최할 것**이다. 티켓은 매표소와 온라인에서 내일 판매된다. 공연은 6월 3일 저녁 7시 30분으로 정해졌다.

오욜라 씨가 지휘자이긴 하지만 작품들 중 일부는 ¹⁰**그녀의 것**이 아닐 것이다. 다른 지역 작곡가들이 쓴 두 곡 역시 연주 예정 곡들의 일부다. ¹¹**이것은 이 작곡가들의 공식 데뷔이다.**

이번 콘서트는 콘서트 홀이 보수된 이후 보몬트 시립 오케스트라의 첫 공연이 될 것이다. 천장에 추가된 음향 반사 장치 덕분에 센테니얼 홀을 ¹²**자주 찾는** 관객들은 음질이 크게 개선된 것을 분명히 알아차릴 것이다.

어휘 as part of ~의 일환으로  celebration 기념[축하] 행사  host (행사를) 주최하다  feature (특별히) 선보이다, 포함하다; 특색, 특징  composer 작곡가  go on sale 시판되다  set 정하다, 결정하다  be set for (언제)로 시간이 정해지다  conductor 지휘자  piece 작품, (작품) 한 점  lineup (방송 프로, 행사 따위의) 예정표  mark 기념하다, 축하하다, 특징 짓다  regular 정기적인  attendee 참석자  certainly 틀림없이, 분명히  vast 어마어마한  improvement 개선, 향상  thanks to ~ 덕분에  reflector 반사 장치

**9. (C)**
해설 기사가 작성된 시점은 4월 20일이며 오케스트라 연주회는 6월 3일로 예정되어 있으므로 미래에 일어날 일이다. 따라서 미래 시제인 (C) will host가 정답이다.

**10. (A)**
해설 문맥상 오욜라 씨가 지휘를 하지만 작품들 중 일부는 그녀의 것이 아닐 거라는 내용이 되는 게 자연스러우므로 '그녀의 것'을 뜻하는 (A) hers가 정답이다.

**11.** (D)

(A) 오율라 씨는 보몬트 밖에서 성장했다.

(B) 오케스트라는 새로운 구성원을 찾고 있다.

(C) 오율라 씨는 피아노와 바이올린을 연주한다.

**(D) 이것은 이 작곡가들의 공식 데뷔이다.**

해설 빈칸 앞 문장에서 다른 지역의 작곡가들이 쓴 두 곡이 연주될 예정이라고 했다. 따라서 빈칸에는 해당 작곡가들에 대한 부연 설명이 이어지는 것이 적절하므로 (D)가 정답이다.


**12.** (D)

(A) Authorized 인정받은

(B) Sensible 분별 있는, 합리적인

(C) Preceding 앞서는

**(D) Regular 정기적인**

해설 문맥상 콘서트홀을 자주 찾는 사람들은 음질이 크게 개선된 걸 알아차릴 것이라는 내용이 되는 게 자연스러우므로 '정기적인'이라는 의미의 (D) Regular가 정답이다.


### 13-16 정보

> Gift-Max 온라인 매장을 이용해 주셔서 감사드리며, 저희는 특별한 선물을 여러분의 <sup>13</sup>**현관** 앞까지 배송해드리고 있습니다. 회원들은 <sup>14</sup>**할인된** 가격의 선물 포장 및 무료 배송을 받으실 수 있다는 점을 알아두시기 바랍니다. 멤버십 프로그램의 혜택을 받기 시작하려면 저희 웹사이트를 방문하시어 '멤버십' 버튼을 클릭하시고 양식을 작성하시면 됩니다. <sup>15</sup>**단 몇 분밖에 걸리지 않습니다.** 앞으로도 계속해서 Gift-Max를 이용하시고 친구들과 가족에게 특별한 선물을 선사하는 <sup>16</sup>**즐거움**을 누리시기 바랍니다.

어휘 unique 특별한, 특유의  note 주목하다, 참고하다 discounted 할인된  gift-wrapping 선물 포장  delivery 배송 membership 회원 (자격)  simply 그저, 단순히  complete 완료하다, 완성하다  form 양식


**13.** (C)

(A) inquire 문의

(B) marker 시장

**(C) doorstep 현관**

(D) credit 신용 거래; 칭찬, 인정


**14.** (D)

해설 빈칸 뒤에 명사(gift-wrapping)가 있으므로 형용사 또는 분사 자리다. gift-wrapping은 '할인하는' 것이 아니라 '할인되는' 것이므로 수동의 과거분사가 정답이다.


**15.** (B)

(A) 연체된 청구서를 정산해 주십시오.

**(B) 단 몇 분밖에 걸리지 않습니다.**

(C) 우리 직원들은 매우 해박합니다.

(D) 신제품은 매우 인기가 있습니다.

해설 빈칸 앞에서 웹사이트에 방문해 멤버십 양식을 작성하라고 권유하고 있으므로 그 양식을 작성하는 데 시간이 오래 걸리지 않는다고 덧붙이는 것이 자연스럽다. It은 바로 앞 문장의 "complete the form"을 가리킨다.

어휘 settle 정산하다, 해결하다  overdue 연체된, 기간이 지난  bill 청구서  employee 직원  highly 매우  knowledgeable 박식한


**16.** (B)

해설 빈칸 앞에 관사 the가 있고 뒤에는 전치사 of가 있으므로 빈칸은 관사의 수식을 받는 명사 자리이다. 따라서 (B) enjoyment가 정답이다.

# RC PART 7

## 출제 경향 및 전략

**미리보기** 147-148

---

Yummy Vegan Foods

식단에서 동물성 제품을 배제하는 것에 관심이 있나요? 보다 건강한 식사 방법을 찾고 있나요? 당신과 환경에 모두 이로운 맛있는 음식을 원하나요?

**¹⁴⁷그렇다면, Yummy Vegan Foods를 드셔 보세요!** 당신이 좋아하는 음식 중 얼마나 많은 것들이 더 건강에 좋은 채식주의 대안을 가지고 있는지 알게 되면 놀랄 것입니다.

저희 웹 사이트를 방문하셔서 "vegancookies"라는 코드를 사용하시면 어떤 주문이든 유제품이 들어 있지 않은 초콜릿 칩 쿠키 6개를 받으실 수 있습니다! **¹⁴⁸이 혜택은 12월 31일까지 유효하니 놓치지 마세요!**

---

어휘 **yummy** 아주 맛있는 **vegan** 엄격한 채식주의자 **remove** 제거하다, 없애다 **diet** 식단 **environment** 환경 **give ~ a try** ~을 시도해 보다 **dish** 음식 **alternative** 대안 **dairy-free** 유제품이 들어 있지 않은 **valid** 유효한 **miss out** 놓치다

**147.** 광고의 목적은 무엇인가?
**(A) 신규 고객을 유치하려고**
(B) 신제품을 홍보하려고
(C) 새 메뉴를 선보이려고
(D) 새로 단장된 웹 사이트를 광고하려고

해설 Yummy Vegan Foods라는 제목 밑에 3개의 의문문으로 채식주의 음식에 대한 흥미를 고조시킨 후 자사 제품을 홍보하고 있으므로 고객을 유치하기 위한 목적의 광고라는 것을 알 수 있으므로 (A)가 정답이다.

어휘 **attract** 유치하다 **showcase** 선보이다, 전시하다, 과시하다 **update** 갱신하다

**148.** 연말까지 이용 가능한 것은 무엇인가?
(A) 배송료 할인
(B) 주간 식단
**(C) 무료 디저트 제공**
(D) 채식주의 요리책

해설 end of the year를 지문에서 찾는다. end of the year가 지문에 그대로 쓰이지 않고 '31 December(12월 31일)'로 다르게 표현되어 있다. 지문의 맨 끝에 This offer is valid until 31 December라고 나오는데, 앞쪽에서 this offer가 무엇인지 찾아보면 코드를 입력하면 받을 수 있는 무료 초콜릿 칩 쿠키라는 것을 알 수 있다. 따라서 (C)가 정답이다.

어휘 **meal plan** 식단 **offer** 제의, 제안, 할인 **cookbook** 요리책

---

## UNIT O1 단일 지문

### 1-2 이메일

---

수신인: Simon Ethridge
발신인: Christy Lansing
날짜: 7월 28일
제목: 편지

Mr. Ethridge께,

**¹귀하의 7월 26일자 편지를 받았음을 알려 드리고자 이메일을 보냅니다.**

모든 팀에 귀하의 마지막 근무일이 8월 11일이라는 것을 공지해 두었습니다. 귀하가 쓰던 회사 소유의 장비는 IT 부서에서 처리할 것이므로 **²귀하의 마지막 근무일 전까지는 내선 번호 25로 IT 부서에 전화하셔서 필요한 준비를 해 주시기 바랍니다.** Kessla Data에 기여한 그간의 노고에 감사드립니다.

Christy Lansing

---

어휘 **inform** 알리다, 통지하다 **handle** 다루다, 처리하다 **equipment** 도구, 장비 **extension** 내선 번호; 연장, 확대 **make an arrangement** 준비하다 **appreciate** 고마워하다; 인정하다; 감상하다 **contribution** 기여, 공헌; (신문, 잡지 등의) 기고문

**1.** Ms. Lansing이 이메일을 보낸 이유는 무엇인가?
(A) 사업장 폐쇄를 확인하기 위해
(B) 은행 기록을 업데이트하기 위해
**(C) 사직서 수리를 알리기 위해**
(D) 승진을 제안하기 위해

해설 첫 문장에서 Ms. Lansing은 Mr. Ethridge가 보낸 편지에 대한 답장으로 이메일을 보낸다고 밝히고 있다. 이어서 Mr. Ethridge의 마지막 근무일을 언급하는 것으로 보아 Mr. Ethridge가 이미 사직서를 제출했고 이를 받아들여 퇴직 절차에 대해 알리기 위해 이메일을 보낸 것임을 알 수 있으므로 (C)가 정답이다.

어휘 **closure** 폐쇄 **acknowledge** 인정하다; 감사를 표하다 **resignation** 사임, 사직 **promotion** 승진, 진급; 홍보, 판촉

**2.** Ms. Lansing은 8월 11일까지 무엇을 해야 하는가?
(A) 서식 작성하기
(B) Ms. Lansing과 만나기
**(C) IT 팀에 연락하기**
(D) 개인 소지품 치우기

해설 8월 11일은 Mr. Ethridge의 마지막 근무일로 그날 전까지는 IT 부서에 전화하라고 했으므로 (C)가 정답이다.

### 3-4 기사

---

Valley Park 업그레이드가 승인되다

(2월 13일) — Christopher Wilcher 시장은 유니언 시가 Valley Park를 업그레이드하기 위한 프로젝트를 진행하고 있다고 확인해 주었다. 이 작업은 **³ᶜ유니언 시의 공원 및 휴양 시

---

설 연간 예산을 부분적으로 지원받고 있다. ³ᴬ시는 지역 기업가인 **Gary Austin**으로부터도 상당한 기부를 받았다. 또한 ³ᴰ**지역 사회 단체들이 이 프로젝트에 기여하기 위해 모금 행사를 개최했다.** 예를 들어 UC Friends는 중고 책 판매를 주최했다.

공원 북서쪽에 있는 야구장의 구멍들이 메워질 것이며, 필요하면 잔디를 새로 심을 것이다. 최대 10개의 테이블을 수용할 수 있는 지붕이 있는 야외 쉼터 공간을 만들기 위해 주차장 근처 화단은 제거될 것이다. 제2주차장 건설이 제안됐지만 기획자들은 대신 기존 부지를 확대하기로 했다.

사람들 대부분은 어서 개선의 혜택을 누릴 수 있기를 기대하고 있다. ⁴**그럼에도 불구하고 일부 사람들은 지역 공무원들이 다른 분야에 집중해야 한다고 생각한다.** "제 생각에 우리에겐 열악한 도로 상태와 같은 더 긴급한 문제들이 있어요." 주민 Elizabeth Arnold가 말했다.

어휘 **approve** 승인하다; ~을 좋게 생각하다(~ of) **confirm** 확인하다; 확정하다 **partially** 부분적으로 **fund** 자금을 대다 **generous** 후한, 관대한 **entrepreneur** 기업가 **fund-raiser** 모금 행사 **contribute to** ~에 기여하다 **where needed** 필요한 곳에 **flower bed** 화단 **propose** 제안하다, 제의하다 **expand** 확대하다, 확장하다 **existing** 기존의 **look forward to -ing** ~하는 것을 고대하다 **take advantage of** ~을 이용하다 **pressing** 긴급한

**3.** 업그레이드 자금 출처로 언급되지 않은 것은 무엇인가?
(A) 주민 기부금
**(B) 서점**
(C) 연간 예산
(D) 지역 사회 단체

해설 지역사회 단체의 모금행사 중 하나가 중고책 판매(a used book sale)였을 뿐 서점에서 자금 지원을 받았다는 내용은 없으므로 (B)가 정답이다.

**4.** [1], [2], [3], [4]로 표시된 곳 중에서 다음 문장이 들어가기에 가장 적절한 곳은 어디인가?

"그럼에도 불구하고 일부 사람들은 지역 공무원들이 다른 분야에 집중해야 한다고 생각한다."

정답 (D)

해설 주어진 문장에 Nonetheless(그럼에도 불구하고)가 있으므로 표시된 곳의 앞 문장이 주어진 문장과 맥락상 반대되는 내용이어야 한다. 두 번째 문단에 이어 세 번째 문단 첫 번째 문장까지 프로젝트의 구체적인 업그레이드 내용이 나오는데, 주어진 문장은 그 업그레이드 항목들에 반대하는 내용이며 [4] 뒤의 인용문이 주어진 문장의 예시가 되므로 [4]가 가장 적절하다.

**5-7 웹페이지**

Salvo Electronics의 Delima-XR 스마트폰 리콜
Salvo Electronics는 설계 결함으로 인해 특정 Delima-XR 스마트 폰의 자진 리콜을 진행하고 있습니다. 우리 품질 관리 팀은 배터리가 과열될 수 있다고 판단했습니다. ⁵만약 **1월 1일부**

터 3월 31일 사이에 이 스마트폰 모델을 구입하셨다면 일련번호를 확인해 주십시오. 숫자가 56이나 57로 시작하는 경우 그 기기는 리콜 대상입니다. 모든 Salvo Electronics 매장에서 전화기를 반납하시면 전액 환불을 받으실 수 있습니다. ⁶**그렇게 하기 위해 원래의 포장이나 영수증을 요구하지 않습니다.** 아니면 저희 고객 상담 전화인 1-800-555-7932로 전화하셔서 반품용 상자를 요청하셔도 됩니다. 반품용 상자가 여러분에게 발송될 것이며, 우편 요금은 선납될 것입니다. ⁷**상자는 "지상 운송 전용"으로 지정되어 있다는 것을 알아 두시기 바랍니다.**

어휘 **recall** 리콜, 회수 **issue** 발표하다 **voluntary** 자발적인 **certain** 특정한 **due to** ~ 때문에 **flaw** 결함 **overheat** 과열되다 **serial number** 일련번호 **device** 기기 **be eligible for** ~의 자격이 있다 **full refund** 전액 환불 **packaging** 포장 **receipt** 영수증 **alternatively** 그렇지 않으면, 그 대신에 **helpline** 상담 전화 **postage** 우편 요금, 우송료 **prepaid** 선불된 **designate** 지정하다 **transport** 수송; 수송하다

**5.** 웹페이지는 누구를 의도한 것이겠는가?
(A) 살보 전자 영업 사원
**(B) 살보 전자 고객**
(C) 제품 디자이너
(D) 품질 관리 검사원

해설 추론 / 암시
스마트폰의 리콜 사실을 알린 후 제품을 구입한 사람들에게 리콜 방법을 설명하고 있으므로 (B)가 정답이다.

**6.** Delima-XR 스마트폰에 대해 암시된 것은 무엇인가?
**(A) 영수증 없이 반품 가능하다.**
(B) 3월 31일 이후에 단종되었다.
(C) 배터리는 교체될 수 있다.
(D) 잘 팔리지 않는다.

해설 원래의 포장이나 영수증이 없어도 반품할 수 있다고 했으므로 (A)가 정답이다.

어휘 **discontinue** 단종하다 **replace** 교체하다, 대체하다

**7.** 반품용 상자에 대해 시사된 것은 무엇인가?
(A) 여러 가지 다른 크기로 구입 가능하다.
(B) 수령하는 즉시 우편 요금을 지불해야 한다.
**(C) 항공편으로 운송되어서는 안 된다.**
(D) 이틀 내에 도착할 것이다.

해설 반품용 상자는 지상 운송 전용으로 지정되어 있다고 했으므로 항공편이나 선박으로는 운송될 수 없다는 것을 알 수 있다. 따라서 (C)가 정답이다. (not be transported by air → Ground Transport Only)

어휘 **upon receipt** 수령 즉시

**8-9 문자 메시지**

Janet Woodall [오전 11:43] 안녕하세요, Patrick. 방금 Mr. Howard에게 보낼 쿠키와 컵케이크를 상자에 넣었어요.

다른 할 일이 있나요?

Patrick Ladner [오전 11:45] 고마워요. ⁸오늘 오후 4시에 **Reno Accounting**의 사람이 케이크를 찾으러 올 거니까 시간 내에 일을 끝내야 해요. 그리고 ⁹여름 음식 축제 날짜가 7월 22일로 확정되었어요.

Janet Woodall [오전 11:46] 아, 어쩌죠. 저는 그 날은 안 돼요.

Patrick Ladner [오전 11:47] ⁹아, 정말이요? 작년처럼 당신이 부스를 운영해 줬으면 했는데.

Janet Woodall [오전 11:49] 저는 그 주에 로스앤젤레스로 휴가를 가잖아요, 기억하시죠? 하지만 Nora가 작년에 저를 도왔으니 분명 그녀가 그 일을 처리할 수 있을 거예요. ⁸아무튼 저는 지금 **Reno Accounting**의 주문 건에 대한 일을 시작할게요. 완료하는 데 시간이 좀 걸려서요.

Patrick Ladner [오전 11:50] 알았어요.

어휘 box up ~을 상자에 넣다 on time 제때에 confirm 확정하다 shame 유감스러운 일 work 유효하게 작용하다 run 운영하다 be on vacation 휴가 중이다 handle 다루다, 처리하다

**8.** Ms. Woodall은 다음에 무엇을 작업하겠는가?
(A) 쿠키
(B) 컵케이크
**(C) 케이크**
(D) 빵 한 덩어리

해설 오전 11시 49분에 Ms. Woodall이 Reno Accounting의 주문 건에 대한 일을 시작한다고 했는데, 오전 11시 45분에 Mr. Ladner가 Reno Accounting에서 오후 4시에 케이크를 찾으러 온다고 한 것으로 보아 해당 주문 건은 케이크와 관련된 것임을 알 수 있다. 따라서 (C)가 정답이다.

**9.** 오전 11시 46분에 Ms. Woodall이 "저는 그날은 안 돼요"라고 쓸 때 그녀가 의미하는 것은 무엇인가?
(A) 그녀는 Mr. Ladner에게 조언해 줄 수 없다.
(B) 그녀는 몇 대의 기계 때문에 애를 먹고 있다.
**(C) 그녀는 행사에 참여할 수 없다.**
(D) 그녀는 Nora를 만날 시간이 없다.

해설 오전 11시 45분에 Mr. Ladner가 여름 음식 축제 날짜가 확정되었다고 한 말에 대한 답변이며, 이를 보고 Mr. Ladner가 Ms. Woodall에게 부스를 운영하기를 바랐다며 아쉬움을 드러낸 것으로 보아 Ms. Woodall이 축제에 참석하지 못한다고 표현한 것임을 알 수 있다. 따라서 (C)가 정답이다.

어휘 give ~ advice ~에게 충고를 하다 have trouble with ~에 문제를 겪다 machinery 기계류

# UNIT 02 다중 지문

### 1-5 이중 지문 (편지 & 양식)

Modern Cycling Monthly
Nakula Patel
347 게이트웨이 애비뉴
베이커스필드, 캘리포니아 93301
1월 13일

Mr. Patel께,

〈Modern Cycling Monthly〉를 구독해 주시고 계신 데 감사드립니다. 코스 선택 요령, 사이클링 장비, 경주 준비에 대한 ²창의적인 아이디어 등 다양한 기사를 즐기시고 있기 바랍니다. ¹친구들을 소개해 주시면 <Modern Cycling Monthly>를 무료로 받으실 수 있다는 것을 알려 드리게 되어 기쁩니다. 이 새로운 프로그램에 참여하시려면 ⁴귀하의 고유 추천 코드인 P2495를 다른 분들과 공유하시고, 그분들이 1년 구독을 신청할 때 그 코드를 입력하라고 요청하시기만 하면 됩니다. 그렇게 하시는 분들마다, ³책자든 온라인 버전이든 상관없이, 귀하의 구독 기간에 한 달이 추가될 겁니다. 또한 ⁴2월 5일까지 친구 한 명을 소개해 주시면 <Modern Cycling Monthly> 물병을 무료로 보내 드리겠습니다. 좀 더 자세한 정보를 원하시면 저희 웹사이트를 방문해 주세요.

〈Modern Cycling Monthly〉 팀

어휘 subscriber 구독자 article 기사 trail 코스, 루트 selection 선택, 선정 equipment 장비 issue (정기 간행물의) 호 refer 언급하다, 인용하다 participate in ~에 참여하다 unique 독특한, 고유의 referral 소개, 추천 enter 입력하다 subscription 구독 sign up for ~을 신청하다

Modern Cycling Monthly
구독 상태

이름: Nakula Patel
계정 번호: 06478
구독: 유효
구독 만료: 12월 20일*
배송 주소: 347 게이트웨이 애비뉴, 베이커스필드, 캘리포니아 93301

⁴*무료 1개월 포함 (추천 P2495: 1월 29일 처리)

귀하의 구독은 12월 20일에 만료됩니다. ⁵구독 갱신을 상기시켜 드리기 위해 만료일 한 달 전에 이메일을 보내 드리겠습니다.

어휘 status 상태 account 계정 expiration 만료 process 처리하다 expire 만료되다 renew 갱신하다

**1.** 편지의 목적은 무엇인가?
(A) 기사에 몇 가지 권고를 하기 위해
(B) 구독에 대한 대금 지불을 요청하기 위해
(C) 주소 변경을 확인하기 위해
**(D) 추천 프로그램을 안내하기 위해**

해설 친구를 소개하면 잡지를 무료로 받을 수 있는 프로그램을 알려주고 있으므로 (D)가 정답이다..

**2.** 편지에서, 첫 번째 단락 세 번째 줄의 어휘 "original"과 의미상 가장 가까운 것은?

(A) 일어나고 있는
**(B) 창의적인**
(C) 초기의
(D) 정밀한

해설 original이 있는 original ideas for preparing for races는 '경주 준비에 대한 창의적인 아이디어'라는 의미이며, 여기서 original은 '창의적인, 독창적인'이라는 뜻으로 쓰였다. 따라서 (B) creative가 정답이다.

**3.** 편지에서 〈Modern Cycling Monthly〉에 대해 시사된 것은 무엇인가?

(A) 새로운 작가 몇 명을 채용했다.
**(B) 두 가지 다른 형태로 이용할 수 있다.**
(C) 자전거 제조사들을 겨냥한 것이다.
(D) 장비를 할인해 준다.

해설 책자와 온라인 버전의 두 가지 형태로 제공된다고 했으므로 (B)가 정답이다. (the print or online version → two different formats)

어휘 hire 고용하다 available 이용할 수 있는, 구할 수 있는 format 포맷, 형식 aim 목표로 하다, 겨냥하다 manufacturer 제조사

**4.** Mr. Patel에 대해 암시된 것은 무엇인가?

(A) 구독 신청에 할인권을 사용했다.
(B) 우편 주소를 변경하고 싶어 한다.
(C) 최근에 자전거 타기를 시작했다.
**(D) 무료 선물을 받을 자격이 있다.**

해설 두 지문 연계_추론 / 암시
첫 번째 지문에 언급된 고유 추천 코드 P2495가 1월 29일에 처리되었다는 것을 두 번째 지문에서 확인할 수 있다. 즉, 구독자 Mr. Patel이 친구를 추천했다는 것을 유추할 수 있다. 첫 번째 지문에 2월 5일까지 친구를 소개하는 고객에게는 무료 물병을 준다고 했으므로 Mr. Patel은 무료 물병, 즉 사은품을 받을 자격이 된다.

어휘 coupon 할인권, 쿠폰 mailing (우편물) 발송 take up (직장, 취미 등을) 시작하다 be eligible for ~을 받을 자격이 있다

**5.** 11월에 Mr. Patel에게 보낼 예정인 것은 무엇인가?

**(A) 갱신 알림**
(B) 자전거 경주 목록
(C) 새로운 자전거 장비 카탈로그
(D) 다음 연도의 청구서

해설 두 번째 지문에서 Mr. Patel의 구독이 12월 20일에 만료되며, 구독 만료 한 달 전에 이메일로 구독 갱신을 상기시켜 주겠다고 했으므로 (A)가 정답이다.

어휘 reminder 상기시키는 것, 독촉장 gear 장비

**6-7 삼중 지문**

Brenton Industries가 새로운 보조금을 지원하다

(4월 9일)—어제 열린 기자 회견에서 스타트업 기술 회사인 Brenton Industries는 다양한 산업과 분야에서 일하는 개인에게 5개의 민간 보조금을 제공할 것이라고 발표했다. 보조금은 개별적인 연구를 통해 혁신을 장려하는 것을 목적으로 한다. 보조금을 받은 사람들은 Bright Future Conference에도 무료로 초대될 것이다.

"미래는 근로자들의 창의성에 달려 있고, 우리는 주요한 돌파구를 마련할 수 있는 잠재력을 가진 사람들에게 보상하고 싶습니다."라고 Brenton Industries의 부사장인 Ruth Gillis가 말했다. "이러한 자금을 통해 우리는 근로 인력이 지닌 영감을 촉진하고 싶습니다."

지원자들은 현재 석사 또는 박사 수준 과정에 있어야 한다. [6]**지원자들은 그들의 아이디어를 입증하는 예전 프로젝트들의 사례를 제공해야 한다.** 자세한 내용은 www.brentonind.com/grant에서 확인할 수 있다.

어휘 grant 보조금, 지원금 press conference 기자 회견 a variety of 다양한 field 분야 aim 목표로 하다 innovation 혁신 award 수여하다 potential 잠재력 breakthrough 돌파구 facilitate 촉진하다 inspiration 영감 workforce 노동 인구, 인력 applicant 지원자 take classes 수업을 듣다 demonstrate 보여 주다, 발휘하다

Bright Future Conference
Concord Convention Center

아래는 올해 콘퍼런스 행사 일정입니다. 연사의 최종 명단이 확정되면 늦어도 7월 3일까지 참가자들에게 발송될 예정입니다.

오전 8:00 리셉션 및 친목 도모 조식 — 로비

오전 9:00 환영사와 Brenton Industries 사명 선언문

오전 9:30 – 오전 10:30 패널 토론 — 주 강당

오전 10:30 – 오후 12:30 발표 — 다수의 강의실

오후 12:30 – 오후 1:30 중식 — 103호에서 뷔페식 중식. 참석자들은 입장하려면 콘퍼런스 출입증을 제시해야 합니다.

오후 1:30 – 오후 4:30 워크숍 — 다수의 강의실

[7]**오후 4:30 – 오후 5:00 의견 청취 시간**

어휘 activity 활동 finalize 마무리하다, 완성하다 reception 환영회, 리셉션 networking 인맥 형성 mission statement 사명 선언문 panel 패널, 토론 참가자 pass 출입증 admission 입장

수신: Michael Tran
발신: Brigida Marino
날짜: 7월 6일
주제: Bright Future Conference
Mr. Tran께,

<sup>6</sup>귀사에서 제게 지급한 보조금에 깊은 감사를 드리고 싶습니다. 이번 지원금을 통해 로봇 공학 분야에서 저의 연구 아이디어를 추구할 수 있게 되어 이 기회를 감사하게 생각합니다. 저는 또한 Bright Future Conference에 참석하여 저와 같은 관심사를 가진 사람들을 만나기를 고대하고 있습니다.

귀사의 게스트로 행사에 참석하는 것이니 <sup>7</sup>제가 변경할 수 없는 출장으로 인해 행사 당일 4시 30분까지는 행사장을 떠나야 한다는 것이 문제가 되지 않았으면 좋겠습니다. 행사에서 직접 만나 뵙길 바랍니다.

Brigida Marino

어휘 express 표현하다 appreciation 감사 issue 주다, 발급하다 pursue 추구하다 robotics 로봇 공학 opportunity 기회 look forward to ~을 기대하다 share 공유하다 interest 관심 (사)

**6.** Ms. Marino에 대해 암시된 것은 무엇인가?
(A) 해외에서 행사장으로 이동할 것이다.
**(B) 자신의 연구 샘플을 제출했다.**
(C) 콘퍼런스에서 연설을 할 것이다.
(D) Brenton Industries의 직원이다.

해설 두 지문 연계_추론/암시
세 번째 지문을 보면 Ms. Marino가 발신인인데, 그녀가 Brenton Industries의 보조금을 받았다는 것을 알 수 있다. 첫 번째 지문 후반부에서는 보조금을 받으려면 자신의 아이디어를 입증하는 예전 프로젝트의 사례를 제출해야 한다고 했으므로 (B)가 정답이다.
(provide examples of previous projects → submitted samples of her work)

어휘 overseas 해외에 submit 제출하다 give a talk 연설하다

**7.** Ms. Marino는 콘퍼런스의 어느 부분에 참석할 수 없는가?
(A) 발표 중 하나
(B) 친목 도모 조직
(C) 워크숍 중 하나
**(D) 의견 청취 시간**

해설 두 지문 연계_세부 사항
세 번째 지문에서 Ms. Marino는 출장으로 인해 4시 30분까지는 콘퍼런스 행사장을 떠나야 한다고 했다. 두 번째 지문을 보면 4시 30분부터 의견 청취 시간이 시작되므로 (D)가 정답이다.

<table>
<tr><td colspan="6">**PART 7 TEST**</td></tr>
<tr><td>**1.** (B)</td><td>**2.** (C)</td><td>**3.** (D)</td><td>**4.** (C)</td><td>**5.** (C)</td><td>**6.** (D)</td></tr>
<tr><td>**7.** (C)</td><td>**8.** (D)</td><td>**9.** (B)</td><td>**10.** (B)</td><td>**11.** (D)</td><td>**12.** (A)</td></tr>
<tr><td>**13.** (D)</td><td>**14.** (B)</td><td>**15.** (C)</td><td>**16.** (B)</td><td>**17.** (D)</td><td>**18.** (B)</td></tr>
<tr><td>**19.** (A)</td><td>**20.** (C)</td><td></td><td></td><td></td><td></td></tr>
</table>

**1-2 이메일**

수신: staff@vasquezpharma.com
발신: tphillips@vasquezpharma.com
날짜: 8월 15일
제목: 공지

<sup>1</sup>우리 연구 데이터베이스에 쓰이는 소프트웨어 프로그램이 이번 주 금요일인 8월 19일에 업데이트된다는 것을 주지해 주시기 바랍니다. 금요일에 여러분이 퇴근한 후에 IT 팀원들이 필요한 업무를 수행할 것입니다. 작업 속도를 높이기 위해 컴퓨터를 켠 상태 그대로 두십시오.

업데이트 후 여러분의 로그인 세부 정보는 동일하게 유지됩니다. 그러나 일부 기밀 파일은 적절한 인증이 없으면 접근할 수 없을 겁니다. <sup>2</sup>또한 전보다 더 많은 검색 기능이 있을 것입니다. 이것은 여러분이 보다 빨리 검색 결과 범위를 좁히는 데 도움이 될 겁니다.

월요일에 컴퓨터를 시작하는 데 평소보다 시간이 더 걸릴 수 있지만 이것은 정상적인 과정이며, 이런 일은 한 번만 있을 것입니다. 질문이나 의견이 있으면 내선 번호 30으로 직접 IT 팀에 연락하세요. 이 사안에 안내하고 협조해 주셔서 감사드립니다.

Thomas Phillips

어휘 note 주목하다, 주의하다 carry out ~을 수행하다 leave for the day 퇴근하다 confidential 기밀의 access 접근하다, 접속하다 proper 적절한 authorization 인증, 승인 in addition 또한, 게다가 function 기능 narrow down ~을 좁히다 extension 내선 번호 cooperation 협조

**1.** 이메일의 목적은 무엇인가?
(A) 데이터베이스 업그레이드 요청 방법을 설명하려고
**(B) 직원들에게 일부 소프트웨어 변경 사항을 알리려고**
(C) 기밀 기록 유지에 관한 지시를 하려고
(D) 직원들에게 로그인 세부 정보를 업데이트할 것을 상기시키려고

해설 직원들에게 소프트웨어 업데이트를 알리고 있으므로 (B)가 정답이다.

어휘 request 요청하다 inform 알리다 give instructions 지시하다 maintain 유지하다 remind 상기시키다

**2.** Mr. Phillips에 따르면, 이용자들은 8월 19일 이후에 어떤 경험을 할 것인가?
(A) 결과는 알파벳순으로 표시될 것이다.
(B) 승인 코드가 조정될 것이다.
**(C) 더 많은 검색 옵션이 사용 가능할 것이다.**
(D) 홈페이지가 더 빨리 로딩될 것이다.

해설 두 번째 문단에서 전보다 더 많은 검색 기능이 있을 것이라고 했으므로 (C)가 정답이다.

어휘 display 보여 주다, 전시하다 alphabetically 알파벳순으로 adjust 조정하다 load 로딩되다

> [3]**Paintstop은 벽에 곰팡이가 생기는 것을 막도록 특별히 만들어진 페인트 첨가제입니다.** 이것은 욕실이나 주방 등 습기가 차기 쉬운 곳에 안성맞춤입니다. Paintstop을 사용하시려면 50밀리리터 용기를 아크릴 및 오일 페인트 등의 2.5리터 페인트 통에 섞기만 하면 됩니다.
>
> Paintstop은 곰팡이 포자를 죽이며, 포자가 다시 생기지 않는 것을 보장합니다. 그 효과는 페인트의 수명 동안 지속됩니다. 또한 [4]**페인트 색상을 다소 연하게 만드는 경쟁사 제품과 달리, Paintstop은 본연의 색상을 유지시켜 줍니다.**
>
> Paintstop으로 보기 흉하고 건강에 해로운 곰팡이와 작별하세요!

어휘  additive 첨가제  mold 곰팡이  prone to ~의 경향이 있는  dampness 습기  such as ~와 같은  spore 홀씨, 포자  effectiveness 효과  last 지속되다  competitor 경쟁자, 경쟁업체  slightly 약간  preserve 보존하다  unsightly 보기 흉한

**3.** Paintstop은 무엇을 하도록 만들어졌는가?
(A) 방의 습도를 감소시키기
(B) 곰팡이로 인한 얼룩을 제거하기
(C) 페인트를 더 오래 지속시키기
**(D) 곰팡이가 증식을 방지하기**

해설  Paintstop은 벽에 곰팡이가 생기지 않도록 만들어진 페인트 첨가제로, 곰팡이 포자를 죽인다고 나와 있으므로 (D)가 정답이다. (stop mold from growing → Prevent the growth of mold)

**4.** Paintstop은 시중에 나와 있는 다른 제품과 어떻게 다른가?
(A) 벽에 바르기 더 쉽다.
(B) 빛에 의해 손상되지 않는다.
**(C) 페인트 색상을 바꾸지 않는다.**
(D) 해로운 성분이 들어 있지 않다.

해설  other products on the market을 키워드로 지문을 검색하면, our competitors' products가 있는 문장에서 경쟁사 제품은 페인트 색상을 연하게 만들지만, Paintstop은 본연의 색깔을 유지시킨다고 했으므로 (C)가 정답이다. (preserves the true color → does not alter paint colors

> Darlene Gray [오전 10:40] 안녕하세요, Karen, Owen. [5]**Morland Hall이 우리 Falcon Data의 직원들을 위한 4월 4일 워크숍 장소로 확정되었다는 것을 알려 드리려고요.**
>
> Karen Ralston [오전 10:41] 좋네요. 제가 공항에서 Clair Wallace 강사를 만나야 하나요?
>
> Darlene Gray [오전 10:42] [6]**사실 그분은 공항에서 차를 렌트해서 행사장까지 올 계획이에요.** Morland Hall에는 우리가 사용할 수 있는 테이블과 의자가 있긴 한데 우리가 직접 그것들을 배치해야 해요. 우리는 행사장에서 발표용 장비도 빌릴 수 있어요.

> Karen Ralston [오전 10:44] 알겠어요. Owen이 모든 것을 준비할 거예요. 저는 이미 그에게 우리가 논의한 것에 대한 도면을 보냈어요.
>
> Owen Foley [오전 10:45] 맞아요. 그리고 출장 뷔페 업체에서 배달이 가능한 것을 확인했는데 비용이 꽤 비싸요. [7]**그냥 도시락이니까 제가 그날 아침에 행사장으로 가는 길에 들러서 가져올게요.**
>
> Darlene Gray [오전 10:47] **완벽하네요, Owen.** 고마워요! 비용은 이미 전부 냈으니까 지불해야 할 것은 없을 거예요.

어휘  confirm 확정하다  instructor 강사  venue 장소  arrange 배열하다, 정리하다  set up ~을 설치하다  drawing 그림, 도면  catering 출장 뷔페  fee 요금, 비용  boxed lunch 도시락  stop by 잠깐 들르다  due 지불해야 하는

**5.** 온라인 채팅의 목적은 무엇인가?
(A) 몇 가지 작성 업무를 배정하려고
(B) 행사 장소를 예약하려고
**(C) 워크숍 계획을 논의하려고**
(D) 교육을 진행할 강사를 찾으려고

해설  워크숍이 열릴 장소를 알리고 나서 강사의 도착 방법, 테이블과 의자 배열, 발표 장비 대여 등 워크숍 개최를 위한 전반적인 계획에 대해 논의하고 있음을 알 수 있다.

어휘  assign 배정하다  book 예약하다

**6.** Ms. Wallace에 대해 시사된 것은 무엇인가?
(A) Morland Hall의 직원이다.
(B) 전에 Ms. Ralston을 만난 적이 있다.
(C) 작년에 한 행사에 참석했다.
**(D) 시외에서 올 것이다.**

해설  오전 10시 41분에 Karen Ralston이 Clair Wallace를 만나러 공항에 나가야 하냐고 물었고, Darlene Gray가 Ms. Wallace는 공항에서 차를 렌트해서 온다고 했으므로 Ms. Wallace는 시외에서 온다는 것을 유추할 수 있다.

**7.** 오전 10시 47분에 Ms. Gray가 "완벽하네요, Owen"이라고 쓸 때 그녀가 의미하는 것은 무엇인가?
(A) 그녀는 행사 때 쓸 도시락을 주문하고 싶다.
(B) 그녀는 Owen이 Ms. Wallace를 일찍 만나야 한다고 생각한다.
**(C) 그녀는 Mr. Foley가 음식을 찾아오는 것에 동의한다.**
(D) 그녀는 출장 뷔페 회사의 서비스에 만족한다.

해설  Ms. Gray는 Mr. Foley가 출장 뷔페 업체에 들러서 도시락을 찾아오겠다고 하자 그에 대해 고맙다고 응답한 것이다. 따라서 (C)가 정답이다.

어휘  pick up (물건을) 찾아오다  pleased 기쁜

> 수신: 전 직원
> 발신: Adrian Seda
> 제목: 개봉 박두

PART 7

날짜: 3월 14일

아시다시피 우리는 웹사이트에 더 많은 트래픽을 유입시키는 것에 관심이 있습니다. 이 점을 고려하여 우리는 매주 업데이트되는 8여행 블로그를 추가할 예정입니다. 10블로그에는 우리가 패키지 상품을 제공하는 여행지에 대한 글들이 포함될 것입니다. 잘 되면, 그것들이 이러한 장소에 대한 관심을 불러일으킬 것입니다. 이렇게 하면 예약이 더 늘어날 수 있습니다.

9제가 첫 번째 기사를 쓸 텐데, 그것은 제가 최근에 인솔했던 인도네시아 투어에 관한 내용이 될 겁니다. 다른 직원들도 기고해 주시기를 장려하는 바이며 고객들로부터의 콘텐츠도 환영하는데, 고객들은 콘텐츠를 제공하는 대가로 할인을 받을 수 있습니다. 기사에 포함된 모든 사진은 전문적으로 보여야 하지만 필요한 경우 편집할 수 있습니다. 추가 계획은 다음 직원회의에서 논의될 것입니다.

어휘 in light of ~에 비추어, ~을 고려하여  include 포함하다  article 글, 기사  destination 목적지  package 패키지 상품  lead to ~로 이어지다  be encouraged to do ~하도록 장려되다  contribute 기고하다, 기여하다  supply 공급하다  in exchange for ~ 대신에, ~와 교환하여  professional 전문가의, 전문적인  edit 편집하다

**8.** Mr. Seda가 회람을 보낸 이유는 무엇인가?
(A) 새로운 휴가 정책을 설명하기 위해
(B) 직원들에게 소프트웨어를 업데이트할 것을 상기시키기 위해
(C) 어디를 방문할지 추천을 요청하기 위해
**(D) 웹사이트의 새로운 섹션을 알리기 위해**

해설 웹사이트에 여행 블로그를 추가할 것이라고 했으므로 (D)가 정답이다.

**9.** Mr. Seda는 누구이겠는가?
(A) 지역 언론인
**(B) 여행 가이드**
(C) 전문 사진작가
(D) 잡지 편집자

해설 최근에 인도네시아 투어를 인솔했다고 한 것으로 보아 여행 가이드임을 유추할 수 있다. 따라서 (B)가 정답이다.

**10.** [1], [2], [3], [4]로 표시된 위치 중 다음 문장이 들어가기에 가장 적절한 곳은?
"잘 되면, 그것들이 이러한 장소들에 대한 관심을 불러일으킬 것입니다."

정답 (B)

해설 주어진 문장에 대명사가 있다면 그것이 무엇을 가리키는지 우선적으로 파악해야 한다. [1], [3]의 앞 문장에는 they에 해당할 만한 명사가 없으므로 소거. [4]의 앞에는 these places에 해당하는 장소가 없으므로 오답. [2]에서는 they가 바로 앞 문장에 언급된 articles를, these places는 the destinations를 가리키므로 (B) [2]가 정답이다.

〈The Lab〉

Kevin Collier 후기 작성

〈The Lab〉은 Jackie Montano가 각본 및 감독을 맡았고, 13프로듀서인 **Shawn Trevino**와 합작하여 만든 강렬한 스릴러물이다. 영화는 3월에 독립 극장에서 조용히 첫선을 보였지만 후에 시애틀 영화제에서 상영되며 인기를 얻었다. 영화는 현재 전국의 주류 극장에서 상영되고 있으며, 엄청난 인기를 얻어 11**Spark Studios가 TV 시리즈로 만들기 위한 각색 작업을 하고 있다.** 영화 〈The Lab〉은 화학자 Christopher Bull 박사의 뒤를 따라가는데, 박사는 놀라운 과학적 발견을 하지만 자신의 12**목적**을 위해 그것을 비밀로 한다. 주연 배우 Vincent Schiller의 놀라운 연기와 더불어 〈The Lab〉은 마지막 장면까지 당신을 몰두하게 만들 것이다.

어휘 intense 강렬한  in collaboration with ~와 협력하여  producer 제작자  make one's debut 데뷔하다, 처음 등장하다  independent 독립된  gain 얻다  popularity 인기  mainstream 주류의  adapt 각색하다  chemist 화학자  remarkable 놀라운  for one's own ends 자신의 목적을 위해  engaged 몰두하는  scene 장면

수신: Jackie Montano
발신: Rosemarie Carey
날짜: 6월 14일
제목: 학급 방문

Ms. Montano께,

6월 20일에 Wooster Institute의 저희 반에서 강연하는 데 동의해 주셔서 다시 한 번 감사드립니다. 13제 학생들은 몇 주 전에 당신의 동료인 **Shawn Trevino**가 한 강연을 정말 즐겁게 들었습니다. 14모두가 당신이 **<Cinema Quarterly Magazine>**에서 **Gerald Kemp**와 한 인터뷰를 읽었을 뿐만 아니라 적어도 한 번은 〈The Lab〉을 봤기 때문에 틀림없이 생산적인 강연이 될 겁니다.

수업은 오전 10시에 Iverson Wing 205호에서 시작됩니다. 주차는 동쪽 주차장에 해야 합니다. 15최대 2시간까지 무료 주차가 가능하여 시간은 넉넉할 겁니다. 방문하기 전에 궁금한 점이 있으면 알려 주세요.

만나 뵙기를 고대합니다!

Rosemarie Carey

어휘 institute 전문 교육원, (과학, 교육 등을 목적으로 하는) 협회  give a speech 연설하다  productive 생산적인  session (특정 활동을 위한) 시간  wing 부속 건물  up to ~까지  plenty of 많은

**11.** Ms. Montano의 영화에 대해 사실인 것은 무엇인가?
(A) 시애틀의 한 축제에서 첫선을 보였다.
(B) 그녀의 웹사이트에서 스트리밍할 수 있다.
(C) 실화에서 영감을 받았다.
**(D) 텔레비전 프로그램으로 만들어질 것이다.**

해설 첫 번째 지문에서 TV 시리즈로 각색되고 있다고 했으므로 (D)가 정답이다.

어휘 debut 처음으로 공개하다, 데뷔하다  inspire 영감을 주다

**12.** 후기에서, 첫 번째 단락 일곱 번째 줄의 어휘 "ends"와 의미상 가장 가까운 것은?

**(A) 목적**
(B) 피날레
(C) 폐쇄
(D) 경계

해설 end는 보통 복수로 사용되어 purpose, aim의 뜻으로도 쓰인다. for his own ends는 '자기 자신의 목적을 위해'라는 뜻이 된다.

**13.** Ms. Carey의 학생들에 대해 암시된 것은 무엇인가?
(A) 과정을 거의 끝마쳤다.
(B) 유명한 배우를 만났다.
(C) Ms. Montano에게 이메일로 질문을 보낼 것이다.
**(D) 프로듀서의 강연을 들었다.**

해설 두 지문 연계_추론 / 암시
두 번째 지문에서 학생들이 Shawn Trevino가 한 강연을 정말 즐겁게 들었다고 했는데, 첫 번째 지문을 보면 Shawn Trevino가 프로듀서라고 언급되어 있다. 따라서 학생들은 프로듀서의 강연을 들었다는 걸 알 수 있으므로 (D)가 정답이다.

**14.** Mr. Kemp는 누구이겠는가?
(A) 강좌의 강사
**(B) 기자**
(C) 영화관 소유주
(D) 신입생

해설 두 번째 지문에 Gerald Kemp에 대한 언급이 있는데 Ms. Montano가 〈Cinema Quarterly Magazine〉에서 Gerald Kemp와 인터뷰했다고 한 것으로 보아 그는 해당 잡지의 기자임을 유추할 수 있다. 따라서 (B)가 정답이다.

**15.** 이메일에서 Ms. Montano에 대해 암시되는 것은 무엇인가?
(A) Wooster Institute에서 돈을 지불받았다.
(B) 전에 Wooster Institute를 방문한 적이 있다.
**(C) Wooster Institute에서 2시간 이상 머무르지 않을 것이다.**
(D) 대중교통을 이용하여 Wooster Institute로 갈 것이다.

해설 동쪽 주차장에서 최대 2시간까지 무료 주차할 수 있다고 했는데, 2시간이면 넉넉할 것이라고 했다. 이를 통해 Ms. Montano가 Wooster Institute에 머무르는 시간은 2시간을 넘지 않을 것임을 유추할 수 있다.

어휘 public transportation 대중교통

**16-20 웹 페이지, 스케줄, 이메일**　　　　본문 p.000

---

Senoia Moving Services

1161 크렌쇼 애비뉴, 애크런, 오하이오주 44310

---

[16]여러분이 애크런 내에서 이사를 하건 다른 도시로 이사를 하건 **Senoia Moving Services**가 여러분을 도울 수 있습니다. 우리의 숙련된 이사 직원들이 여러분의 물품을 조심스럽게 다룰 것입니다. 우리는 개인과 기업 모두에 서비스를 제공하며, 필요한 경우 안전 보관 서비스를 제공할 수 있습니다. 우리의 서비스를 예약하는 것은 쉽습니다!

1. 이사 일정을 잡으려면 330-555-8522로 연락하세요.

2. 우리 직원 중 한 명이 여러분의 물품을 파악해서 비용 견적을 제공할 것입니다.

3. [19]이사 날짜를 확정하고 나면 보증금을 지불하셔야 합니다. 그런 다음 여러분에게 필요한 모든 박스와 포장 용품을 제공하겠습니다.

4. 우리 작업반이 합의된 날짜와 시간에 이사를 수행할 것입니다.

---

어휘 move 이사하다  mover 이사업체 직원  treat 다루다, 취급하다  belongings 재산, 소유물  with care 주의 깊게, 신중히  serve (서비스를) 제공하다  business 업체  secure 안전한  storage 보관  book 예약하다  contact ~에게 연락하다  assess 평가하다, 가늠하다  estimate 견적  deposit 보증금  packaging 포장  crew 작업반  carry out ~을 수행하다

Senoia Moving Services
[17][18]3월 22일 작업반 이삿짐 상차 배정

| 작업반 (작업 인원) | 차량 크기 | 상차 장소 | Time |
|---|---|---|---|
| Robin 작업반 (2명) | 승합차 | 247 Albany Lane | 오전 9:00 |
| [18]**Dove 작업반 (5명)** | 26피트 트럭 | **432 Java Street** | 오전 9:00 |
| Canary 작업반 (2명) | 12피트 트럭 | 950 Lake Street | 오전 10:30 |
| [20]**Sparrow 작업반 (3명)** | 16피트 트럭 | 164 Caxon Street | 오전 10:00 |
| Robin 작업반 (2명) | 승합차 | 30 Whitman Avenue | 오후 1:00 |

보다 자세한 내용은 여러분의 작업반장으로부터 확인할 수 있습니다.

[20]**4월 1일부터 Sparrow 작업반(16피트 트럭)에 한 명이 추가된다는 것을 알아 두시기 바랍니다.**

어휘 assignment 배정  vehicle 차량  further 더 이상의, 추가의  details 세부 사항  available 구할 수 있는  note 유념하다, 알고 있다

---

수신: Joseph Ayers
발신: Christina Walden
날짜: 4월 4일
제목: 회신: 919 블룸필드 로드

Mr. Ayers께,

[20]제 이사 날짜를 4월 13일로 확정해 주셔서 감사합니다. 귀하의 빠른 답장에 깊은 인상을 받았습니다. [20]**16피트 트럭을 이용**

하라는 귀하의 권고를 따르겠습니다. ¹⁹**방금 귀사의 업체 계좌로 보증금을 보냈습니다.** 저에게서 더 필요한 것이 있으면 알려 주세요.

Christina Walden

어휘 response 답장, 답변  recommendation 추천, 권고

**16.** Senoia Moving Services에 대해 사실인 것은 무엇인가?
(A) 기업 고객들을 위해서만 일한다.
**(B) 애크런 외곽 지역에 서비스를 제공한다.**
(C) 최근에 경쟁사에 매각되었다.
(D) 현재 경력 있는 이사 직원을 찾아서 고용하려고 한다.

해설 다른 도시로 이사를 해도 도울 수 있다고 했으므로 (B)가 정답이다. 개인 고객과 기업 고객 모두에게 서비스를 제공한다고 했으므로 (A)는 오답이다.

어휘 commercial 상업의  competitor 경쟁자, 경쟁사  seek 찾다  experienced 노련한, 경력 있는

**17.** 일정표는 누구를 위해 작성되었는가?
(A) Senoia Moving Services의 투자자
(B) Senoia Moving Services의 고객
(C) Senoia Moving Services 입사 지원자
**(D) Senoia Moving Services 직원**

해설 이사 작업반 전체의 일정을 보여주고 있으며, 제목에서 assignments라고 되어 있으므로 직원들에게 배정된 업무를 나타내는 표임을 알 수 있다. 또한 자세한 내용은 'your crew leader'로부터 얻을 수 있다고 했으므로 이사 업체의 직원을 대상으로 작성된 표임을 알 수 있다.

어휘 investor 투자자  client 고객  job applicant 입사 지원자

**18.** Dove 작업반은 3월 22일에 어디로 가야 하는가?
(A) 올버니 레인
**(B) 자바 스트리트**
(C) 캑슨 스트리트
(D) 휘트먼 애비뉴

해설 두 번째 지문에서 Dove 작업반의 상차 장소가 Java Street임을 확인할 수 있으므로 (B)가 정답이다.

**19.** Senoia Moving Services 직원들은 이메일을 받고서 무엇을 하겠는가?
**(A) 몇 가지 포장 재료를 가져다 놓기**
(B) 몇 가지 개인 소지품을 측정하기
(C) 청구서의 한 가지 오류를 수정하기
(D) 비어 있는 시간대가 있는지 일정표를 확인하기

해설 두 지문 연계_추론/암시
세 번째 지문에서 발신인이자 고객인 Christina Walden이 보증금을 지불했다고 밝혔다. 첫 번째 지문에서는 보증금을 지불하면 박스와 포장 용품을 제공한다고 했으므로 Senoia Moving Services는 Christina Walden에게 박스와 포장 용품 등의 이사 용품을 제공할 것임을 알 수 있다. 따라서 (A)가 정답이다. (give

you all the boxes and packaging supplies → Drop off some packing materials)

어휘 drop off ~을 내려놓다  packing 포장  measure 재다, 측정하다  personal belongings 개인 소지품  correct 수정하다, 바로잡다  invoice 청구서

**20.** 얼마나 많은 사람들이 Ms. Walden의 이사를 돕겠는가?
(A) 2      (B) 3      **(C) 4**      (D) 5

해설 두 지문 연계_추론/암시
세 번째 지문에서 Ms. Walden은 16피트 트럭을 이용하겠다고 했는데, 두 번째 지문에서 16피트 트럭은 Sparrow 작업반에 배정된 걸 확인할 수 있다. 원래 해당 작업반의 인원은 3명이지만 하단 정보를 보면 4월 1일부터 Sparrow 작업반에 1명이 추가된다는 내용이 있으므로 Ms. Walden의 이사 날짜인 4월 13일에는 4명이 올 것임을 추론할 수 있다. 따라서 (C)가 정답이다.

# 에듀윌 토익 단기서
## 첫토익 550+
## LC+RC+VOCA

## 고객의 꿈, 직원의 꿈, 지역사회의 꿈을 실현한다

**펴낸곳** (주)에듀윌 　**펴낸이** 김재환 　**출판총괄** 오용철
**개발책임** 김기임, 박호진 　**개발** 정상욱, 김기상, 박은석, Julie Tofflemire
**주소** 서울시 구로구 디지털로34길 55 코오롱싸이언스밸리 2차 3층
**대표번호** 1600-6700 　**등록번호** 제25100-2002-000052호
협의 없는 무단 복제는 법으로 금지되어 있습니다.

공식만 알아도 정답까지 1초컷

쉬운 토익 공식

# 에듀윌 토익 AI앱

업계
최초

공식
추천

100%
무료

세상에 없던 쉬운 토익 공식
에듀윌 토익 AI앱, 0원으로 무제한 학습

☑ 무작위 AI 토익은 그만! 에듀윌 토익 AI는 꼭 필요한 것만!

☑ 공식 1개만 알아도 같은 유형 모든 문제 ALL 클리어

☑ 1:1 맞춤 공식으로 공부는 적게, 점수는 높게

☑ 최신 토익 기출 단어로 적중률 UP!

☑ 스타강사 노하우 완벽 반영

에듀윌 토익 앱 무료 이용하고 싶다면  에듀윌 토익 🔍

에듀윌 토익 AI앱
100% 무료 다운

# 업계 최초 대통령상 3관왕,
# 정부기관상 19관왕 달성!

2010 대통령상     2019 대통령상     2019 대통령상

대한민국 브랜드대상    국무총리상    문화체육관광부    농림축산식품부    과학기술정보통신부    여성가족부장관상
국무총리상                       장관상         장관상        장관상

서울특별시장상    과학기술부장관상    정보통신부장관상    산업자원부장관상    고용노동부장관상    미래창조과학부장관상    법무부장관상

**2004**
**서울특별시장상** 우수벤처기업 대상

**2006**
**부총리 겸 과학기술부장관 표창** 국가 과학 기술 발전 유공

**2007**
**정보통신부장관상** 디지털콘텐츠 대상
**산업자원부장관 표창** 대한민국 e비즈니스대상

**2010**
**대통령 표창** 대한민국 IT 이노베이션 대상

**2013**
**고용노동부장관 표창** 일자리 창출 공로

**2014**
**미래창조과학부장관 표창** ICT Innovation 대상

**2015**
**법무부장관 표창** 사회공헌 유공

**2017**
**여성가족부장관상** 사회공헌 유공
**2016 합격자 수 최고 기록** KRI 한국기록원 공식 인증

**2018**
**2017 합격자 수 최고 기록** KRI 한국기록원 공식 인증

**2019**
**대통령 표창** 범죄예방대상
**대통령 표창** 일자리 창출 유공
**과학기술정보통신부장관상** 대한민국 ICT 대상

**2020**
**국무총리상** 대한민국 브랜드대상
**2019 합격자 수 최고 기록** KRI 한국기록원 공식 인증

**2021**
**고용노동부장관상** 일·생활 균형 우수 기업 공모전 대상
**문화체육관광부장관 표창** 근로자휴가지원사업 우수 참여 기업
**농림축산식품부장관상** 대한민국 사회공헌 대상
**문화체육관광부장관 표창** 여가친화기업 인증 우수 기업

**2022**
**국무총리 표창** 일자리 창출 유공
**농림축산식품부장관상** 대한민국 ESG 대상